행복한 진로학교

행복한 진로학교

초판 1쇄 발행 2011년 6월 15일
초판 15쇄 발행 2019년 2월 28일

지은이 · 박원순 임경수 박기태 주상완 임영신 최영우 송인수
발행인 · 표완수
편집인 · 문정우

펴낸곳 · ㈜참언론 시사IN북
출판신고 · 2009년 4월 15일 제 300-2009-40호
주소 · 04506 서울시 중구 중림로 27 가톨릭출판사빌딩 신관 3층
주문전화 · 02-3700-3256, 02-3700-3250(마케팅팀), 02-3700-3255(편집부)
주문팩스 · 02-3700-3209
전자우편 · book@sisain.kr
블로그 · book.sisain.co.kr

· 시사IN북은 시사주간지 〈시사IN〉에서 만든 출판 브랜드입니다.
· 이 책은 저작권법에 따라 보호받는 저작물이므로 무단 전재와 무단 복제를 금지하며,
  이 책 내용의 전부 또는 일부를 이용하려면 반드시 저작권자와 시사IN북의 서면동의를 받아야 합니다.
· 잘못된 책은 바꾸어 드립니다.
· 책값은 뒤표지에 있습니다.

ISBN 978-89-94973-01-2 03300

사교육걱정없는세상 특별 프로젝트

행복한 진로학교

박원순 · 주상완 · 임영신 · 최영우 · 박기태 · 송인수 · 임경수

7인의 멘토가 제안하는 직업찾기 발상전환법

시사IN북

■책을 내며

그 용기가 가장 훌륭한 진로교육입니다

사교육걱정없는세상은 2008년 6월 12일 출범한 이후, 사교육 문제 해결을 위해 땀흘려왔습니다. 사교육 문제는 공교육 부실이나 학벌 중심의 기업 채용 관행 그리고 잘못된 대학 서열 구조 속에서 과열된 입시 경쟁 때문에 발생했기에 쉽게 해결할 수 없는 일입니다. 그럼에도 불구하고 입시 경쟁 속에서조차 불필요한 사교육의 영역이 있을 것이고, 이에 대한 실체적 진실을 규명하여 이를 국민에게 알리는 일이 필요하다고 판단해 1년 3개월에 걸쳐 조사해 만든 것이 〈아깝다 학원비!〉라는 소책자입니다. 이 책자는 지금까지 무려 80만 부가 배포되었습니다. 국민의 반응이 폭발적이었습니다. 이 책을 보고 줄인 사교육비를 무시하지 못할 것입니다.

그런데 이 소책자를 거의 완성하는 단계에서 우리의 새로운 고민은 시작되었습니다. 부모들은 입시 경쟁에서 승리하는 것에 왜 그토록

목을 맬까? 여러 이유가 있겠지만, 핵심적인 이유 중 하나는 우리 사회가 매우 경쟁적이고 사회적 안전망이 확보되지 않아 경쟁에서 떨어진 낙오자를 살피지 않기에 그로 인한 공포감이 큰 몫을 차지할 것입니다. 그래서 모두가 이른바 '상위권 대학'에 들어가기 위해 점수와 등수에 목매는 경쟁 체제에 돌입하는 것이지요.

하지만 그렇게 경쟁에서 승리했다고 과연 성공하고 행복한 사람일까, 그렇지 못했다고 해서 과연 실패자일까, 그 부분이 석연치 않았습니다. 점수와 등수 위주의 시험 경쟁에서 승리해 '좋은 일자리'라 불리는 대기업에 들어가거나 고시에 합격한다고 해서 우리 아이들의 삶이 풍요로워지고, 사람다운 삶을 살게 되었다고 말할 수 있을까? 고민은 더 나아갔습니다. 과연 우리 아이들이 열어갈 미래의 세상에도 돈 많이 주고 안정성을 보장하는 그런 일자리가 대세를 장악할 것인가? 생각해보니, 그렇지 않았습니다.

세상은 이미 사회적 가치를 중시하고, 사람의 창조적 역동을 중시하는 방식으로 일자리의 특성이 바뀌고 있습니다. 이른바 '좋은 일자리'를 걷어차고 엉뚱한 영역에서 기쁘게 자기 일을 하는 사람들이 속속 등장하기 시작했습니다. 미개척 영역에서, 소중한 사회적 가치를 창출하면서, 자기 삶의 보람을 얻고, 생계도 해결하려는 시도가 전 세계적으로 불길처럼 일어나고 있습니다.

미래의 일자리는 점수와 등수 위주의 경쟁 속에서 길러진 능력과는 다른 실력을 필요로 하고 있습니다. 따라서 미래 사회에서 우리 아이들이 직업을 통해 행복한 삶을 살아가려면, 이제 다른 관점으로 우리 아이들을 길러야 한다는 문제의식을 갖게 된 것입니다. 그리고 그런 문제의식을 갖게 되면, 사교육 지출 형태에서도 의미 있는 변화가 있을 것이라고 보게 된 것이지요.

그 후 2년간 수십 회의 토론회와 강연회 및 조사 사업을 통해 현재의 노동 및 채용 시장 상황을 짚어보면서 변화의 조짐을 확인하고, 직업과 대학, 진로교육을 통합적으로 고민하기 위해서는 어떻게 접근해야 할지 분석했습니다. 이 과정을 끝내고 나서, 우리는 미래 사회 직업의 전망 속에서, 사회적 가치를 실현하며 직업인으로 행복하게 살아가는 사람들을 찾아서 이들이 주는 메시지를 나누자고 생각했습니다. 그래서 2010년 하반기 '새로운 길을 가는 8인의 직업 이야기'라는 진로학교를 열었습니다. 강의 반응은 폭발적이었습니다(이 책에는 필자 사정상 7인의 직업 이야기만 실었습니다). 이른바 좋은 일자리가 주는 직업적 안정성이나 높은 보수를 마다하고, 자신과 사회적 가치를 실현하기 위해 모험을 한 이분들의 경험은, 우리 아이들의 직업 선택에 훌륭한 모델이 될 만하다고 보았습니다. 그리고 그들이 들려주는 삶의 이야기를 통해 아이들이 알아야 할 것, 자녀 교육에 필요한 관점을 새롭게 정립하고자 했습니다.

그런데 막상 강의가 여러 차례 진행되면서 놀라운 일이 벌어졌습니다. 그것은 참석한 부모들의 변화였습니다. 아이들의 진로 설계에 필요한 유익한 정보를 얻으러 왔다가, 자신이 오랜 시절 내려놓았던 가치에 눈을 뜨고, 아이들에게 무엇을 들려주기 이전에 자신의 삶 자체에 심각한 변화가 필요하다는 각성이 일어난 것입니다. 그리고 실제로 여기저기서 하던 일을 내려놓고 새로운 길을 가고자 하는 시도가 일어났습니다. 이것은 우리가 전혀 뜻하지 않은 결과였습니다.

그러나 사실 생각해보니, 아이들에게 제대로 된 진로교육을 시키기 위해서는, 부모의 삶부터 올바른 진로를 밟아야 할 것입니다. 부모가 그릇된 진로를 밟고 있다면, 아이들의 새로운 시도를 도무지 불안해서 견딜 수 없을 것입니다. 자신이 새로운 길, 모험의 길, 돈과 안전보다 가치의 실현을 기준으로 직업을 선택하고, 그로 인해 새로운 세상에 눈을 뜨게 된다면, 기존의 낡은 진학지도 패러다임에 갇혀서 돈과 안정감만 생각하는 아이들의 인생이 불쌍하게 보일 것입니다. 그리고 그런 관점으로 자기 인생을 사는 사람들과 아이들에게 삶의 낙오는 없습니다.

돌아보니, 우리 사회에서 잘못된 진로교육의 문제는 아이들의 문제가 아니라 우리 부모들의 낡은 의식의 문제입니다. 그러나 이런 낡은 의식이 바뀌며, 새로운 의식으로 무장되는 의식의 혁명을 경험하기란 쉬운 일이 아닙니다. 그런 의미에서 사교육걱정없는세상 '진로학교'에서 시작된 성인들의 변화는 놀랍고 매우 의미 있는 일입니다.

강좌가 끝나고, 여기저기서 이런 식의 강좌를 계속해달라는 요구가 이어졌습니다. 그러나 강좌에 참석하는 분들에만 머물 것이 아니라 보다 많은 사람들에게 우리의 경험을 알리고 공유할 수 있어야 한다는 고민 끝에 책을 내기로 했습니다. 이 책에 등장하는 글은 그 '진로학교'에서 강사들이 강의한 내용을 생생하게 녹취한 것입니다. 그 자리에 참석하지 않았어도, 마치 현장에서 강의를 듣는 것 같은 감동을 체험할 것입니다. 강사들의 삶이 독자의 마음에 의미 있는 공명을 울려주기도 하고 때로는 불편함도 줄 것입니다. 생각과 삶의 방식에 어떤 변화를 요구할 수도 있습니다. 그때 그 요청을 피하지 마십시오. 그리고 바꿀 수 있는 부분에 대해서 용기 있게 변화를 시도하십시오. 그 용기야말로 부모가 아이들에게 제공할 수 있는 가장 훌륭한 진로교육일 것입니다.

사교육걱정없는세상 공동대표
송인수

책을 내며 그 용기가 가장 훌륭한 진로교육입니다 • 005

세상을 바꿀 1000개의 직업 제안하다 • 013
-박원순(희망제작소 상임이사)

좋은 직업 찾지 말고 농촌으로 가라 • 037
-임경수(사회적 기업 '이장' 대표)

내 안에 있는 3%의 가치를 발견하고 키워라 • 081
-박기태(사이버 외교사절단 '반크' 설립자)

뜻이 없으면 '루저', 뜻이 있으면 '위너' • 117
-주상완((주)씨앤엠 로보틱스 대표)

삶은 돈이 아니라 마음으로 떠나는 여행이다 • 141
-임영신(공정여행가)

인문학적 소양이 미래를 결정한다 • 183
-최영우((주)도움과나눔 대표)

우리 인생에 직선은 없다 • 213
-송인수(사교육걱정없는세상 공동대표)

세상을 바꿀 1000개의 직업 제안하다

박원순 희망제작소 상임이사

남들이 선망하는 검사·변호사, 내게는 다 안 맞아

일반인의 눈으로 볼 때는 저도 인생을 '배린' 사람 중에 하나일 수 있습니다. 제가 한때는 검사였잖아요. 모든 사람이 선망하는 직업이죠. 만약 제가 계속 검사로 남았다면 어떻게 됐을까요? 스폰서 검사요? 네, 맞습니다. 저도 스폰서 검사가 됐을 겁니다.

자기도 어쩔 수 없는 길이 있더라고요. 제가 사법연수원에 다닐 때 '정말 학자 스타일이다'라는 생각이 드는 분이 있었어요. 이 분이 검사가 되고 나서 10년 후에 만났더니 완전히 검사처럼 변했더군요. 판사가 된 사람은 조금 인자하게 보이고, 형사는 또 형사처럼 보여요. 형사가 이 강의 듣고 계신 건 아니죠? 직업이 사람을 변화시키거든요. 직업을 잘 선택해야 합니다.

대학 다닐 때 어떻게 잘못돼서 감옥에 갔어요. 학교도 잘렸지요. 객관적으로 보면 어마어마한 고통이고 불행이에요. 그 후에 어떻게 간신히 검사가 됐는데, 1년도 안 돼서 그만뒀죠. 변호사도 했습니다. 인권

변호사도 했어요. 그때만 해도 머리칼이 새카맣고 많았죠. 삼십대 초반에는 변호사로 돈도 많이 벌었어요. 제가 계속 돈을 벌었으면 강남에 큰 빌딩 몇 개 가졌을 겁니다.

변호사 생활 오래했으면 일찍 죽었을 수도

변호사를 해보니까 이게 좋은 직업이 아니더라고요. 여러분 남의 떡이 커 보이죠? 막상 그 떡을 가져보세요. 또 남의 밥그릇이 좋아 보이죠. 그 밥그릇 별거 아니에요. 사실 변호사라는 직업이 남의 고민 대행업입니다. 인생을 늘 고민하면서 살아야 해요. 억울하다는 사람이 줄줄이 찾아와요.

10여 년 전에 MBC에서 방영한 한 드라마를 보았어요. 그 드라마에 의사 아들과 무당 어머니가 나오는데 아들이 수술실에 들어가서 환자에게 손을 대면 환자가 나아버리는 거예요. 병이 싹 없어지는 겁니다. 어느 날 간호사가 엑스레이 판독실에 들어갔는데 불이 확 꺼지면서 누군가 도망가는 게 보여요. 간호사가 가서 엑스레이를 확인해보니 몸에 온갖 병이 다 있는 거예요. 바로 그 병 잘 고치는 의사였습니다. 환자의 병을 다 낳게 하는 대신 그 병이 다 그 의사한테 온 거예요. 그 의사에게 벌어진 일이 꼭 제 일 같았어요. 억울한 사람이 모두 제게 오니까, 억울한 생각이 전부 제게 전염되는 거예요. 그리고 그 생각에 제가 너무 몰두하는 거예요.

저는 사건을 맡아서 '꼭 이겨야겠다'라고 생각하면 진 적이 없습니다. 물론 최선의 노력을 다하지 않으면 지는 사건도 있죠. 그럴 때는 정

변호사를 8년 하고 그만뒀습니다. 그리고 참여연대를
만들었어요. 그때 제가 직업 전환을 안 했으면
아마 일찍 죽었을 겁니다. 사건 하나 맡아서 변론을 하면
진이 다 빠지는 느낌을 받았거든요.
그러니 이게 무슨 좋은 직업이겠습니까.
이런 거 보면 좋은 직업이 따로 있는 게 아니에요.

말 자괴감이 들어요. 변론 요지서를 쓸 때는 어디 몰래 들어가서 3일을 꼬박 그 기록을 검토하고 메모해요. 그 기록에 한 인간의 삶이 다 녹아 있어요. 그거 다 분석하고, 기록하고, 비교하고, 정리해서 각주까지 달아가며 변론서를 쓰죠. 그리고 이 사람의 진술이 나중에 어떻게 변하는지 따져야 해요. 다른 사람의 진술과 어떻게 모순되는지도 다 따져야 하죠. 제가 머리가 안 벗겨지게 생겼습니까? 이게 별로 좋은 직업이 아니더라고요. 물론 좋은 일을 많이 하긴 했습니다만……. 어쨌든 변호사를 8년 하고 그만뒀습니다. 그리고 참여연대를 만들었어요.

   그때 제가 직업 전환을 안 했으면 아마 일찍 죽었을 겁니다. 사건 하나 맡아서 변론을 하면 진이 다 빠지는 느낌을 받았거든요. 마지막에는 '이건 내 사건 아니야, 져도 괜찮아'라는 암시를 스스로 줘야 살겠더라고요. 그런데 보통 변호사가 그렇게 하지 않거든요. 대충 사무장한테 맡겨놓는 변호사가 많죠. 그래야 오래 살 수 있습니다. 그러니 이게 무슨 좋은 직업이겠습니까. 이런 거 보면 좋은 직업이 따로 있는 게 아니에요.

참여연대 통해 새로운 세상 꿈꿔

제가 본래 몰두하는 성격인가봐요. 참여연대 일에 어마어마하게 집중했습니다. 서른아홉에 시작해서 사십대 7년, 그 황금 같은 세월을 참여연대에 바쳤죠. 그런데 국민이 우리가 하는 일을 너무 몰라주는 거예요. 그래서 한번은 제가 간사한테 (우리가 한 일을) 돈으로 따져보라고 했어요. 물론 돈으로 따질 수 없는 게 훨씬 많죠. 국민기초생활보장법 같은 것이 참여연대 손을 거쳐서 나왔죠. 그런 거 잘 모르셨죠? 재벌 상대로 소액주주 운동을 벌여 그들을 바꿔내는 사람이 누구입니까? 우리는 밤낮 없이 이런 일을 했어요.

당시 1호선 지하철이 만날 늦었어요. 많이 늦어도 늦는다는 방송도 안 해주는 거예요. 한 직장인이 너무 화가 나서 협박을 했어요. "내가 지하철에 폭탄을 넣어놨다." 그 사람 잡혀갔잖아요. 어느 날 지하철이 가다가 딱 섰는데 불이 꺼졌어요. 그 안에서 승객들이 한 시간을 견디고 나왔어요. 나중에 조사해본 바에 따르면, 사고 나기 전 정거장에서 이미 객차에 문제가 생긴 것을 알았는데도 계속 운행한 거예요. 명백히 지하철공사에 책임이 있는 거죠. 거기에 갇혀 있던 사람들이 나와서 저희에게 전화를 했어요. 그래서 이분들을 원고로 해서 1인당 1백만 원씩 손해배상 청구소송을 냈죠. 법원은 지하철공사에게 위자료로 10만 원씩 지급하라는 결정을 내렸고, 그분들 모두 위자료로 받은 돈을 우리에게 기부하셨어요. 물론 10만 원이 중요한 게 아니라, 말하자면 공공서비스도 개혁에 기초한 것이라는 생각으로 소송을 한 거죠. 이런 일이 수없이 많았어요.

여러분 낙선운동 아시죠? 부패한 정치인이 선거에 나와 당선되는 걸 지켜보면서 우리가 어떻게 이런 정치인들과 21세기를 맞이하겠는가 하는 고민에서 시작한 것이 낙선운동이었죠. 많은 국민이 지지해주셔서 낙선 대상자의 약 70%가 떨어졌습니다.

이렇게 참여연대 활동을 7년 하고 나니까 같이 일하던 간사의 머리가 희끗희끗해지더군요. 그래서 도저히 안 되겠다, 내가 양보해야겠다고 생각했죠. 시민단체 책임자 자리는 사임하기가 쉽지 않습니다. 사임도 제 맘대로 못해요. 제가 그만둔다고 분명히 사임 선언을 했는데 집에 쳐들어와서 농성을 안 하나……. 사임하는 데 3년이 걸렸습니다. 일반 회사에서는 외국 출장 간 사이에 책상 치워버리잖아요. 그런 측면에서도 비정부기구NGO나 시민단체에서 일하는 게 훨씬 좋습니다. 월급은 적지만 수명은 깁니다.

월급 얘기를 해볼까요? 아름다운재단 같은 경우 연간 1백억 원 이상을 모읍니다. 그럼 월급을 조금 올려줘도 되잖아요. "월급 무조건 올려라" 하고 제가 지시를 했어요. 그런데 이 친구들이 한참 회의를 하고 오더니 "금년에는 올리면 안 됩니다"면서 버티는 거예요. 우리는 이렇게 노사분쟁이 늘 심각합니다.

1% 기부의 힘

제가 '1% 나눔 운동'을 기획했는데 4만 4천 명이 참여해서 330억 원을 모았어요. 지난해에는 1백억 원을 모금했고요. 자기 재산을 통째로 내놓는 분도 계세요. 은빛겨자씨기금이라는 게 있습니다. 강력 범

죄로 자녀를 잃은 분이 다시는 이런 일이 없게 해달라며 돈을 내놓기도 하고, 연금을 받기 시작한 송래형 선생님은 연금을 받지 못하는 독거노인을 위해 써달라며 자기 연금의 절반을 떼어놓기도 했죠. 그렇게 모인 돈이 2억 원이 되자 이를 본 많은 사람이 '우리도 보태겠다'고 해서 지금 은빛겨자씨기금이 7억 원이 됐습니다. 이런 대단한 분들이 참으로 많습니다.

좋은 기업인도 있습니다. 아모레 태평양 화장품의 서경배 사장님 같은 분입니다. 부모님 돌아가시고 나서 상속받은 재산의 일부를 저희에게 기부했습니다. 그게 50억 원어치의 주식입니다. 지금은 130억 원이 됐어요. 정말 훌륭한 기업인이에요. 그 돈으로 아이를 홀로 키워야 하는 싱글맘의 자립을 지원해줍니다. 창업할 수 있게 지원해드리고요. 1백 개 이상 창업했어요. 이분들이 원리금을 90% 이상 다 갚고 있습니다. 이게 마이크로 크레딧 사업 중에 하나죠.

제가 네이버에 '해피빈'이라는 것을 만들자고 제안했어요. 좋은 일을 하려고 열심히 노력하는 사람이 늘 돈 때문에 제대로 일을 못하거든요. NGO를 운영하는 사람은 늘 이런 고민이 있을 겁니다. 중소기업 사장의 심정과 같은 거예요. 이런 돈 걱정을 좀 덜 수 있도록 블로그를 만들고 누리꾼이 거기 가서 기부 쇼핑을 하게 만드는 것이지요. 내가 한 달에 5만 원을 쓸 수 있다고 할 때 A단체에 1만 원, B단체에 2만 원, C단체에 2만 원을 기부하는 식으로 포트폴리오를 짜는 거죠. 그걸 할 수 있게 만든 겁니다. 여기 오신 분 중 '사교육걱정없는세상' 회원이 아닌 분은 기부서에 서명하세요. 저도 지금 20개 단체에 기부하고 있습니다. 강연 갔다가, 회원을 모집하러 갔다가 도리어 회원 가입을 하고 오는 경우가 많아요. 그러고도 다 먹고 삽니다. 2009년에 48억 원이 모금됐어요. 아름다운재단은 90% 이상 온라인으로 모금합니다.

윤리가 돈이 되고 일자리를 만드는 사회

CNN에서 저를 특집으로 다룬 적이 있어요. 저는 영어 과외를 한 번도 받은 적이 없습니다. 그런데 제가 CNN하고 인터뷰를 했어요. 발음은 좀 나쁩니다. BBC는 자고 있는 제게 인터뷰하자고 가끔씩 전화를 해요. 사교육 안 받고도 이렇게 됩니다. 자기가 필요하면 다 하게 되어 있습니다. 외국 가서 영어학원 다녀보세요. 영어가 느나. 영어 못하는 사람만 학원에 와 있잖아요. 그러지 말고 뉴욕 센트럴파크에 가서 홈리스와 친해지면 영어 금방 늘어요. 외국에 나가 외국 사람을 만나 계속 이야기하다 보면 영어가 일취월장해요. 문제는 용기지요. 제가 영국과 미국에서 각각 1년씩 유학을 했는데, 그러고 나면 영어를 정말 잘할 줄 알았어요. 그런데 안 돼요. 안 들립니다. 제가 서른일곱에 유학 가서 2년 경험하고 내린 결론이 '영어 잘하기는 글렀다'였습니다. 그런데 그렇게 생각을 하니까 영어가 잘되더군요. 영어를 잘하는 비법은 선입견을 버리고 자신감을 갖는 겁니다. 자녀에게 도전하려는 정신을 길러주면 무엇이든지 된다고 생각합니다.

제가 변호사 해보니까 변호사라는 직업에 문제가 있다고 말씀드렸잖아요. 제가 사법연수원에 강연 가서 "변호사 됐다고 절대 축하받지 마라"고 말했어요. 보통 길거리에 이렇게 써 붙여놓잖아요. '축 ○○집

둘째아들 사법고시 합격.' 거기에다가 '축'이 아니라 '근조'라고 쓰라고 했더니 한 친구가 찾아왔어요. 제가 고민하다가 '월급 2백만 원에 보너스 연 300%' 주겠다고 했죠. 일반 변호사에 비하면 터무니없이 적은 월급이죠. 큰 로펌은 천만 원씩 주니까요. 그 월급 정도는 내가 모금을 해줄 테니 당신은 365일 가난한 사람을 위해 변론하라고 했습니다. 이 사람이 와서 시작된 게 공익변호사 그룹 '공감'입니다. 지금 '공감'에서는 변호사 8명이 풀타임으로 일해요. 사법연수원 졸업하고 나면 다들 '공감'에 오려고 야단이에요. 일반 변호사 생활을 하면 스트레스 많이 받거든요. 하지만 '공감'은 그렇지 않으니까요.

다른 사람 위에 군림하는 사람, 혹은 돈이 많은 재벌이라고 해서 마음이 편할 것 같아요? 많은 걸 가지면 늘 불안하게 되어 있어요. 연평도 사건 겪으면서 외국 갈까 생각한 사람 많았을 거예요. 그런데 우리는 아무 걱정 없잖아요. 물론 나라가 위기에 처하면 걱정이 되긴 하죠. 저도 옛날에는 부자였습니다. 그거 시민운동 하느라고 다 날렸어요. 모두 날리고 나니 오히려 마음이 편해지더군요. 사람이 행복해진다는 것은 우리의 상식과는 반대예요. 돈 많고 권력이 있으면 돈과 권력이 언제 사라질지 모르잖아요. 아까 말씀드렸듯이 회사원의 경우 외국 잘못 갔다 오면 책상 없어지잖아요. 저는 영구 집권이 보장된 자리에 있습니다. 하지만 제가 떠나는 거죠. 사람들이 나가지 말라고 붙잡는 직장을 가져야 하는 거 아닙니까? 헤어질 때 가슴 아픈 그런 직장을 다녀야지요. 그런 자리에 있어야지요. '저 사람 나가면 좋겠다' 하는 직장이 좋은 직장입니까?

2002년에 '아름다운 가게'를 만들었습니다. 지금 전국에 110개가 개발 시대를 통해서 우리는 늘 비싼 것, 새것, 메이커 제품을 입어야 그 사람의 인격이 돋보이는 듯한 시대를 살아왔잖아요. 그런 시대를 통과한 지금 헌 옷을 입는다는 것은 그런 외형상의 기준이 아니라 뭔가 내면의 가치를 중요하게 생각한다는 뜻입니다.

있습니다. 작년 매출액이 2백억 원이에요. 상상을 해보세요. 제가 무슨 재능이 있는 사람입니까? 재능은 없지만 깊이 생각을 하니까 눈에 다 보이는 거예요. 지천으로 쌓여 있는 헌 물건을 제대로 처리할 장소가 없는 게 보이더군요. 그래서 전국에 아름다운 가게를 만들었죠. 매출액 2백억 원이 중요한 게 아니라고 생각해요. 개발 시대를 통해서 우리는 늘 비싼 것, 새것, 메이커 제품을 입어야 그 사람의 인격이 돋보이는 듯한 시대를 살아왔잖아요. 그런 시대를 통과한 지금 헌 옷을 입는다는 것은 그런 외형상의 기준이 아니라 뭔가 내면의 가치를 중요하게 생각한다는 뜻입니다. 저는 이 운동을 철학적 운동이라고 생각해왔어요.

제가 5년 전에 '아름다운 커피'라는 회사를 만들었습니다. 스타벅스 같은 커피 전문점은 어떻게 하면 커피를 싸게 사와서 이익을 극대화하느냐에 관심이 많습니다. 아름다운 커피는 제3세계의 가난한 농부에게 가격을 더 쳐줘서 그들이 자녀를 학교에 보낼 수 있도록 하는 곳입니다. 그러다 보니 세 배 정도 비싸게 커피를 사올 수밖에 없어요. 원료를 비싸게 사오지만 중간 마진 없애고 자원봉사자 활용하니까 가격 경쟁력과 품질 경쟁력을 갖추게 되더군요. 저는 아름다운 커피가 앞으로 10년 안에 전체 커피 시장 매출액의 10%를 차지하리라고 봅니다. 또 공정무역으로 대한민국에서 일자리 10만 개가 만들어지리라고 예상합니다. 윤리가 돈이 되는 시대가 오는 거예요.

블루오션이 새로운 사회 만든다

저는 미래를 향한 통찰력을 가질 때 새로운 직업이 나온다고 생각해요. 우리 정부가 하는 일자리 창출은 기존의 일자리를 놓고 핏빛 경쟁을 하게 만드는 겁니다. 공무원·대기업·판검사 이런 것이잖아요. 누구나 원하는 직업이죠. 젊은이들이 모두 거기에만 '올인'합니다. 하지만 그 전쟁에서 승리할 수 있는 사람은 정해져 있어요. 나머지는 어차피 안 됩니다. 그 시험을 통과한 사람은 성공한 겁니까? 또 다른 경쟁이 벌어져요. 끊임없는 스트레스가 우리 사회를 지배하는 거예요. 결과는 뭡니까? 울화증·정신병·자살. 대한민국이 자살 1위국이 된 데는 다 이유가 있습니다. 새로운 블루오션을 만들자 이거예요. 블루오션이 뭐냐. 남들이 안 가는 길을 가면 됩니다. 제가 하는 일이 대부분 대한민국 최초예요. 새로운 길을 가면 정말 좋아요. 자기가 가서 금만 그으면 자기 땅이 되는 거니까요. 저는 이렇게 편한 일을 해왔어요. 새로운 왕국을 만들어왔잖아요. 제가 해온 일을 말하는 데만 몇 시간이 걸릴지 모르겠어요.

스위스 바젤에 '프라이탁'이라는 일종의 리사이클 회사가 있어요. 세계적으로 유명한 회사예요. 프라이탁 한국지사를 만들려고 연락했더니 한국에 줄 물건이 없대요. 1년에 10만 개를 만드는데 말예요. 전

끊임없는 스트레스가 우리 사회를 지배하는 거예요.
울화증·정신병·자살. 대한민국이
자살 1위국이 된 데는 다 이유가 있습니다.
새로운 블루오션을 만들자 이거예요. 블루오션이 뭐냐.
남들이 안 가는 길을 가면 됩니다.

부 핸드메이드잖아요. 그래서 제가 회사를 만들었죠. 저는 모든 일이 의지의 문제고 열정의 문제라고 생각합니다. 자신감의 문제라고 생각해요. '에코파티메아리'라는 곳이 제가 만든 리사이클 회사인데, 우리가 프라이탁보다 더 잘 만들어요. 한국 사람의 솜씨가 훨씬 뛰어납니다. 저는 대한민국 주부가 놀고 있다는 사실이 이해가 안 가요. 이 회사 초기 멤버 중 일부가 나가서 '리블랭크'라는 재활용 의류 전문회사를 만들었습니다. 젊은 사람들이 만든 리사이클 브랜드 '터치포굿'도 있습니다. 이제 리사이클이 세계적인 트렌드입니다. 행복한 진로학교도 강좌 끝나면 여기에 붙여놓은 현수막 필요 없죠? 이런 거 가져다가 쇼핑백을 만드는 거예요. 우리가 만드는 리사이클 제품이 뉴욕에 있는 현대미술관에 납품됩니다. 미국과 호주에 총판도 만들었어요.

　리사이클 제품은 일반 상품의 두 배 가격을 받습니다. 세상에 딱 하나뿐인 제품이니까 비싸지요. 대량으로 찍어낸 상품하고는 비교가 안 되죠. 핸드메이드 시대가 올 겁니다. 제가 오늘 미래의 트렌드를 다 말씀드리네요. 이를테면 헌 옷 가지고 인형을 만들어서 모두 스토리텔링을 합니다. 아빠 릴라, 엄마 릴라, 형 릴라, 동생 릴라. 릴라 패밀리를 만드는 거예요.

21세기는 창의의 시대입니다. 창조의 시대예요. 창의적인 생각이 세상을 지배하는 거죠. 또 스토리텔링의 시대예요.

21세기는 리사이클링과 스토리텔링의 시대

2006년에 제가 희망제작소를 만들었어요. 그러고는 '가출'을 했어요. 인연을 다 끊었어요. 제가 무슨 재벌 회사 회장님은 아니잖아요. 그렇다고 제가 보너스를 받는 것도 아니고, 지분을 가진 것도 아니고요. 완전히 버렸습니다. 왜냐하면 그거 거치적거리잖아요. 희망제작소에 사회창안센터라는 게 있습니다. 온 국민을 정책입안가로 만드는 거예요. 국민이 씨앗 아이디어를 내면 새싹, 나무, 열매로 변화되어가는 과정입니다. 시민의 아이디어로 다음과 같은 변화가 있었습니다.

전에는 ATM 기기 수수료가 얼마인지 가르쳐주지 않았어요. 1,200원도 있고, 800원도 있고, 600원도 있더라고요. 수수료에 따라 어느 은행의 ATM 기기를 사용할지 선택할 수 있잖아요. 그런데 수수료를 알려주지 않아요. 우리가 은행연합회에 '은행별 수수료를 표시하라'고 해서 이제는 모두 표시하고 있어요. 일본 도쿄 지하철은 손잡이의 높낮이가 다 달라요. 왜 그런지 아시죠? 사람의 키가 다르잖아요. 어떤 분이 이를 보고 아이디어를 내서 이제 서울시에서 만드는 전동차는 모두 손잡이 높낮이를 다르게 하기로 했습니다.

'나육군' 씨가 군대를 가게 됐는데, 그 어머니에게는 입영일자도 중요하지만 전역일자가 더 중요하겠죠? 자식을 군대에 보내본 어머니 심정이 되지 않으면 몰라요. 만약 전역일자까지 적힌 입영통지서를 보낸

이제 리사이클이 세계적인 트렌드입니다. 핸드메이드 시대가 올 겁니다. 21세기는 창의의 시대입니다. 창조의 시대예요. 창의적인 생각이 세상을 지배하는 거죠. 또 스토리텔링의 시대예요.

다면 정말 사랑받는 병무청이 되지 않겠어요? 우리가 전역일자를 입영통지서에 기재하자고 병무청에 제안했어요. 하지만 아직 전역일자 안내는 안 하고 있어요. 나이 50이 되면 많은 기업에서 직장인이 은퇴하는데, 그들은 은퇴 이후의 삶에 대해서 잘 몰라요. 생각을 안 합니다. 그러다가 은퇴하고 나면 갈 길을 모르는 거죠. 그래서 은퇴한 분을 위한, 은퇴가 예정된 분을 위한 '인생 후반전 디자인'이라는 것을 하고 있습니다. 주로 대기업 임원이나 정부 고위 관리를 상대로 한 교육입니다. 교육생의 거의 절반이 취업했습니다. 그리고 사회적 기업 6개를 만들었습니다.

모금 전문가가 최고의 고소득 직업 된다

네덜란드 암스테르담에서 열리는 '모금가총회'에 참석한 적이 있어요. 참가비가 4천 달러예요. 제 돈으로는 못 갑니다. 아름다운재단의 기부자가 저를 강제로 데리고 갔어요. 대한민국에서 '모금의 원조' '모금의 대가' 소리를 듣는 제가 그곳에서 정말 많은 것을 배웠습니다. 저를 그곳까지 보내주신 그분의 고마운 뜻을 한국 사회에 되돌려 드려야겠다고 생각해서 만든 것이 '모금 전문가 학교'입니다.

2005년 미국 스탠퍼드 대학에서 한 학기 강의를 했습니다. 그때 보니까 스탠퍼드에서 모금 전문가 수백 명이 모금을 하더군요. 그런 활동을 통해 무려 280억 달러를 적립해놓았고요. 대학에 돈이 많아 월급을 후하게 주니까 노벨상을 받은 교수가 17명이나 스탠퍼드에 와 있어요. 저도 스탠퍼드에서 제 평생 가장 많은 월급을 받고 강의를 했어요. 좋은 대학은 '좋은 모금'으로부터 시작합니다.

대한민국에서 등록금만 가지고는 결코 좋은 대학을 못 만듭니다. 앞으로 모금 전문가가 대한민국 최고의 고소득 직종이 되리라 생각합니다. 왜냐하면 우리나라 모금법에 따르면 수수료 15%를 가질 수 있게 되어 있어요. 만약에 제가 어느 대학에 모금팀을 만들어서 들어가면 몇 백억 원 모금하는 건 일도 아니라고 생각하거든요. 제가 이미 몇 백억 원을 모금하고 있잖아요. 대학에는 이미 수만 명의 재학생과 졸업생이 있잖아요. 재학생·졸업생의 사돈의 팔촌까지 돈 잘 버는 사람 조사해서 그들이 가장 좋아할 만한 아이템을 연결시키면 많이 기부하게 됩니다. 왜 안 하겠습니까.

저세상에 돈을 가져갑니까? 자식한테 물려주면 어떤 일이 벌어지죠? 제가 변호사를 해보니 싸움 나지 않는 집안이 없더라고요. 변호사만 좋은 일 시키는 겁니다. '모금 전문가 학교' 졸업생 중 한 분이 '휴먼트리'라는 모금 전문회사를 만들었습니다. '사교육걱정없는세상'도 이 회사에 컨설팅을 받으시거나 맡겨보세요. 모금액의 10%만 주면 돼요.

하고 싶은 것 한 가지만 깊이 연구하라

제가 지역의 향토 자산을 활용해서 비즈니스를 일으키도록 하는 '커뮤니티비즈니스연구소'를 5년 전에 만들었는데, 아무도 관심을 갖지 않았어요. 그런데 딱 한 분이 관심을 갖더군요. 임정엽 전북 완주군수님이 그분이에요. 이분이 저한테 "우리 공무원을 교육해달라"고 요청해서 4년 동안 지역 리더를 교육시켰습니다. 그래서 지금은 1백 개 마을이 비즈니스 마을이 되었어요. 커뮤니티비즈니스연구소가 시쳇말로 완전히 뜬 거죠. 중앙정부 차원에서도 이슈가 되어서 내년에 행정안전부가 몇 백억 원을 지원한다는군요. 지식경제부는 이미 몇 십억 원을 내놓았어요. 그런데 돈 가져갈 데가 어디 있습니까? 완주군밖에 가져갈 데가 없어요. 완주군은 이미 교육 다 시켜놨죠. 벌써 마을 1백 개가 일어서고 있거든요.

완주군은 정말 재미있는 프로젝트를 많이 벌이고 있어요. 창포마을에 가면 다듬이 연주단이 있어요. 다듬이 아시죠? 할머니가 곱게 한복 차려입고 나와서 다듬이 연주를 해요. 세계에서 하나뿐인 다듬이 연주단이에요. 서울 예술의전당에서도 연주했습니다. 곧 뉴욕에서도 연주할 것 같아요. 앞으로는 조금 더 다양하게 공연하도록 말씀드렸어요. 다듬이만 하면 재미없잖아요. 북 등 다른 악기도 포함시키고 노래도 함께 해보시라고 말씀드렸죠. 그러면 정말 완전히 뜨는 아이템이 되지 않을까 해요.

우리는 전통적으로 가져왔던 수많은 자산을 지난 1백 년 동안 다 버렸잖아요. 이 전통 자산으로 새로운 비즈니스를 일으키면 모든 게 가능합니다. 그래서 제 직업을 새로 만들었어요. 'Social Designer'라고. 세계에서 최초로 만든 거예요. 지금 이 자리에도 좋은 분이 많으시더군요. '참 좋은 가정 연구소'에서 오신 황인춘 소장님이 새로운 직업을 만드셨고, '도서관 옆 신호등'이라고 도서관 교육을 전문으로 하는 정성훈 님도 계시고요. 온 국민에게 한 가지씩 직업을 다 드릴 수 있는 방법이 있습니다. 아주 세밀한 분야 하나를 평생 다루면 돼요. 사실 '참 좋은 가정 연구소'도 조금 더 세분화할 수 있다고 봐요. 사춘기 아이 때문에 우리 부모들이 모두 고생하잖아요. 본인도 사춘기를 겪었으면서 막상 자녀가 사춘기를 겪게 되면 다들 당황하죠. '사춘기를 겪는 아이를 둔 부모님의 해결 연구소'를 만드는 겁니다. 이름이 너무 긴가요? 그럼 '사춘기 해결 연구소'. 오늘 하나 만드세요. 제가 보기에 고객이 수십 만 명입니다. 해마다 새 고객이 생기잖아요.

제가 2000년에 3개월 동안 일본을 여행했습니다. 그냥 놀러 다닌 것이 아닙니다. 많은 전문가를 인터뷰하고 다녔어요. 그들이 주는 명함에 전부 'Journalist'라고 쓰여 있어요. 이들은 진짜 언론인이 아니에요. 평생 한 가지 주제를 연구하고, 조사하고, 강의하고, 글 쓰는 사람이에요. 대한민국에서 주제를 딱 하나 잡아 1년만 파고들면 방송국에서 인터뷰하자고 옵니다. 대한민국은 전문가가 부족하기 때문에 1년만 노력하면 누구나 전문가가 됩니다. 저는 저작권 전문 변호사였어요. 당시 저작권을 다루는 사람이 거의 없었죠. 금방 사건 의뢰가 들어오기 시작하더군요. 평소에 좋아하는 거, 하고 싶은 거 하나만 깊이 공부하면 누구나 직업을 가지게 돼요. 이제 그런 시대로 가고 있습니다. 전문화 시대로, 세분화 시대로 가고 있습니다. 우리 희망제작소에서 '세상을 바꾸는 1천 개의 직업'을 발표했습니다. 제가 '소셜 디자이너'인 거 맞죠?

정부·기업·시민사회의 경계 사라져

정부와 기업과 시민사회라는 세 가지 섹터가 있는데, 지금 섹터 간의 경계가 무너지고 있어요. 다시 말씀드리면 정부와 기업과 민간의 구별이 없어져요. 저는 NGO 리더이지만 사실상 공무원입니다. 여러분 저만한 공무원 있습니까? 365일 공공의 이슈를 고민하잖아요. 희망제작소 웹사이트에 들어가보세요. 전부 정부가 해야 할 일을 희망제작소가 합니다. 이렇게 따지고 보면 도대체 공무원과 비공무원의 구별이 있습니까? 그리고 아까 말씀드렸다시피 제가 온갖 것을 다 만들었지 않습니까? 기업 만들었죠? 제가 CEO 아닙니까? 아니라고 할 수 있어요? 실제로 저는 대한민국 CEO 클럽의 정식 멤버입니다.

기업이 자기 혼자 잘 먹고 잘살려고 하면 도리어 망하게 되어 있습니다. 기업을 보통 'Private Sector'라고 이야기하는데 저는 그 분류법을 고쳐야 한다고 생각해요. 기업이 한국 사회에서 얼마나 'Public'한 일을 맡고 있나요? 기업이 개판 치면 나라가 망합니다. 외환위기가 대표적인 사례지요. 기업이 공공 영역을 가지고 있어요. 저는 기업이 'Public Sector'라고 생각합니다. 대기업 광고 보세요. 텔레비전 광고 보면 기업인지 자선단체인지 구분이 됩니까? 전부 착한 기업이래요. '착한 기업'이 되지 않으면 앞으로 생존하기 힘들어요. 착한 기업이 장수한다는 책도 나와 있습니다. 국제표준기구 ISO가 기업의 사회적 책임 인증을 위해 정한 국제표준인 ISO 26000은 앞으로 착하지 않은 기업은 무역을 할 수 없다는 사실을 보여주고 있습니다. ISO 26000이 이번에 통과됐거든요. 국제적 규범이 되고 있습니다. 기업은 공공기관인 동시에 비영리단체입니다.

NPO 비즈니스 시대입니다. NPO가 뭡니까. Non Profitable Organization, 즉 비영리단체입니다. 돈을 목표로 하지 않는 조직이에요. 그런데 그 NPO가 비즈니스를 하다니 말이나 됩니까? 이게 모순이잖아요. 그런데도 기업과 NPO가 융합하고 있어요. 이것도 세계적인 트렌드입니다. 서울시가 서울관광마케팅주식회사라는 곳에 100% 투자했어요. 서울시에는 관광을 담당하는 과가 따로 있어요. 그런데 왜 이런 주식회사를 만들까요? 관료조직 가지고는 안 되거든요. 현대사회는 공무원만으로는 디자인할 수 없습니다. 그러니까 주식회사를 만든 거죠. NPO에게 업무를 위탁하는 겁니다.

제가 2010년 5월에 영국에 있었어요. 그때 마침 영국은 노동당 정부에서 보수당 정부로 바뀌었어요. 보수당 데이비드 캐머런 총리의 핵심 공약이 무엇인지 아십니까? '작은 정부 큰 사회'. 그러니까 앞으로 공공서비스의 공급자가 민간으로 넘어간다는 겁니다. 정부가 다양한 서비스를 제공하는 게 아니라 NPO가 한다는 거예요. 사회복지를 실제로 누가 담당합니까? 사회복지 시설이 하잖아요. 복지관은 누가 운영합니까? 공무원이 합니까? 다 재단이 해요. 종교재단이나 복지재단에서 다 하고 있잖아요. 서울역 앞에 있는 노숙자를 누가 도와줍니까? 공무원이 밥 주고 하나요? 민간단체가 하죠. 복지만이 아닙니다. 이라크 전쟁을 누가 했어요? 용역회사가 했습니다. 전쟁도 그렇습니다.

여주에 민간 교도소 생겼죠? 미국에는 개방교도소가 많아요. 대부분이 민영 교도소입니다. 물론 교도소 민영화에는 문제가 있을 수 있어요. 잘못하면 기업이 많은 이익을 남기려 해서……. 미국 로스앤젤레스의 전력회사가 민영화되면서 전기가 다 나가버렸잖아요. 이런 나쁜 사례가 있지만 세상은 이렇게 크게 변하고 있습니다. 정부와 기업과 민간의 구별이 없어지고 있습니다.

제가 변호사 그만뒀는데도 〈파 이스트 이코노미 리뷰Far East Economy Review〉는 저를 'People's Advocate'라고 표현했어요. 얼마나 영광스러운 겁니까. 국민의 변호사라는 거예요. 이게 바로 역설이라는 겁니다. 제가 변호사를 그만뒀는데, 개인 변호사가 아니라 공공의 변호사가 됐다는 거죠.

문화 예술을 통한 커뮤니티 디자인의 힘

제가 아까 'Social Designer'라고 했죠? 한 영역에 깊이 들어가면 누구나 디자이너가 되는 거예요. 여러분은 외형을 예쁘게 만드는 사람을 디자이너라고 생각하시죠? 결코 그렇지 않습니다. 제가 지난해에 리스본에서 열린 '사회혁신여름캠프Social Innovation Exchange Summer Camp'에 참여했습니다. 그 캠프에서 한 아시아인이 발표하는 걸 보니 커뮤니티 디자인을 하더라고요. '어떻게 하면 한 마을의 부자와 빈자가 소통을 하면서 잘살 수 있는가.' 이런 디자인을 하는 거예요. 이른바 커뮤니티 디자이너예요.

발표가 끝난 뒤 만나보니 한국 사람이에요. 서울대를 나온 뒤 밀라

 한 영역에 깊이 들어가면 누구나 디자이너가 되는 거예요. 여러분은 외형을 예쁘게 만드는 사람을 디자이너라고 생각하시죠? 전혀 아닙니다. '어떻게 하면 한 마을의 부자와 빈자가 소통을 하면서 잘살 수 있는가.' 이런 것을 연구하는 이른바 커뮤니티 디자이너도 있습니다.

노에 있는 폴리테크닉 대학 박사과정을 다니고 있더군요. 저한테 찍히면 꼼짝 못합니다. 제가 "희망제작소를 위해서 글을 쓰라"고 주문했어요. 희망제작소 웹사이트에 가면 백준상 씨가 쓴 커뮤니티 디자이너에 대한 글이 있습니다. 디자인이라는 개념이 이렇게 다양합니다.

　남자 화장실에 들어가보세요. 변기 위에 뭐라고 쓰여 있습니까? 잘 맞추라고요? 그렇게 노골적이진 않지만, '한 발 앞으로' '일보전진, 문명거보' 이렇게 돼 있어요. 변기 바깥에 소변을 흘리니까 그런 문구를 써놓는데, 백준상 씨는 변기에 파리를 한 마리 그려 넣었어요. 그랬더니 사람들이 파리를 맞추려고 해 소변을 밖에 흘리지 않는 거예요. 변기 하나에도 이런 디자인이 필요한 거예요.

　대한민국에 아주 특별한 박물관이 하나 있습니다. 김해에 있는 '클레이아트뮤지엄'입니다. 변기라든지 독이라든지 산업용 타일을 전문으로 전시하는 세계 유일의 박물관입니다. 정말 훌륭한 박물관이에요. 그런데 그곳 운영자로 공무원을 데려다놓으면 엉망이 됩니다. 걱정이 되어서 김해시장님을 찾아가 만났습니다. 다행히 김해시는 이 뮤지엄을 홍익대학교 교수에게 맡겨놓고 전혀 간섭하지 않더군요. 정말 잘한 일이지요.

제가 그 박물관에 갔을 때 마침 변기 전시회를 열고 있더군요. 그런 전시를 하려면 전 세계 도기 디자이너를 많이 불러와야 하니까 돈이 들잖아요. 그래서 한국의 여러 도기회사에 연락을 했더니 아무도 관심을 보이지 않았다고 해요. 결국 중국의 한 도기회사로부터 1억 원을 지원받아서 전시회를 열었어요. 이러니 전시회에 참가한 디자이너는 전부 중국에 가서 워크숍을 할 수밖에 없죠. 우리가 중국을 두려워할 수밖에 없는 거예요. 이런 문화·예술적 센스와 투자가 필요합니다. 문화·예술은 21세기의 또 다른 트렌드입니다.

제가 오늘 여러분께 직업 다 나눠드렸습니다. 그러니 돈 버시면 저한테 몇 퍼센트 주시겠어요? 몇 퍼센트로 할까요? 저한테 5% 기부하셔야 합니다. 경청해주셔서 고맙습니다.

임경수 사회적 기업 '이장' 대표

좋은 직업 찾지 말고 농촌으로 가라

쓰레기 줍기 싫어하던 소년의 변신

어떻게 보면 저는 진로 지도를 전혀 받지 못한 사람의 전형입니다. 고등학교에서 전공을 정했지만 여러 분야로 헤매다가 여기까지 왔습니다. 제가 요즘 하는 일을 보시더니 어느 날 어머님이 말씀하시더군요. 제가 초등학교도 들어가기 전에 할머니가 화분에 심어놓은 콩을 하염없이 보고 있다가 콩 싹이 나오니까 "엄마 콩이 모자를 쓰고 나와" 이랬다는 거예요. 그때부터 싹이 보였노라고 말씀하시더라고요.

중학교 때 보이스카우트를 했는데 산에 올라가서 비닐 쓰레기 줍는 일이 가장 싫었습니다. 포대를 들고 올라가서 거기에 비닐 쓰레기를 가득 채워 끌고 내려오는 거예요. '아 이것 좀 안 했으면 좋겠다'라고 생각했는데, 중3 때 생물 선생님이 이렇게 말씀하셨어요. "썩는 비닐이 나올 것이다. 그러면 쓰레기를 안 주워도 된다." 그걸 듣는 순간 '아! 저거 내가 해야겠다'고 생각해서 중학교 3학년 때 환경에 관심을 갖기 시작했습니다. 그래서 환경 공부를 해야겠다고 결심했죠.

제가 대학에 갈 때는 환경공학과가 전국에 두 곳밖에 없었어요. 서울시립대와 부산수산대학교. 어느 과를 가야 할지 모르겠더라고요. 고3 선생님도 답을 찾아주시지 못했습니다. 그래서 미생물학과에 지망했다가 1지망에서 떨어지고 화학공학과에 진학했죠. 그런데 대학에 갔더니 환경 문제가 별로 중요하지 않았습니다. 1980년대 초중반이다 보니까 인권 문제나 독재정권과 싸우는 게 중요했죠. 그런 데를 기웃기웃하다가 4학년 때 저랑 같이 운동했던 친구들이 이른바 현장으로 들어갔습니다(현장이란 노동자들이 일하는 공장을 이야기함). 도저히 용기가 안 나서 저는 현장에는 못 들어가겠더라고요. 일부는 공대 대학원에 진학했어요. 저도 고민을 하다가 대학원에 진학하기로 했습니다. 그랬더니 교수님 한 분이 자기 연구실에 들어오라고 하셔서 여름방학 때 연구실에 들어가서 선배가 하는 연구를 도왔습니다.

전공하는 분들은 아시겠지만, 에펜도르프 튜브라고, 플라스틱으로 만든 작은 튜브가 있어요. 이걸 가지고 미생물을 배양하거든요. 그걸 원심분리기에 돌립니다. 미국에선 에펜도르프 튜브가 일회용이에요. 쓰고 버려요. 우린 그게 아깝잖아요. 그래서 다시 써요. 다시 쓰려면 미술 붓으로 닦아서 멸균시키고 말리죠. 선배가 실험을 하면 하루에 2백~3백 개씩 닦는 게 제 일이었어요. 열심히 닦았죠. 어느 날 세미나에서 선배가 발표하는 내용이 뭘까 궁금했는데 그린스위트에 대한 것이었어요. 여러분 아시죠? 살 안찌는 감미료. '내가 매일 튜브 닦아서 기껏 만든다는 게 여자들 살 안 찌게 하는 설탕이었구나.' 그래서 그 연구실을 나왔습니다.

사후약방문 같은 환경 공부에 회의 느껴

그 일 이후에 중학교 때를 떠올리고 다시 환경 공부를 해야겠다 마음먹었죠. 진학할 곳을 찾아보니 제가 다니던 대학에 환경대학원이 있었습니다. 무슨 공부를 하는지도 모르고 일단은 '무조건 간다'며 진학했어요. 저는 사실 기술적이고 공학적으로 환경 문제에 접근하려고 했지만 환경대학원이라는 곳은 정책대학원이어서 굉장히 폭넓은 공부를 할 수 있었습니다. 또한 자율성을 많이 보장해 스스로 공부하는 분위기여서 지금 생각해보면 꽤 열심히 공부한 것 같습니다. 공부가 뭔지도 알게 되었습니다.

책 읽는 재미를 대학교 4학년 때까지는 잘 몰랐습니다. 그때는 책을 사도 그냥 책장에 꽂아놓고 읽는 데 한 달씩 걸렸어요. 그런데 환경 공부를 하면서는 제가 관심 있어 하는 책을 고를 줄 알게 됐고, 꼭 환경 쪽이 아니더라도 경제가 됐든 정치가 됐든 뭔가 연관이 있겠다 싶은 책을 고르면 밤을 새워서 읽게 되더군요. 그래서 공부가 이런 거구나, 알게 됐어요. 그래서 전공 공부 이외에도 이것저것 공부를 많이 했습니다. 프로젝트에 참가할 기회가 닿아서 대기오염에 관한 논문을 쓰고 졸업했습니다.

여기까지만 하면 진로를 잘 정한 것 같지요. 그런데 졸업하면서 느낀 게 있습니다. 제가 했던 공부로는 환경 문제를 해결할 수 없다는 사실이었습니다. 제가 했던 공부는 환경 문제는 언제나 생기는 걸로 가정합니다. 그게 전제조건입니다. 그리고 그걸 어떻게 처리하고 관리할 것인가에 대해 공부합니다. 정말 환경 문제를 해결하려면 애초에 문제

> 정말 환경 문제를 해결하려면 애초에 문제가 생기지 않게 해야 하는 거죠. 결국 내가 했던 공부는 사후약방문밖에 되지 못한다는 사실을 알았어요.

가 생기지 않게 해야 하는 거죠. 결국 내가 했던 공부는 사후약방문밖에 되지 못한다는 사실을 알았어요. 그래서 다른 공부를 해야겠다는 생각을 했지요. 그 다른 공부가 뭔지는 잘 모르겠더군요.

그러던 차에 공군 장교로 군 복무를 하게 되면서 관련된 책을 읽으며 생각을 정리할 수 있는 기회를 갖게 되었습니다. 제가 복무한 곳은 충주입니다. 부대가 논밭 가운데 있었어요. 거의 1년 내내 논밭이 변해가는 모습을 난생처음으로 가까이에서 봤습니다. 그곳 농민 운동가들도 만나게 됐고요. 제가 환경 공부를 했다니까 "그런데 왜 농사를 안 지어?" 하고 물으시더군요. '왜 농사를 지어야 하지? 환경 공부를 하는 사람이?'라는 의문에 대한 답을 찾다가 농업의 중요성을 알게 됐습니다. 그래서 박사 과정에서 유기농업을 공부하게 됐습니다.

그런데 문제는 논문을 쓰고 졸업을 해도 제가 할 수 있는 일이 아무것도 없다는 거였어요. 제가 아무리 농업기술을 개발해도, 현장에서 농민이 안 쓰면 그만입니다. 그냥 학자가 연구한 것으로 끝나는 거죠. 기술 개발은 농민이 해야 합니다. 그래야 현장에서 이용하거든요. 제가 연구하는 건 논문을 쓰기 위해서일 뿐이라는 거예요. 그래서 학위를 받아놓고 또 할 일이 없어진 거예요. 여차여차하다가 호주에 가게 됐고 여기까지 오게 됐습니다. 진로 지도가 굉장히 중요하죠. 저 같은 사람이 안 되려면 그런 것 같습니다.

사람과 자연 모두에게 도움이 되는 건 농업뿐

환경은 자연과 인간 사이의 문제죠. 그런데 농업이 중간에 끼어 있어요. 농업이 제 역할을 찾아 제대로 돌아가면 환경 문제의 많은 부분을 없애거나 완화할 수 있다는 거죠. 그래서 농업이 정말 중요하다는 생각을 하게 됐습니다. 저는 '남이 생각 못한 걸 내 스스로 깨달았구나' 생각했어요. 그런데 그게 아니더라고요. 이미 많은 사람이 '농업이 중요하다'는 얘기를 했습니다. 슈바이처는 의사임에도 불구하고 농업이 중요하다고 주장했고, 교육계 쪽에 계신 분들은 잘 아시겠지만, 루돌프 슈타이너Rudolf Steiner라는 교육철학자도 농업을 중요시해서 아예 농업에 관한 책도 썼습니다. 슈타이너가 생각하는 방식으로 농사짓는 것을 '생명동태농법bio dynamic'이라고 해서 독일에는 농민 동아리까지 있죠. 정약용은, '상업을 해야 나라가 부하다'라고 믿던 시기에 농업이 여전히 중요하다고 주장했죠.

제가 이런 이야기를 하면 '지금같이 산업화하고 정보화한 시대에 무슨 옛날이야기냐, 그 사람들 모두 옛날사람들 아니냐'고 주위에서 문제 제기를 합니다. 그래서 또 찾아봤죠. 동시대를 살고 있는 사람들도 같은 주장을 하더군요. 후루사와 코유라는 일본의 환경운동가가 있는데, 이 사람이 이렇게 이야기했어요. "인간과 자연은 농업의 영역에서 가장 긴밀하게 또 역동적이며 호혜적으로 연결되어 있으며 이 관계로부터 인간의 내면을 탐구할 수 있다." 호혜적이라는 말이 뭐예요? 서로 도움을 준다는 뜻이죠? 착취하거나 짝사랑하는 게 아니라.

제가 이 글을 읽고 이런 생각을 해봤어요. 사람이 하는 행위 가운

사람이 하는 행위 가운데 사람한테도 도움을 주고 자연한테도 동시에 도움을 줄 수 있는 행위가 농업 말고 또 있나. 저는 못 찾았습니다. 농업밖에.

데 사람한테도 도움을 주고 자연한테도 동시에 도움을 줄 수 있는 행위가 농업 말고 또 있나. 저는 못 찾았습니다. 농업밖에. 어떤 행위는 사람한테만, 어떤 행위는 자연한테만 이로운데, 양쪽 모두에 도움이 되는 행위는 농업밖에 없다는 거죠. 이 이야기를 했더니 "또 있습니다"라고 어떤 분이 말해요. "뭐예요?"라고 물었더니, "똥 싸는 거요" 하시더라고요. 그건 생리활동이죠. 의도적인 활동 중에는 농업밖에 없는 것 같습니다. 에른스트 슈마허 Ernst Schumacher는 독일의 경제학자인데 농업이 중요하다고 역설했고, 미국의 시인이자 농부인 웬델베리 Wendell Berry도 농업이 교육에 매우 중요하다고 강조했습니다. 외부로부터 자원을 의존하지 않는 독립적이고 완전한 행위이며, 삶터를 흥미 있게 만들고 육체를 가꾸며 정신을 교정하고 건강을 해결할 수 있다는 이유죠.

우리 아이들의 80% 정도가 도시에서 태어나 도시에서 자라면서 농촌 생활은 전혀 경험해보지 못하고 있습니다. 이 친구들이 우리 사회의 지도층이 되었을 때 우리 사회가 어디로 갈까, 걱정을 하게 됩니다. 농사를 지으려면 자연을 이해하고, 서로 협동할 수밖에 없거든요. 농촌 대안학교가 농업 과목을 가르치진 않습니다. 그런데 노작 과목이 있습니다. 일주일에 몇 시간씩 같이 일하는 시간입니다. 이유가 있죠. 교육적 효과가 크니까요.

제가 박사 과정 들어갔을 때 전국귀농운동본부가 생기고 귀농학교가 열렸습니다. 저는 귀농학교 1기생입니다. 논문을 쓰고 나니 몇몇 동기가 귀농했더라고요. 논문을 쓰고 쉴 겸 동기와 한 기수 아래 후배들을 찾아다녔죠. 어렵게 귀농하신 열두 분을 인터뷰해서 책을 썼습니다. 그러고 나서 '우리 국민이 유기농업을 제대로 이해하고 난 다음에 유기농산물을 먹어주면 기술개발은 자연스럽게 이루어지겠구나'라는 생각이 들었어요. 많이 팔 수 있으면 스스로 노력해서 기술개발을 할 테니까요. 이 당시만 하더라도 유기농업에 대한 인식이 낮았습니다. 인지도를 높이는 운동을 해보려고, 교보생명에 사업비를 신청해서 3천만 원을 받았어요. 1년 동안 전국에 있는 1백여 명 정도의 유기농 생산자를 조사했습니다. 그리고 그 정보를 모아 홈페이지를 만들었습니다. 홈페이지가 마을처럼 생겼어요. 농가도, 마을회관도, 학교도 있습니다. 학교에서 유기농이 무엇인지 가르치는 거죠. 이렇게 사이트를 구성해서 만들었어요. 마을이 있으니까 누가 있어야 해요? 그렇죠, 이장이 있어야 하죠. 그래서 이 사이트 이름이 인터넷 이장이었고, 이게 발전해서 제가 지금 몸담고 있는 '이장'이라는 사회적 기업이 된 겁니다.

호주의 생태마을에서 퍼머컬처를 배우다

'이장'을 만들기 전 1년 동안 유기농 생산 농가를 찾아다니면서 농촌 문제가, 물건만 잘 팔면 해결되는 문제가 아니라는 사실을 알게 됐어요. 그래서 생각해낸 해결책은 농촌의 가장 작은 단위에서 무언가 대안을 만들어 그걸 확장하자는 것이었어요. 가장 작은 단위가 뭘까 생각해보니 마을이었어요. 제가 생각했을 때 마을에서 일어났으면 좋을 일들을 적어봤지요.

- 유기농으로 전환한다.
- 도시인들과 교류한다.
- 마을 주민들이 오순도순 산다.
- 환경과 생태계를 잘 보존하면서 산다.

바로 생태마을이더군요. 그래서 생태마을을 공부하려고 호주로 갔습니다. 빌 모리슨Bill Mollison이라는 할아버지가 만든 퍼머컬처Permaculture라는 용어가 있는데요, 퍼머넌트permanent와 어그리컬처agriculture의 합성어입니다. '지속 가능한 농업' '지속적인 농업'이라는 뜻이죠. 그런데 어그리가 빠지면 컬처가 되죠. 그래서 지속 가능한 사회, 지속 가능한 문화, 지속 가능한 경제를 다 포함하는 시스템이 되기도 합니다.

빌 모리슨은 호주 남쪽에 있는 테스매니아라는 섬 출신이에요. 테스매니아의 위도가 남위 40도 이상입니다. 사계절이 뚜렷한데다 천혜의 자연환경을 갖추고 있어 호주 사람들은 휴양지로 여기는 곳입니다. 이 사람이 멜번에 있는 직장을 다니다 가끔 고향에 가보면 개발이라는 이름으로 섬이 망가져가는데 정작 고향의 친구들은 잘살지 못하는 거예요. 다른 사람들이 고향에 들어와서 망가트리고 착취하는 것을 목격한 거죠. 그래서 직장을 그만두고, 전 세계를 돌아다니면서 무언가 대안을 찾아야겠다고 결심하죠.

퍼머컬처는 퍼머넌트와 어그리컬처의 합성어입니다.
'지속 가능한 농업' '지속적인 농업'이라는 뜻이죠.
지속 가능한 사회, 지속 가능한 문화, 지속 가능한 경제를
다 포함하는 시스템이 되기도 합니다.

　우리나라에도 왔었어요. 충남 홍성에 있는 풀무학교에도 왔었고요. 농민에게 물어봤답니다. "이 논이 언제부터 논이었나요?" 생전 그런 질문을 받아본 적이 없는 그 농부가 한참을 생각하다가 "이건 아버지 때부터 논이었다. 아니, 할아버지 때부터 논이었다. 아니 천 년도 더 넘었을지도 모른다"고 했답니다. 빌 모리슨은 깜짝 놀랐답니다. 왜냐하면 호주에서는 그렇게 농사를 짓지 않으니까요. 땅이 넓기 때문에 버리거나 아니면 적어도 휴경을 하지 우리처럼 한 땅에서 한 가지 작물을 계속 심는 것은 호주에선 상상도 할 수 없거든요. 우리는 거의 소출도 줄지 않죠. 그만큼 농민이 지난한 노력을 하는 셈이죠. 기술도 개발하고 말이죠.

　동아시아의 농법은 4천 년의 농업이라고 이야기합니다. 빌 모리슨이 그걸 목격하고 호주로 돌아가는 길에 '한국에서는 이미 퍼머넌트하게 어그리컬처를 하고 있구나' 생각했답니다. 그래서 두 단어를 합쳐 퍼머컬처가 탄생하게 된 거죠. 그러니까 퍼머컬처의 원조는 대한민국이라는 겁니다. 실제로 충남대학교를 나온 친구가 퍼머컬처를 배우려고 테스매니아로 빌 모리슨을 찾아가서 "한국에서 왔습니다"라고 했더니 빌 모리슨이 껄껄껄 웃더래요. "퍼머컬처를 내가 한국에서 배웠는데, 너는 그걸 배우러 한국에서 왔구나" 하더라는 겁니다.

그런데 저도 퍼머컬처를 호주에서 배우고 왔습니다. 호주에 크리스털 워터스라는 생태마을이 있어요. 이 생태마을에서 2주짜리 퍼머컬처 디자인 코스를 운영합니다. 코스를 끝낸 뒤 2주 정도 이 마을에 더 머물면서 한 달을 채우고 왔습니다. 그곳에 갔다 와서 제 인생이 완전히 바뀌었어요. 지난 10년간 그곳에서 배운 것을 써먹고 살아왔다고 할 수 있습니다. 2주 동안 그곳에서 배운 것이 제가 20~30년 동안 공부한 것보다 제게 더 큰 영향을 주었습니다. 단순하게 지식이 아니라 일종의 사회를 보는 눈, 지역과 여러 것을 통합할 수 있는 관점을 갖게 되었죠.

제가 지금 일하는 사회적 기업 이장은 1999년 벤처붐이 일 때 학교에 있는 보육센터에서 개인사업자로 시작했습니다. 2001년에 주식회사로 만들고 춘천으로 이전해 계속 일을 해왔습니다. 농촌 마을을 어떻게 생태마을로 바꿀 수 있을 것인가를 계속 구상했습니다. 도시민이 생태마을을 만들어서 농촌에 이주할 수 있도록 하거나, 지역을 생태적으로 발전시킬 수 있는 컨설팅을 해오다가 관련된 분야의 자회사를 만들기도 했습니다. 2008년에 사회적 기업으로 인증을 받았습니다.

빗물 받아 쓰고 쓰레기 재활용하는 호주의 생태마을

생태마을의 개념은 주민들이 어떻게 사느냐는 소프트웨어와 생태적으로 사는 기반인 하드웨어, 이렇게 두 가지로 나눌 수 있습니다. 어떤 마을은 소프트웨어가, 어떤 마을은 하드웨어가 강할 수 있습니다. 호주의 크리스털 워터스는 70개의 농장이 모여 하나의 마을을 이루는데 각각 3천~5천 평 정도 됩니다. 광대한 규모죠. 땅값이 싸니까 그렇게 넓은 땅을 싸게 사들여 계획적으로 사람들을 농장으로 이주시켰습니다. 금요일과 토요일에 주민이 마을회관에 모여 같이 저녁식사를 합니다. 강제는 아니고 자율적입니다. 식사를 하는 동안 집에서 담근 맥주를 가지고 와서 '한 병에 2달러'라고 써놓고 팝니다. 생태 건축으로 집을 지었어요. 집을 녹화한 거죠. 지붕에 풀이 자라는 거예요. 단열효과가 있습니다.

주변 환경도 매우 좋습니다. 자연 경관이 굉장히 좋은 곳에 집을 지은 것 같지만 사실은 20년 동안 그렇게 가꾼 겁니다. 원래는 목초지였습니다. 퍼머컬처의 중요한 원리 중 하나가 자연을 닮는 겁니다. 그래서 자연과 똑같이 만드는 거죠. 집 앞 텃밭에 바나나나무를 심습니다. 집 안에 먹을 게 다 있어요. 이게 퍼머컬처식입니다. 짚으로 지은 소박한 집도 있습니다. 밀짚을 네모지게 압축해 벽돌처럼 만들었죠. 그걸 쌓아올려 집을 만든 겁니다. 실로 다양한 생태 건축들이 있습니다.

호주가 전반적으로 물 사정이 안 좋습니다. 이 마을은 더욱 안 좋고요. 지표수, 흘러가는 물, 또는 지하수 모두에서 석회질이 나옵니다. 마실 수도 없고, 접시를 닦으면 하얗게 석회질이 낍니다. 식수는 빗물밖에 없습니다. 제가 목마르다고 했더니 컵을 주면서 빗물탱크와 연결된 수도꼭지에서 따라 먹으래요. 얼마나 찜찜해요. 싱크대에 수도꼭지가 있길래, "저건 뭐예요?" 했더니 같은 거래요. 옆에서 찬물을 끓이고 있어서 "저건 뭐예요?" 했더니 마찬가지 물이라는 거예요. 빗물 받아놓은 것밖에 없습니다. 첫날에는 뜨거운 물만 마셨습니다. 그래도 이틀 뒤부터는 다 마셨습니다. 아무 이상 없었습니다.

사실 빗물이 세상에서 가장 깨끗합니다. 하늘로 올라가면서 모든 오염물질을 다 떨어트리잖아요. 대기가 오염되었기 때문에 더러워지는 거죠. 우리 잘못이잖아요. 그럼에도 불구하고 다행스러운 것은 초기 강우만 더러운 것을 끌고 내려옵니다. 그래서 어느 정도 내리고 나면 깨끗합니다. 초기 강우만 피하면 이 세상에서 가장 깨끗한 물을 받을 수 있죠. 집에서도 빗물 많이 받아서 사용하세요. 그럼 4대강 안 파도 됩니다.

이 마을에서는 야생동물을 보호하는 게 가장 중요한 원칙 중에 하나입니다. 월러비라고 캥거루보다 작은 동물인데, 제가 사진을 찍고 다가가서 쓰다듬어도 도망가지 않습니다. 야생동물인데도 말이죠. 이 마을에서는 아무도 자신들을 해치지 않는다는 사실을 아는 겁니다. 이 마을에서는 애완동물을 키우지 않아요. 강아지도 안 키웁니다. 해치지는 않더라도 야생동물에게는 위협이 될 테니까요. 마을에는 쓰레기 분리수거함이 끝도 없이 줄지어 늘어서 있어요. 우리는 쓰레기를 분리 배출하죠. 배출해놓으면 누가 가져간다는 뜻이잖아요. 여기서는 분리 사용입니다. 잘 분리해놓으면 마을 주민이 다시 잘 사용한다는 겁니다. 종이도 두꺼운 것, 얇은 것, 공기가 들어가 있는 것, 코팅해놓은 것 다 분리되어 있습니다. 그러면 다른 사람들이 필요에 따라서 다 가져갑니다. 이런 노력 덕분에 1990년대 후반에 유엔이 이 마을에 환경주거상을 줬습니다.

이 마을에서 생태마을을 공부하려고 연간 2만 명 정도가 방문합니다. 그런 코스 중 하나를 듣고 제 인생도 바뀐 거죠. 우리나라 농촌도 그렇게 바꿔보려고 일을 시작했습니다. 사실 첫 발자국은 시민단체인 녹색연합이 먼저 뗐어요. 전문가가 건천리, 장화리, 진도리, 문당리 마을에 계획을 세워주고 중앙정부가 자금을 지원했는데 지금 3개 마을에선 흔적도 찾을 수 없어요. 그 이유 중에 하나가, 시켜서 한 것이기 때문입니다. 주민이 스스로 할 의지가 없었어요. 그나마 주민이 원했던 문당리는 지금도 잘하고 있습니다. 주민 참여가 굉장히 중요합니다. 아무튼 이렇게 일정 부분 성과를 내면서 중앙정부도 많은 사업을 지원하기 시작했고, 그 사업비를 지렛대 삼아 저희가 농촌 마을을 생태적으로 바꾸는 일을 하게 된 겁니다.

낙후된 농촌 마을 살리고, 공동체도 복원해야

지난 10년간 정부에서는 엄청나게 많은 돈을 농촌 마을에 풀었습니다. 5개 정도의 마을이 뭉치면 무려 70억 원까지 지원하는 사업도 있습니다. 이런 사업이 진행되면 저희 같은 전문가가 들어가서 주민 교육하고 어떤 사업을 하면 좋은지 찾아내고 계획을 세우는 거죠. 지방정부의 용역을 받아서 일을 합니다.

용호리라는 마을이 있습니다. 산촌이에요. 파로호라는 호수를 끼고 있는데 농사거리라고는 없었습니다. 낙후됐지요. 이러저런 특산물이 있었지만 소득을 올리기가 난망했어요. 참 애매한 마을이었는데 저희가 가서 보니까 자연환경이 워낙 아름답더라고요. 그래서 '이 아름다운 자연환경을 도시인에게 알려주기만 해도 되겠다' 싶어 홈페이지를 만들었어요. 그래서 이 마을이 우리나라에서 최초로 홈페이지를 가진 농촌 마을이 된 겁니다. 당시에는 중소기업도 홈페이지가 없을 때였거든요. 그래서 이거 하나 가지고 뜬 거죠. 〈6시 내 고향〉이란 텔레비전 프로그램에 방영이 됐는데, 9시쯤 서버가 고장이 났습니다. 저희는 '도시 사람들이 농촌에 굉장히 관심이 많구나' 하는 사실을 확인했습니다. 일주일 만에 특산물이 다 팔렸어요.

강원도에는 좀 특별한 정책이 있는데요. 마을이 1년 동안 열심히 노력하면 상금으로 5억 원을 줍니다. 다른 지역 개발 사업은 이러저러한 사업을 하겠다고 사업계획서를 써서 그것이 지방정부 뜻에 맞으면 돈을 받습니다. 자기 하고 싶은 사업을 마음대로 못 하는 거죠. 그런데 이건 5억 원을 그냥 주니까 주민이 하고 싶은 일을 뭐든지 할 수 있어요. 강원도에선 '묻지 마 5억'이라고 부르죠. 뭐든 할 수 있으니까 주민이 유연하게 쓸 수 있죠. 이걸 한 번 받아보자고 움직였던 겁니다. 저희가 도와드려서 그해에 1등을 하고 5억 원을 받게 됩니다. 경사가 났죠. 그런데 경사가 잘못 나면 이웃사촌이 원수가 됩니다. 주민이 서로 치고 받고 싸우죠. 이런 사례가 많습니다.

그래서 이장님과 제가 두 가지 원칙을 세웠어요. 첫째는, 주민간에 조금이라도 갈등이 생길 만한 데는 돈을 쓰지 않는다. 둘째는, 소득이 되는 쪽으로 돈을 쓴다. 그런데 이 마을에 워낙 소득거리가 없으니까 사업을 못 찾는 거예요. 결국 장학기금을 만들기로 했죠. 문제는 마을의 50% 이상의 가정에 공부하는 자녀가 없다는 거였어요. 그러니까 잘못하면 노인회와 청년회 사이에 싸움이 날 판인 거죠.

그런데 정말 신기하게도 이 마을 어르신들이 자기에게 혜택이 돌아오지 않는데도 불구하고 동의서에 도장을 다 찍어주셨습니다. 그래서 5억 원 중에서 2억 5천만 원이 장학금이 됐어요. 이 소식을 들은 향

우회에서 5천만 원을 만들어줘서 3억 원의 장학기금이 생겼습니다. 이것 때문에 마을에서 두 가지가 바뀌게 되었습니다. 첫째는, 젊은 농가가 마을을 떠나지 않습니다. 그렇겠죠? 아이들 대학 학비까지 나오니까. 둘째는, 마을 아이들이 다 대학에 진학합니다. 요즘 대학 못 가지는 않죠. 어느 대학에 가느냐가 문제죠. 하여튼 그렇게 마을이 변했습니다.

이 소식을 들은 화천 군수가 "그렇게 양보를 해준 어르신들이 고맙다. 그 어르신들이 필요로 하는 걸 내가 해드려야겠다. 물어봐라"라고 했습니다. 그 어르신들이 경로당을 지어달라고 했어요. 그래서 1억 원짜리 경로당 건축 사업이 또 들어옵니다. 이것 때문에 두 가지가 또 바뀝니다. 어르신들이 경로당에서 지내십니다. 그리고 젊은 부녀회원이 둘씩 짝을 지어서 요일별로 점심을 해드립니다. 왜 그러겠어요? 장학금 만들어준 걸 보답하는 거죠. 설날에는 공동 세배를 합니다. 주민이 마을회관에 다 모이면 어르신들이 한쪽에 앉고, 장학금 받을 아이들이 그날 세배를 하죠. 그럼 그날 장학금을 나눠주는 겁니다. 이런 식으로 공동체를 복원하면서 마을을 발전시킵니다. 이런 일을 저희가 주민과 함께 한 겁니다.

콩은 두부가 되고, 두부는 체험 행사에 쓰이고

이번에는 아까와 달리 농사 규모가 꽤 큰 마을의 사례입니다. 농사를 잘 짓고 오리농법을 하고 있었어요. 폐교가 하나 나올 예정이었고, 하천도 건강했고, 파란색 알을 낳는 특이한 닭도 있었습니다. 이 마을

콩은 두부가 되고, 두부 만들기 행사를 통해서 팔려나가죠. 누군가가 여기서 돈을 벌면 이 사람만 돈을 버는 게 아니라 두부를 만드는 사람, 콩 생산하는 사람들까지 다 같이 돈을 버는 겁니다. 이걸 저희는 마을 산업을 유기적으로 만든다고 표현해요.

에서 저희가 처음 한 일은 오리농법 확대였습니다. 직거래 행사를 기획했습니다.

오리농법은 6월 초에 모내기를 하고, 7월에 오리를 넣어요. 그럼 오리가 벌레도 잡아먹고, 풀도 뽑아 먹고, 똥도 싸니까 농약을 안 치고 농사를 지을 수 있죠. 농민은 오리를 농군이라고 불러요. 일을 대신해 주잖아요. 그래서 이 행사의 이름을 "오리 일꾼 일터 보내기"라고 지었죠. 이날부터 오리가 일을 한다는 뜻입니다. 도시 사람들에게 "너희들이 먹을 쌀이니까 너희들이 와서 오리를 풀어줘라"라고 알리는 취지의 행사인 거죠. 오리 값을 미리 내는 도시인도 있었습니다. 봄에 오리 값을 내주면 농민 부담이 적죠. 그러면 가을에 쌀로 갚는 겁니다. 사실 이날부터 오리가 들어가서 일을 하지만 3주 정도 그렇게 행사를 합니다. 4백 명 정도가 이 행사에 왔어요. 숫자가 중요한 게 아니고 거기 왔던 분 중에 스무 가정이 1년 내내 이 마을의 쌀을 먹겠다고 전화번호와 주소를 남겼습니다. 주민들이 알게 됐죠. '우리가 제대로 농사짓고 그걸 보여주면 우리 것을 먹겠구나.'

마을에서 돈을 벌 수 있는 방법을 찾아냈는데, 바로 내부 거래를 늘리는 겁니다. 방문객이 오면 부녀회가 밥을 하죠. 작목반에선 열심히 농사를 지어요. 그런데 가을, 겨울이 되니까 힘든 거예요. 반찬을 만들 만한 농산물이 적어지니까 반찬을 못 만들죠. 고민에 쌓였어요. 그러다가 생각해냈죠. 이 마을에 옛날에 두부를 만들던 할머니가 계세요. 공장 허가 없이 집에서 가내수공업으로 두부를 만들어서 재래시장에 팔던 할머니인데, 이제 그걸 못 파니까 생활보호대상자가 되어 있었어요. 부녀회장이 그 할머니를 찾아갔죠. "할머니 아직도 두부 만드실 수 있나요?" 물었더니 할머니가 "응, 두부 만들어줄까? 기구도 다 있어" 하시는 거예요. 그렇게 할머니는 다시 두부공장 공장장이 됐죠. 생활보호대상자였는데 말예요.

지금은 이 할머니의 직업이 하나 더 늘었어요. 뭐 하고 계실까요? '옛날에는 이렇게 만들었지' 하면서 가르치는 두부 만들기 체험 강사. 졸지에 생활보호대상자에게 직업이 두 개 생긴 겁니다. 할머니는 두부 재료인 콩을 누구에게 살까요? 중국산 콩을 살까요? 아니죠. 마을 콩을 사겠죠. 이렇게 연계된다는 겁니다. 콩은 두부가 되고, 두부 만들기 행사를 통해서 팔려나가죠. 결국 1차산업, 2차산업, 3차산업이 다 연계되는 거죠. 누군가가 여기서 돈을 벌면 이 사람만 돈을 버는 게 아니라 두부를 만드는 사람, 콩 생산하는 사람들까지 다 같이 돈을 버는 겁니다. 이걸 저희는 마을 산업을 유기적으로 만든다고 표현해요.

진정한 지역 개발은 농촌 인구 늘리는 것

진로와 관련하면 농촌에서 이런 일들을 할 수 있는 기회는 많습니다. 그런데 저희가 고민했던 것은, 이런 마을을 많이 만들어도 농촌이

전반적으로 잘살게 되지 않는다는 겁니다. 가장 큰 문제는 이렇습니다. 저희가 초창기에 어떤 마을을 컨설팅해서 농산물을 많이 팔아 마을 지도자가 돈을 벌었어요. 2년쯤 지나니 까만색 세단 자동차를 타고 다니더라고요. 1톤 트럭도 아니고. 농촌에 있는 지도자들이 돈을 벌면 뭘 할까요? 도시로 나와서 아파트를 삽니다. 그 마을 활성화하라고 돈을 지원했지만 거기서 나오는 효과는 결국 인근 도시로 가는 거죠. 지역에 남는 게 없습니다. 이건 말이 안 된다고 생각해 지역공동체라는 개념을 잡기 시작했습니다.

사실 지역 개발 사업을 어마어마하게 많이 해왔는데 지금까지의 지역 개발이란 건 특성이 있어요. 대규모 광역적인 개발을 합니다. 산업단지·주거단지·관광단지. 실질 효과가 나타나지 않아요. 산업단지 만들면 예전에는 일자리 없는 사람들이 그곳에 취직해 월급을 받아서 지역에 썼죠. 지금은 산업단지에서 일하는 근로자가 누구예요? 외국인. 월급 주면 본국에 송금합니다. 관리자들은 인근 도시에서 와요. 지역에 떨어뜨리는 경제 효과가 별로 없어요. 골프장을 만들면 지역이 잘살 것 같지만 아니죠. 처음엔 지역 주민이 '아, 땅값이 올라간다. 난 부자가 된다'라고 생각하죠. 부자가 되려면 땅을 팔아야 하는데 다 같이 땅값이 올라갔기 때문에 마찬가지예요. 아니, 오히려 나쁘죠. 농민 입장에서 농사 규모를 늘리고 싶어도 땅값이 올라 땅을 사기 어렵잖아요. 오히려 마이너스라는 거죠. 그런데 여태까지는 이런 일을 하면 군수가 '잘한다'는 소리를 들었던 겁니다.

지역 개발은 왜 하는 걸까요? 지역이 잘살기 위해서. 그러면 결국 효과는 나중에 어떻게 나타날까요? 지역이 잘살게 된다면 뭐가 바뀌

지역 개발을 정말 잘하면 해당 지역의
인구가 늘어나야 해요. 그런데 지난 50년간 우리나라의
군 단위 지자체 중에서 인구가 늘어난 곳이
단 한 군데도 없습니다. 그 많은 돈을 쓰고도요.
그렇다면 지역 개발이 잘못됐다는 거죠.

겠어요? 인구가 늘어나겠죠. 살고 있는 사람은 떠나지 않고 새 사람이 들어오겠죠. 지역 개발을 정말 잘하면 해당 지역의 인구가 늘어나야 해요. 그런데 지난 50년간 우리나라의 군 단위 지자체 중에서 인구가 늘어난 곳이 단 한 군데도 없습니다. 그 많은 돈을 쓰고도요. 그렇다면 지역 개발이 잘못됐다는 거죠. 물론 예외가 있어요. 연기군. 중앙정부가 장난하는 데죠. 이런 데는 늡니다. 허수로 막 늘어나죠. 진정한 지역 개발 효과가 나타나 인구가 늘어난 곳은 단 한 군데도 없습니다. 반성할 때가 됐다는 거죠.

그런데 지금의 농촌 상황은 어떠냐면 오히려 농민이 이농했어요. 게다가 그저 농민만 없어졌느냐 하면 그게 아니라는 거죠. 인구가 10만 명이던 도시가 5만 명이 되면 병원도 10개 있다가 5개 되고, 철물점도 8개 있다가 3개로 줍니다. 그러고 나면 지역에서 살 수 있는 물건도 한정되고 서비스도 받기가 어려워지죠. 살기가 어려워진다는 얘기죠. 무슨 일만 닥치면 다 나가는 겁니다. 이러한 악순환이 지금 농촌의 상황이에요.

그런데 대다수 지방정부는 이런 데에 관심이 없어요. 관광객 몇 명만 끌고 오면 잘한다는 소리 듣는 거고, 농산물 브랜드 만들어서 팔

아내면 박수 치는 겁니다. 이제까지 여러 정부가 농업 문제 해결을 위해 글로벌 경쟁력을 가진 농민을 양성하겠다며 몇 조 원을 풀었습니다. 참여정부 시절에는 논 6헥타르 이상의 전업농을 육성한다고 했어요. 그래서 제가 서천군 담당자에게 그 조건에 맞는 농민이 관내에 몇 명이나 되는지 세어보라고 했어요. 32명이었어요. 서천군 6만 명 주민 중에서 3만 명이 농민인데, 그중에 32명만이 그 정책의 대상이라는 거죠. 그런데 정부가 그 정책을 계속 자랑해왔어요. 농민의 대부분인 노후농·가정농·소농에 대한 정책은 지금도 전무합니다. 농업 정책이 아닌 거죠. 아무런 효과가 나지 않습니다. 전업농들에게 몇 억 원씩 쏟아 부어놓으면 그 사람들은 돈 벌어서 인근 도시에 아파트를 사서 출퇴근합니다. 도로망 좋아졌으니까. 무슨 소용이 있겠어요? 이게 지금의 현실이라는 거죠.

돈과 서비스 모두 도시로만 집중시키는 지역 개발

군청에서 어떤 마을을 컨설팅해달라고 해서 경남 하동군에 간 적이 있습니다. 녹차마을. 10억 원을 가지고 이 마을에 녹차 관련 시설을 만들어 녹차산업을 일으키자는 거죠. 인터뷰를 하는데 느낌이 이상해요. "녹차로 돈 버셔서 술은 어디서 드세요?" "광양시." "왜 거기서 술 드세요?" 광양제철이 있어서 거기에 좋은 술집이 많대요. 녹차 하시는 분들이 자기 농사는 안 지으세요. 그래서 여쭤봤어요. "농산물은 어디서 구하세요?" "진주이마트." 내친김에 어디 사시느냐고도 물어봤어요. 40%가 진주 아파트에서 살아요. 진주 아파트에서 출퇴근하면서 녹차를 덖는 거예요. 그럼 10억 원이라는 효과는 진주로 가는 거죠. 진주에 풀렸던 돈이 다시 하동으로 돌아오나요? 어디로 갔을까요? 그 돈은 부산에 풀렸다가 다시 하동으로 오나요? 네, 서울로 가죠. 아주 일부의 돈만 하동으로 갔을 거고요. 서울에 풀린 돈은 어디로 갔어요? 뉴욕에 가 있죠. 외환위기 때 그렇게 되었죠.

돈은 일방으로 흐르게 되어 있습니다. 돈의 어원이 뭔지 아세요? 돌고 돌아서 돈이에요. 돈이 돌아야 아까 마을에서 본 것처럼 일자리를 만듭니다. 그런데 지금 우리 사회는 돈을 돌리지 못해요. 지역에서도, 국가 전체에서도 돈이 돌지 않아요. 산업구조 자체를 그렇게 만들어 놨습니다. 모든 지역도 그렇게 만들어져 있어요. 그러니 일자리를 못 만들죠. 그래서 강바닥이나 파는 게 아닌가 싶습니다. 돈을 돌리는 방법도 몰라요. 무조건 일자리를 만들어야 한다고 생각하지만 뾰족한 수는 없지요. 농촌은 돈이 돌지 않아 그나마 있던 자본마저 날아가버리기 때문에 악순환의 고리에서 벗어나지 못하는 겁니다.

도시 상황도 다르지 않습니다. 심각한 환경·주택·교통 문제를 개발이나 재개발로 풀려고 하죠. 그런데 효과가 없어요. 신도시를 만들면 문제는 더 심각해집니다. 또한 재개발이 효과가 있다면 용산과 같은 일이 일어나지 않았어야 합니다. 결국 사회적 약자만 고통을 받습니다. 순천에 중앙시장이라는 곳이 있어요. 중앙시장이 왜 중앙시장이겠어요? 한복판에서 장사가 잘된다고 중앙시장이라고 하겠죠. 큰길 앞에 있는 가게만 남았더군요. 뒷골목은 다 망했어요. 외국의 건축가들과 그곳에 답사를 갔더니 그 친구들이 이렇게 표현합니다. "Desert in City." 도시의 사막이라는 얘기죠. 이런 일이 왜 일어났을까요? 조사해

> 시장에서 장사하시던 분들이 신도시로 옮겼을까요? 그분들은 도시로 왔다갔다하는 비정규직 노동자가 되었습니다. 이른바 식당아줌마가 된 거죠. 한때는 사장님 소리를 듣던 자영업자들을 그렇게 몰아간 게 지역 개발입니다.

봤더니 신도시를 만들었더군요. 이 신도시에 아파트 단지와 대형 유통센터와 극장이 들어섰습니다. 상권이 이동하죠. 그래서 망한 거죠. 그럼 시장에서 장사하시던 분들이 신도시로 옮겼을까요? 아니라는 거 다 아시죠?

저희가 조사를 해봤더니 대강의 시나리오는 이렇습니다. 장사가 차차 안 되기 시작해요. 그러다가 월세도 못 내죠. 그럼 월세가 보증금에서 깎여나갑니다. 결국 월세가 바닥나면 쫓겨납니다. 장사가 잘되다가 나갔으면 권리금, 보증금 다 받았겠죠. 한데 빈털터리로 나오게 됐죠. 그분들은 순천의 외곽 농촌 지역으로 밀렸어요. 그리고 도시로 왔다갔다하는 비정규직 노동자가 되었습니다. 이른바 식당아줌마가 된 거죠. 한때는 사장님 소리를 듣던 자영업자들을 그렇게 몰아간 게 지역 개발입니다.

부산과 볼로냐 이야기

자, 이제 다른 방식을 생각할 때가 됐어요. 결국엔 뭡니까. 해답은 지역공동체입니다. 우리가 쓴 돈이 지역에 남고 그 돈이 돌고 돌아서 또 내가 물건을 팔 수 있게 되는 거죠. 그런 공동체가 만들어지는 게 '지역 개발이다'라고 저는 얘기합니다. 저는 현장에서 이런 감을 잡고 있었는데, 증명하지는 못했어요. 그런데 KBS 다큐멘터리가 2008년에 증명해주었습니다. 부산과 이탈리아 볼로냐를 비교하는 다큐멘터리였어요.(〈KBS 스페셜〉, '오래된 미래 두 도시 이야기').

제가 부산에 차를 타고 간 적이 있는데, 내비게이션이 고가를 올라가래요. 올라갔더니 경치가 너무 좋아요. 오른쪽은 바다, 왼쪽은 마이애미 같은 고급 아파트. "이야 부산 잘사나보다" 하며 입을 쩍 벌렸어요. 8킬로미터를 갔더니 통행료 6백 원을 내래요. 12킬로미터를 갔더니 다시 8백 원을 내래요. 그다음에 10킬로미터를 갔더니 다시 6백 원을 내래요. 목적지까지 가는 데 2천4백 원을 냈어요. 마지막엔 잔돈이 떨어졌는데 잔돈 바꾸는 부스가 저 구석에 있는 거예요. 어렵게 차선을 바꿔가며 거길 통과하면서 '시민에 대한 서비스가 왜 이 모양이냐'며 흥분했지요. 부산 시민에게 물어봤어요. 안 불편하냐고. 그랬더니 부산 사람들은 잔돈을 이만큼씩 갖고 다녀요, 하고 대답하더라고요. 물어보세요, 부산시민들한테. 다들 잔돈 주머니 들고 다닙니다. 적응을 한 거죠.

그 이유를 몰랐는데, 부산의 재정자립도가 낮아서 고가도로를 못 만든 거예요. 대기업이 와서 만든 거죠. 자동차로 영업 뛰는 사람들은 하루에 6천~7천 원씩 쓰기도 한답니다. 부산 사람들이 낸 돈 가운데 정확하게 0.3%만 세금으로 남고 나머지는 서울로 다 올라갑니다. 지역에 남는 게 하나도 없죠. 부산에는 돈이 돌지 않아 일자리가 없고, 부산대 나온 친구들이 졸업만 하면 바로 떠난다는 거죠. 부산 경제는

> 우리가 쓴 돈이 지역에 남고 그 돈이 돌고 돌아서 또 내가 물건을 팔 수 있게 되는 그런 공동체가 만들어지는 게 지역 개발입니다.

끝이 없이 추락한다고 이 다큐멘터리는 이야기합니다.

부산의 주부와 이탈리아 볼로냐의 주부가 극명한 대비를 보여줬어요. 부산 주부가 대형마트에서 쇼핑을 합니다. 쇼핑을 다 하고 나서 물어봅니다. "혹시나 부산이나 경남 소재의 물건을 산 게 있나요?" 그랬더니 자신 있게 "경남우유를 샀다"라고 해요. 냉장고를 열어서 꺼내보니 매일우유였어요. 낚인 거죠. 뭐에? 1+1에. 경남우유 앞에 1+1 매일우유가 놓여 있었던 거예요. 덥석 집었던 거죠. 그 주부가 산 물건 중에서 경남 소재 기업 제품을 일일이 찾아냅니다. 유일하게 한 제품이 나와요. 바로 크린랩이었습니다. 양산에 공장을 가지고 있습니다. 왜 샀을까요? 우연? 남편이 크린랩 공장에 다녔어요. 그래서 잠시 고민하다가 '이것만큼은' 하고 산 거죠.

이탈리아 볼로냐에선 주부가 계속 확인하면서 물건을 사요. 원산지를 확인하는 거예요. 왜 그러느냐고 물어봤더니 이 주부가 아주 짧게 대답하죠. "제가 조합원이에요." 그리고 간판을 봤더니 그 대형마트 간판에 'COOP'라고 써 있습니다. CO-OPERATION, 즉 우리식으로 하면 생협이 운영하는 이마트 같은 곳이에요. 그래서 거기서 쇼핑을 하는 거죠. 실제로 매대에는 지역의 협동조합이 만든 물건, 다른 지역의 협동조합이 만든 물건, 일반 기업이 만든 물건이 구별되어서 진열돼 있습니다. 거기에서 지역 것 위주로 쇼핑을 하는 거죠. 왜 지역 물건을 사느냐고 물어봤더니, "여기에서 돈을 벌면 학교 운동장, 놀이터 바꿔서 좋고, 공원·일자리 만들어주고 그렇게 다시 나에게 돌아온다. 그래서 내가 여기서 구매하고 있다." 이렇게 대답을 합니다. 실제로 스위스에서 망한 까르푸의 7개 매장을 스위스의 협동조합이 인수했습니다. 중유럽 국가들이 경쟁력이 강한 협동조합을 갖고 있는 거죠.

볼로냐는 협동조합의 도시라고 불립니다. 1천5백만 원짜리 가죽부츠를 생산하는데, 한 개 기업이 만드는 게 아닙니다. 원단을 생산하는 조합, 그걸 가공하는 조합, 1차로 자르는 조합, 마케팅을 하는 조합이 다 연계되어서 마치 긴밀한 생태계와 같이 산업구조가 만들어져 있어요. 거기에서 최종 산물인 부츠가 나오는 거죠. 이게 이탈리아의 도시 볼로냐의 경쟁력입니다. 그리고 시가 발주하는 거의 모든 건설 사업은 작은 건설회사들이 모여서 규모를 키운 큰 규모의 건설회사가 맡습니다. 그러니 시청에서 쓴 돈이 어디로 가겠어요. 지역에 있는 주민의 월급으로 다시 돌아가는 거죠. 이런 방식으로 지역에 많은 돈을 순환시키면서 지역을 잘살게 하는 도시가 볼로냐입니다. 혹시 기회가 되면 KBS 인터넷에 들어가서 다시보기로 보세요.

지역공동체에 안전망을 치는 것이 지역 개발

제가 잠시 있었던 풀무학교 얘기를 해보죠. 1958년에 세워진, 한 학년 한 학급 정원이 25명인 이 대안학교에서는 아이들에게 '지역에 꼭 남으라'고 가르칩니다. 많은 청년이 남았는데 1980년대 중후반에 이화여대 학생들이 농활을 왔다가 대학도 진학하지 않은 이 학교의 청년들에게 반해서 무려 10쌍이나 결혼을 합니다. 그 이대생들이 이 지역에 아직도 남아 있는 거죠. 대학도 만들었어요. 주형로라는 지도자도 이 학교 출신입니다. 전 세계에서 가장 넓은 논에 오리농법으로 농사를 짓습니다. 도농교류학습관을 만들어서 이곳을 찾는 소비자들을 지도하고 직거래를 뚫습니다. 덕분에 젊은 귀농인이 계속 수혈됐어요.

젊은 사람이 많아지니까 아이들이 덩달아 늘겠죠. 이 아이들을 돌볼 유치원을 만들었습니다. 이 유치원의 원장이 그때 농활 왔던 이대생입니다. 유치원에 못 가는 아이들, 즉 생후 4개월 된 아기도 맡길 수 있는 일종의 어린이집인 여성농업인센터도 만들었습니다. 초등학교·중학교는 방과 후 활동을 합니다. 센터장은 귀농한 분의 부인입니다. 작은 가게라는 무인가게가 있습니다. 점원 없이 물건을 파는 거죠. 헌책방도 있습니다. 자기가 본 책을 자기가 가격을 매겨서 꽂아놓으면 다른 사람이 돈통에 돈을 넣고 가져갑니다. 이런 방식으로 책을 돌려보는 시설이 되어 있어요. 적게 생산되는 물건을 모아서 도시와 직거래를 합니다. 그래서 조그만 면소재지이지만 다른 곳엔 없는 다양한 것들이 들어와 있어요. 이 속에서 일거리와 서비스를 얻을 수 있는 상태가 된 거죠. 어르신들이 돌아가셔도 인구가 줄지 않는 곳이 되어 있습니다. 이런 게 지역이 잘사는 방법이겠죠.

잘 아시는 성미산도 요즘 그렇죠. 성미산을 지키려고 학부모가 모였다가 여자들 중심으로 생협을 만들고, 반찬가게를 만들고, 식당까지 만들었죠. 이것을 본 남자들도 '우리도 뭘 하자' 해서 조합 카센터를 만들었고요. 대안학교를 만들고, 지역 내에서만 들을 수 있는 지역 방송국을 만들었지요. 골목마다 축제를 하고요. 재작년에는 마을 극장

공동체적 안전망이 지역사회에 구축된다면
어려운 사람들도 더 안정적으로 살 수 있을 것이고,
돈이 돌 것이고, 일자리가 계속 만들어지면서 사람들이
선순환되는 지역 개발이 가능하리라고 생각합니다.

을 만들어서 주민이 주말마다 모여 연습해 스스로가 공연자가 됐습니다. 도시에서 이런저런 일과 일자리를 만들어내는 데 성공했습니다.

농촌 지역의 또 다른 좋은 사례는 남원입니다. 실상사에서 귀농교육을 시작했지요. 귀농인이 많이 진입하니까 대안학교, 어린이집, 생협 활동으로 확대됐어요. 내용은 비슷합니다. 여기도 인구가 줄지 않으니까 남원시가 삼성의 후원을 받아서 도서관과 정보화실을 지어줍니다. 지리산 생명교육원에서 귀농교육을 하고, 사단법인 한생명을 만들어서 지역 활동을 시작합니다. 여성농업인센터가 여기에서 파생돼 나왔어요. 작은 대안학교가 나오게 되죠. 생명평화강사와 같은 전국단체가 만들어지면서 간사, 즉 일자리가 생깁니다. 또 생협을 통해서도 여러 가지 일자리가 생겼습니다. 교육원에서는 농사일뿐 아니라 다양한 교육을 하면서 기존의 주민이 강사가 되기도 했습니다. 여성농업인센터에서 여러 서비스를 개시하자 또 일자리가 만들어졌죠.

이걸 보고 제가 떠올린 게 있어요. 그물망. 지역사회가 그물망처럼 변한다는 거죠. 사실 이 그물망은 공사현장에 쳐 있습니다. 인부가 위에서 일하다가 떨어지더라도 죽거나 다치지 않도록 안전망 기능을 하죠. 저는 이걸 공동체적 안전망이라고 불러요. 결국은 이런 것들이 지역사회에 구축된다면 어려운 사람들도 더 안정적으로 살 수 있을 것이고 돈이 돌 것이고, 일자리가 계속 만들어지면서 사람들이 선순환되는 지역 개발이 가능하리라고 생각합니다. 새로운 개념의 지역 개발은 이런 방식이 되어야 합니다. 실제로 이런 일이 전 세계에서 일어나고 있습니다.

제3의 섹터가 일자리를 만든다

제가 경제학을 공부하지 않았어도 경제학의 우선 조건은 압니다. 뭔지 아세요? '모든 개인은 경제적 합리성에 의해서 선택한다'입니다.

하지만 저는 우리 사회 구성원 모두가 경제적 합리성에 의해서 일을 했다면 우리 사회가 벌써 무너졌으리라고 생각합니다. 우리가 과연 합리적인 경제 행위를 하는지 제가 3일 동안 관찰해봤어요. 10%도 안 해요. 여러분도 한 번 관찰해보세요. 우리는 경제 원칙을 진리라고 생각하는 거예요. 그게 우리 사회를 잘 만들 수 있는 방법이라고 오해하는 거죠. 케임브리지 대학의 장하준 교수가 자신의 책에서 이야기했잖아요. 큰 오해라고. 제가 바라는 경제는 기존의 경제학과는 다릅니다.

제가 대학에 다닐 때만 하더라도 일자리는 다 기업이 만들었죠. 그리고 취직도 열심히 안 했어요. 그런데 기업이 일자리를 잘 못 만드니까 근래엔 정부가 나서게 됐습니다. 공공적인 일자리를 만들었죠. 그런데 또 다른 분야가 있다는 겁니다. 시민들이 직접 만드는 일자리. 이걸 제3의 섹터라고 하는데, 사실은 중유럽 국가들의 경제 구조가 공공:기업:시민의 비중이 1:1:1인 구조입니다. 중요한 사실은 그 나라

시민이 만든 협동조합과, 그 협동조합이
만들어내는 비즈니스와 일자리가 다양하게 늘어나야
우리 사회는 건강해집니다.

들은 두 번째 금융위기를 겪지 않았다는 거죠. 세계화가 밀어 닥치더라도 주민 스스로 만든 일자리는 지역사회를 지줏대 삼아 돌아갑니다. 기본 경제가 돌아갈 수 있도록 해주는 거죠. 그래서 경제위기를 겪지 않았습니다. 자본과 금융이 개방된 나라들만 대부분 심한 위기를 겪었죠.

두 번째 금융위기 때 우리가 잘못한 게 있었나요? 우리는 아무 잘못도 하지 않았습니다. 미국에서 이상한 놈들이 이상한 금융상품을 만들어서 문제를 일으키는 바람에 우리가 피해를 받았을 뿐이죠. 우리가 잘못한 건 외환위기 때 구제금융을 신청한 것뿐이죠. 결국 우리가 선택하지 않아도 그런 위기를 겪을 수밖에 없는 사회로 변화한 거예요. 그걸 바꿀 수 있는 대안은 오로지 제3섹터 부분을 다시 키워내는 것밖에 없습니다.

우리나라는 협동조합 조합원이 많은 나라에 속합니다. 농협 때문입니다. 하지만 농협을 협동조합으로 인식하지 않죠? 대부분 사람들은 은행으로 압니다. 실제로는 협동조합다운 협동조합이 아닙니다. 우리나라는 협동조합에 대한 인식과 활동이 저조한 나라 중에 하나입니다. 결국 시민이 만든 협동조합과, 그 협동조합이 만들어내는 비즈니스와 일자리가 다양하게 늘어나야 우리 사회는 건강해집니다. 그것이 우리를 잘살게 하는 방법이기도 할 거고요.

모두에게 열려 있는 지역사회

저는 저와 같은 일을 하는 사람을 여러분이나 여러분 자녀의 모델로 삼기는 어렵다고 생각합니다. 대신 저는 여러분이 사는 지역사회를 조금씩 변화시키면 자녀가 가질 수 있는 다양한 직업을 많이 만들 수 있으리라고 생각합니다. 단지 내 아이가 어떤 직업을 가져야 할지만 고민하지 마시고, 우리 지역사회를 다시 보시고 그 지역사회를 바꾸는 노력을 병행하시는 게 더 바람직하다고 말씀드리고 싶습니다.

지역사회에서 일하는 게 즐겁습니다. 계속 아는 얼굴을 상대하니까요. 내 성장에도 도움이 됩니다. 원주 의료생협의 최혁진 이사 같은 분은 해마다 명함이 바뀝니다. 의료생협 사무국장이었다가 1년 뒤에는 다른 일을 하고 있어요. 지역사회에서는 여러 가지 기회가 있으니 그런 변화와 성장이 가능한 거죠. 그래서 지역사회는 자기 성장의 기회를 만들어줄 수 있습니다. 진로를 고민하실 때, 서울에 계신 분이라고 하더라도 '우리 아이를 농촌에 보내서 새로운 직업을 갖게 하자'고 결심하셔도 좋을 것 같습니다. '에이, 나도 가야겠다' 싶어 귀촌하셔도 좋고요.

지역사회는 여러분에게 열려 있습니다. 더 많은 기회를 드릴 수 있습니다. 여러분처럼 좋은 마음을 가진 분들, 건강한 생각을 가진 분들이 지역사회에 들어온다면 지역사회도 더 건강하게 변할 것이고 더 많은 좋을 일들을 만들어낼 수 있지 않을까 생각합니다. 고맙습니다.

우리는 사회적 기업을 지나치게 협소하게 규정해요

사회자 사회적 기업 하나를 일구는 것에 만족하지 않고 농촌에 들어가서 지역 공동체를 복원해가면서 거기서 가치와 이윤을 창출해내는 가슴 뛰는 모델을 삶으로 일궈내시는 것이 의미 있다고 생각합니다. 질문하시고 대답하시는 시간을 갖겠습니다.

청중1 처음에 강의하실 때 퍼머컬처에서 2~4주 동안 굉장한 경험을 하셨다고 해서서, 나중에 제 딸을 거기에 보낼까 생각했습니다. 한국에서 센터는 언제쯤 강의를 하는지요?

임경수 2011년 3월부터 소규모로라도 시작하려고 합니다. 기회가 되시면 오셔도 좋고요. 영어가 가능하면 호주에 가는 것도 좋습니다. 한국에서는 완주에서 합니다.

사회자 앞으로 우리나라에서 사회적 기업이 직업 선택의 영역으로 얼마나 유망할지 전망이나 현황 같은 것을 말씀해주시면 좋겠습니다.

임경수 일단 오늘은 지역 이야기가 중요해서 사회적 기업에 관한 이야기를 적게 했는데요. 지금 사회적 기업이라는 것은 전 세계적으로 굉장히 포괄적인 의미로 쓰입니다. 1인 기업이 사회를 바꾸기 위해 뭔가를 하려고 한다면 그것도 사회적 기업이라고 봅니다. 그런데 우리나라는 노동부가 일자리 중심으로 사회적 기업의 의미를 풀었기 때문에 1인 기업은 사회적 기업으로 보지 않습니다. 취약계층이 고용되거나, 취약계층이 서비스하는 것을 중심으로 보고 있어서 다른 선진국가의 사회적 기업보다 의미가 좁습니다. 미션이 두 가지인데요. 돈을 벌어서 자기 직원의 생계를 책임져야죠. 그러면서도 사회적 가치를 창출해내야 합니다. 노동부는 사회적 미션을 일자리와 서비스 두 가지로 생각해요. 그런데 제가 타이완에 가서 사회적 기업을 보면서 우리가 사회적 목적에 대해서 좀 더 깊게 생각해야 한다고 느꼈습니다.

≫ 화상 환자들이 일하는 주유소, '선샤인'을 아시나요?

타이완의 '선샤인'이라는 사회적 기업은 얼굴이 일그러진 화상 환자들이 일하는 주유소예요. 보통 장애인의 사회적 기업은 제조업을 하기 쉬워요. 그런데 일부러 서비스업을 선택한 거죠. 얼굴이 일그러진 소녀가 친구들이 자기를 괴물로 보는 이야기를 동화로 써서 베스트셀러가 됐고 거기서 기금이 만들어져 이 회사가 세워졌거든요. 서비스업을 선택해야만 일반인을 계속 만나고 그 일반인이 화상 환자를 더 이상 괴물로 여기지 않는다는 거죠. 단순하게 고용하는 것만이 아니라 사회 인식을 바꾸려는 사회적 가치를 가졌다는 겁니다. 또 하나는 장사가 잘되는데도 주유소를 더 만들지 않아요. 이유를 물었더니, 이미 주유소는 많다는 거예요. 여기서 일해서 경험을 쌓아 일반 주유소로 가게 하는 것이 이 사람들에게 훨씬 좋다는 거죠. 이게 훈련 기관이자, 일반 주유소로 가게 하는 통로 역할을 한다는 겁니다. 우리보다 사회적 가치를 훨씬 더 깊게 생각하는 거죠.

저는 지역사회에도 문턱이 있을 거라 생각합니다. 그 문턱을 넘기가 어려울 것 같아요. 하지만 그 문턱을 넘고 나면 사회적 기업을 만드는 일이 쉬워질 겁니다. 노동부의 인증 기준과는 상관없이 제가 아까 예를 든, 지역사회를 위한 모든 기업을 다 사회적 기업으로 봅니다. 정부도 낮은 수준이지만 움직이기 시작했고, 최근에 많은 시민단체도 과거처럼 이슈 중심의 활동만 하는 게 아니라 스스로 비즈니스 모델을 가지고 와서 이를 통해 사회를 바꾸려는 노력하고 있어요. 그 속에서 일자리가 확대될 거라 생각합니다. 아무래도 기존의 일자리와는 특성이 다르겠지요. 안전성이 있다든지 월급이 많다든지 하지는 않겠죠. 하지만 출퇴근이 유연하고 적정한 인건비에 자기가 관심 있어 하는 분야의 일을 할 수 있는 다른 가치를 가진 일자리가 될 겁니다. 우석훈 박사도 같은 이야기를 하고 있잖아요. 제3섹터 방식의 일자리가 기존의 일자리에 비해 급여 수준은 낮을지 모르지만 자기성장에 훨씬 도움이 될 거라고. 대기업처럼 월급은 많이 받지만 자기 취미와는 거리가 멀고 언제 퇴근하나 그것만 생각하는 게 아니라, 상사가 뭐라고 할까봐 일하는 게 아니라, 자기가 동기 부여가 되어서 일하고 거기서 보람을 느끼며 일할 수 있는 일자리가 많이 만들어질 겁니다.

사회자 진로 지도의 관점에서 사회적 기업의 CEO가 되기 위해서 실제 어떤 자질이 필요하고, 어떤 가치를 가지고 살아가야 하는지요? 선생님의 삶 자체가 그런 것들을 보여주셨다고 생각하는데, 정리해서 말씀해주신다면요?

임경수 저를 롤모델로 보고 가끔 메일을 보내거나 찾아오겠다는 젊은 친구들이 있어요. 그런데 오는 거야 어렵지 않으니까 오라고는 하죠. 그 친구들과 소주 한잔 하면서 저녁을 먹는다고 해결될 문제는 아닙니다. 대학 가서 무슨 공부를 해야 하냐고 묻는데 애석하게도 가르쳐주는 곳이 없습니다. 저는 호주에서 그들의 수업방식과 농장에서부터 마을까지 지역사회 전체를 꿰뚫고 있는 가치관과 체계들을 배웠거든요. 자기가 생각하는 삶과 자기가 살고 있는 마을 또는 지역이 자신의 가치관과 하나로 다 꿰어져 있어야 합니다. 여기서 조금이라도 어긋나면 안 됩니다. 자기가 마을에서 하는 일과, 자기가 개인적으로 하는 일이 하나의 가치관으로 일관성 있게 꿰어져야 그다음부터 힘을 받습니다. 그런데 이게 말처럼 쉽지가 않습니다. 우리의 교육으로는 난망해요. 저는 그래서 인문학 교육이 중요하다고 생각합니다.

≫ 돈을 버는 방식도 사회적이어야 사회적 기업이죠

두 번째는 여행이에요. 사실 사회적 기업가가 아니더라도 필요한 거 잖아요. 그 두 가지는 학부모로서 무한하게 제공해줘야 하지 않을까 싶습니다. 그러고 나면 자녀가 사회적 기업가가 되든 공무원이 되든 뭐가 되든 어떤 일을 가치 있게 잘할 거라 생각합니다.

청중2 저는 고등학교 교사입니다. 지난번에 토론회 자리에서 제3섹터, 비영리단체 얘기를 듣고 여름방학부터 시작해서 지난주까지 아이들에게 사회적 기업 활동을 시키고 수업을 했습니다. 수업을 한 다음 정리해보니, 인문학 말씀을 하셨는데, 아이들이 자기 삶의 틀이 바뀌는 경험을 하는 걸 짧은 3개월 동안에도 많이 볼 수 있었고요. 아이들이 창업계획서도 쓰고 또 토론도 하고 투자설명회까지 하면서 느꼈던 것은, 아이들의 삶이 변화하고 있다는 것이었습니다. 제가 즐겁더라고요. 가르치면서 이런저런 상상들이 오고갔는데, 사회적인 가치에 따라서 학교를 만들 수 있겠다는 생각이 들더군요.

두 가지를 여쭤보고 싶은데, 한 가지는 실제로 사회적 기업 가치에 의해서 돌아가고 있는 학교가 혹시 존재하는지 궁금하고요. 두 번째는 중고등학교에서 이런 교육이 일어난다면 아이들에게 상당히 획기적인 무엇인가를 던져줄 수 있을 것 같은데, 향후에 한국에 있는 사회적 기업가들이(지금 대학교에서는 몇 군데 시행되는 걸로 알고 있는데) 중고등학교까지 내려올 계획이 있는지 궁금합니다.

임경수 두 번째 질문부터 말씀드리자면, 잘 모르겠습니다. 일단 대학에서는 만들었는데, 경영학을 하신 분들이 만들어서 마케팅을 강조했다는 것이 문제예요. '소셜벤처 경진대회' 같은 것을 해서 사업계획서는 아주 잘 만들었어요. 그런데 사회를 보는 눈이 없어요. 그래서 평가할 때 좋은 점수를 못 주겠더라고요.

지금 대학의 사회적 기업 강의도 이 내용을 감당 못합니다. 숙명여대 의류학과 친구들이 공정무역으로 천연염색한 섬유를 사서 공방에서 의류를 만들어 핸드메이드로 비싸게 팔고, 남은 이익을 가지고 좋은 일을 하겠다고 사회적 기업을 구성했어요. 사회적 기업 아카데미에서 경영학 교수들의 강의를 듣고 나서는 '어디 망한 공장을 하나 인수해야겠다'고 생각하거든요. 잘못된 방식이라는 거죠. 사회적 기업은 돈을 버는 방식도 사회적이어야 한다는 거예요. 기존의 기업 방식으로 다른 기업을 죽이고 경쟁 논리로 기업 활동을 하면서 '좋은 일 한다'고 주장한다면 진정한 사회적 기업이 될 수 없죠.

이윤을 내는 방식도 사회적이어야 진정한 사회적 기업이 될 수 있는데, 그걸 찾아내기 위해서는 인문학적 베이스가 대단히 중요합니다. 하지만 대학의 교육도 그걸 채워주지 못하죠. 그런데 사회적 기업가들에게 그걸 해달라고 하면, '사회적 기업 운영하기도 바쁜데요'라고 난

감해합니다. 정말 어려운 이야기예요. 하지만 기회가 된다면 의미는 있을 것 같습니다.

처음 질문과 관련해서는 이런 사례는 있습니다. 장애인 학교가 세운 사회적 기업을 장애인 학교 졸업생들이 운영하는 사례가 많습니다. 그런데 저는 오히려 학교가 마을과 지역사회를 향해 열리면 좋겠다고 생각합니다. 학교 안에다 사회적 기업을 만들려고 하지 말고 학교를 발판으로 지역사회에 사회적 기업을 만들려고 노력하는 것이 더 맞지 않느냐는 거죠. 그 개념이라면 큰 변화가 일어날 것 같거든요.

예전에 학교라는 곳은 지역사회의 중심이었잖아요. 어느 동네에서든 학교를 통해 모든 것이 연계되곤 했죠. 그런데 지금은 동네에서 학교는 담장이 높은 곳일 뿐입니다. 오히려 학교가 지역사회에 더 열려야 하는 거죠. 지역사회와 관련한 일을 더 많이 해야 하고요. 학교에 사회적 기업을 만들기보다 학교가 지역사회를 향해 열려서 지역사회를 바꾸려고 하는 일종의 사회적 기업의 베이스가 되도록 하는 게 더 바람직하지 않나 생각합니다.

사회자 사회적 기업가가 되려면 사회적 가치에 대한 감수성이 있어야 할 것 같습니다. 없는 걸 만들어내야 하니까 상상력이라든지 그런 창의적인 능력이 필요할 것 같기도 하고요. 그런 기질들에 대해서는 어떻게 생각하시는지요?

≫ **사회적 기업가는 지역사회와 함께할 수 있는 소양 갖춰야죠**

임경수 사회적 기업은 CEO가 자기 마음대로 결정하지 않습니다. 조직도 민주적이어야 하는 게 조건이에요. 게다가 지역사회에서는 지역 주민과 함께 일해야 하는데 문제는 우리가 여러 사람과 일하는 방법을 배우지 않았다는 거예요. 회의를 하는 방법조차 제대로 배울 기회가 없었죠. 호주에서는 많은 것을 학생과 선생님의 구분 없이, 같이 게임을 하면서 깨우쳤어요. 다양한 유희, 의사결정 방법들이 교육 과정에 배치돼 있거든요. 우리에겐 그런 소양이 부족하죠. 심지어 시민단체 활동가들도 부족하긴 마찬가지예요.

예전의 시민단체 활동은 깃발 꽂기였죠. 주민들 우르르 동원해 싸우고, 성공하면 깃발 들고 다른 데로 가죠. 깃발이 사라지면 주민은 오갈 데가 없어요. 이젠 주민이 정말 원하는 게 뭔지, 필요한 게 뭔지, 이런 것을 함께 찾아나가는 일종의 가이드가 돼야 합니다. '이거 하자'고 앞장서는 것이 아니라, 지역사회에 필요한 수요나 소비를 찾아내고 그것을 조직하는 것이 사회적 기업의 역할이라는 거죠. 그것을 주민과 함께 이야기해 찾아낼 수 있는 능력이 필요합니다. 사람들을 대하고 인간적인 관계를 맺을 수 있는 소양도 필요하고요.

호주에선 두 분의 강사가 있었는데, 저 같은 학생이 아무리 엉뚱한 이야기를 해도 '그건 아니다'라는 소리는 한 마디도 안 하더라고요. "그래, 해보세요." 그것도 맞을 수 있으니 해보라는 겁니다. 본인이 깨우쳐서 "제가 한 건 좀 아닌 것 같은데요"라고 하면, 그제서야 '이런 부분은 이런 게 있었고, 저런 부분은 저런 게 있었다'고 이야기하더군요. 그런 소양이 중요한데 지금 우리에겐 그걸 배울 만한 곳이 별로 없어요.

≫ **공동체성 없이 생태마을이 섬처럼 존재할 수는 없죠**

사회자 도시인이 사회적 가치와 경제적 합리성의 갈등을 극복할 수 있는 방법에는 어떤 것이 있을까요?

임경수 호주의 크리스털 워터스가 있는 멀렌에서 부부 강사에게 이렇게 교육하고 얼마나 버냐고 물어봤어요. 그랬더니 호주 달러로 얼마래요. 제가 한국 돈으로 환산했더니 60만 원밖에 안 돼요. 그 돈으로 어떻게 사냐고 물어봤더니, LETS(Local Exchange & Trading System: 지역화폐) 때문에 산다는 거예요. 지역화폐, 그땐 뭔지 잘 몰랐어요. 영어도 짧은데 이해가 잘 안 되잖아요. 한참을 이야기하니 그제야 좀 이해가 되더군요. 지역화폐를 통해서 구할 수 있는 게 얼마나 되냐고 물어봤더니, 잠시만 기다리라며 사무실에 가더니 종이 한 묶음을 들고 나와요. 제가 몇 장을 들춰봤는데, 집 짓는 기술자를 구하는 것부터 신문 구독까지 지역화폐로 다 할 수 있더라고요. 부족해도 살 수 있다는 겁니다.

멀렌의 신용협동조합에 간 적이 있어요. 할아버지 한 분과 여자 캐셔가 일하는데 건물이 아주 낡았어요. 제가 호주 친구들에게 다시 물었죠. "너희 신협은 잘 안 돌아가나보다." 그랬더니 그 친구들이 멀렌에 사는 주민들은 송금할 때만 중앙은행을 이용한대요. 저축이고 대출이고 전부 다 신협에서 받는다는 거죠. 그러면서 "거기 잘 돌아간다"라고 대답해요. 그런데 건물이 낡았다고 이야기했더니 신협이 돈을 벌어서 멀렌에서 가장 좋은 건물인 극장을 지어줬대요. 학교 운동장도 바꿔줬다더군요. 이 사람들은 저축해서 신협이 돈을 벌면 지역사회에 다시 환원된다는 걸 알아요. 그래서 모든 저축과 대출을 맡기는 겁니다. 우리 신협은 돈을 벌면 자기 건물부터 먼저 짓잖아요. 이게 다른 거예요.

그래서 제가 멀렌이라는 곳에 관한 기사를 뒤져봤더니, 정확히 기억은 안 나는데, KFC인지 맥도날드가 들어왔다가 장사가 안 돼서 쫓겨났어요. 그만큼 지역공동체성이 강한 곳이죠. 결국 멀렌이라는 공동체성이 강한 지역이 있었기 때문에 크리스털 워터스라는 생태마을이 존재할 수 있었습니다. 그 공동체성 없이 생태마을이 섬처럼 존재하는 건 불가능합니다. 그게 결론이었습니다. 도시에서의 공동체도 이런 모습이 돼야 하지 않나 생각합니다.

청중3 도농간 나눔 형태의 직거래 장터를 열려고 검토하고 있습니다. 그런데 다들 아시다시피 현재 직거래 농산물이 상당히 비싸요. 제가 궁금한 것은 과연 이 직거래 장터가 어떤 나눔의 형태로 이어져야 할 것인가입니다. 어떤 분께서 땅 4천 평을 내놔서 거기에서 농민이 수확한 작물을 장터에서 파는 형태로 만들려고 합니다. 이 직거래 장터에서 가격을 어떻게 정해야 할지 어떻게 신뢰를 유지할 수 있을지 고민입니다. 이야기를 듣고 싶습니다.

임경수 오늘 강의와 거리가 좀 있는 것 같기는 한데요. 근본적으로 농산물은 시장에 들어가면 안 되는 겁니다. 시장에서는 보이지 않는 손에 의해서 가격이 결정되고 그러면 자원이 효율적으로 배분된다는 게 경제의 원리인데요. 그 보이지 않는 손이 작동하려면, 가격이 오르면 생산자가 생산을 늘려야 합니다. 가격이 떨어지면 생산을 안 해야 해요. 반대로 소비자는 가격이 올라가면 안 먹어야 하고, 가격이 내려가면 많이 먹어야 하고요. 농산물은 어떤 것도 가능하지 않습니다. 생산량은 봄에 정해지죠. 그래서 배추 파동 같은 걸 겪게 되는 겁니다. 소비자 입장에서는 이건 안 먹으면 죽습니다. 그래서 농산물은 가격으로 거래하면 안 되는 겁니다.

≫ 농산물 거래는 모두 CAS 방식으로 바꿔야 합니다

　GATT 체계에서는 농산물 무역을 하지 않도록 했어요. 관세를 많이 부여하도록 했죠. 그러다가 우루과이 라운드에서 농업 선진국이 관세를 없애자고 했고, 지금의 FTA까지 오게 된 겁니다. 이건 농산물과 농업의 본질을 해치는 거죠. 소비자 입장에서 보자면 반대로 농산물 시장에서는 소비자가 왕이 아니라는 거죠. 간단한 질문을 해보면 돼요. 농민이 생산하는 것에 따라서 식단을 짜는 게 쉽습니까, 식단에 따라서 생산하는 게 쉽습니까? 농민이 생산하는 것에 맞춰서 식단을 짜는 게 쉽죠. 그럼 그렇게 해주어야 해요. 그럼 농민이 어렵지 않게 농사를 짓습니다. 지금은 그렇게 안 하기 때문에 비닐하우스를 만들고 온갖 화학비료를 다 치면서 농사를 짓는 겁니다. 그게 돌고 돌아서 여러분의 식량 안보를 오히려 더 위협하는 거죠.

　이제부터는 농민이 생산하는 대로 드셔야 합니다. 그래야 식량 안보를 유지할 수 있습니다. 그럼 이렇게 하는 방식이 뭐냐. CSA라는 겁니다. Community Supported Agriculture예요. 무슨 이야기냐면 제가 한 달에 40만 원어치 농산물을 먹어요. 1년이면 얼마죠? 5백만 원이죠. 그럼 제가 농민에게 가서 5백만 원 드릴 테니까 1년 내내 내가 먹을 걸 생산해주세요, 하는 거예요. 배추 값이 얼마인지 시금치 값이 얼마인지 고민하지 않고 그냥 주는 겁니다. 그러면 농민은 이 땅에서 얼마나 소출을 해야 하는지 판단해서 갖가지 것들을 생산하겠죠. 농민의 입장에서 저 같은 소비자 10명을 만나면 매출이 얼마예요? 5천만 원. 농사지을 만하죠? 농민의 고민은 내가 이렇게 생산해서 제값을 받을 것인가, 아니면 판로가 있을 것인가거든요. 이렇게 하면 자기가 생산한 모든 것을 안정된 가격에 다 팔 수 있어요. 농민한테는 정말 좋죠. 그러면 걱정 없이 성심껏 생산할 수 있다는 거예요. 한 명이 10명의 소비자를 관리하기는 어렵지만, 10명이 100명을 관리하기는 좀 더 쉬워지죠. 품목을 나누어 관리하면 되니까요. 그래서 100명의 공동체가 10명의 농민과 결합한다는 겁니다.

최근 외국의 유기농산물 거래방식은 다 CSA 방식으로 전환되고 있어요. 우리나라만 생협이 시장 방식을 따르는 겁니다. CSA 방식으로 전환하면 저렴한 가격에 공급이 가능하고, 좋은 농산물들을 먹을 수 있습니다. 최근에 많은 지역에서 이 방법을 시도하고 있어요. 경기도 이천과 목동의 마을 주민 사이에 CSA를 하고 있고, 강화도에는 콩세알이라는 사회적 기업이 인천 시민과 CSA를 합니다. 작은 마을 단위에서도 하고 있고요. 지금 완주군은 영농조합을 만들어서 주민에게 CSA 방식으로 일주일에 한 번씩 '밥상 꾸러미'라는 2만5천 원짜리 아이스박스를 공급하는 일을 합니다. 이 방식으로 전환하는 게 가장 바람직하다고 생각합니다.

사회자 오늘 구체적인 경험을 토대로 생생하게 설명해주셔서 사회적 기업에 대해 잘 이해할 수 있었습니다. 저는 시골에서 살아서 농사가 지겨워 어떻게든 도시로 나가려고 했지만 말씀해주신 내용을 듣고 제 속에 있는 무너진 가치들을 회복해야겠다는 생각을 하게 됐습니다. 그동안 우리 자녀들을 도회지의 몰사회적인 가치에 둘러싸이도록 방치해왔다는 것을 반성하게도 되었고요. 감사합니다.

내 안에 있는 3%의 가치를 발견하고 키워라

박기태 사이버 외교사절단 '반크' 설립자

인생을 바꾼 후배의 한마디

저는 '반크' 활동을 한 지 10년이 넘었습니다. 대학에서는 일문학을 전공했는데, 4학년 때 우연히 들었던 두 번의 특강이 제 인생의 10년을 바꿔놓았습니다. 졸업 후 4년간 출판사·여행사·방송국 등 세상에서 말하는 이른바 좋은 직장을 여러 군데 다녔습니다.

그러다가 2001년인가요. 정말 원하던 직장에 들어간 저는 상사가 있을 때는 열심히 일하다가 상사가 자리를 비울 때는 '반크' 활동을 했습니다. 그때 직장 후배가 "박 선배는 왜 업무시간에 딴 짓해? 업무시간에 다른 사이트에서 다른 일을 하는데 왜 상사들은 선배를 좋아하는지 모르겠네"라고 말하더군요. 어린 후배가 눈을 부릅뜨고 말하니까 멍해지더라고요. 그동안 먹고살기 위해 일하면서 개인적으로 다른 일을 하는 걸 나름대로 합리화시켰습니다. 그런데 후배에게 한 방 맞은 뒤부터 일주일간 멍했습니다. 결국 정말 좋아하는 일을 하기로 결심했죠.

당시 저는 결혼을 앞두고 있었습니다. 부모님은 결혼할 때까지만이라도 직장에서 버티고 있으라고 당부하셨죠. 하지만 후배의 일침을 잊을 수가 없었습니다. 결국 그 한마디가 직장을 그만두고 '반크' 활동에 전념하게 만들었죠. 최근에 그만둔 직장에서 사업을 같이해보자고 전화가 왔어요. 반크 공익광고도 함께 진행했습니다.

저는 '사교육걱정없는세상'의 진로학교에서 보자면 모범적인 케이스는 아닙니다. 저 역시 다른 사람들과 마찬가지로 이리저리 치이고 질질 끌려 다니다가 뒤늦게야 제가 하고 싶은 일을 하자고 결심한 경우일 뿐입니다. 그렇게 원하던 직장에 들어갔지만 그 직장을 그만두고 새로운 가치에 도전하면서 더 나은 미래를 꿈꾸고 있습니다. 제 경험이 여러분과 자녀에게 조금이나마 도움이 되었으면 합니다.

직장까지 때려치우고 반크 활동에 매달려

제 강의를 들은 어느 대학생의 리포트에 이런 내용이 있었습니다. '박기태 씨는 좋아하는 일을 하는데, 그 일이 사회에도 도움이 되고, 나라에도 도움이 되고, 세계를 바꾼다는 것이 너무 멋있다.' 저를 보고 사회를 바꾸고 더 나아가 대한민국과 세계를 바꿀 수 있는 직업을 갖겠다는 희망을 품게 되었다는 것이었어요. 저를 통해 이런 생각을 품게 된 젊은이라면 대기업의 문을 두드리는 대신 새로운 세상의 문을 두드리고 또 열어젖힐 것이고, 그런 과정 속에서 '자기만의 길'을 찾을 수 있으리라는 생각을 갖게 되었습니다. 실제로 제가 '반크' 활동을 하면서 느꼈던 가치가 두 가지 있는데, 그 말씀부터 드리겠습니다.

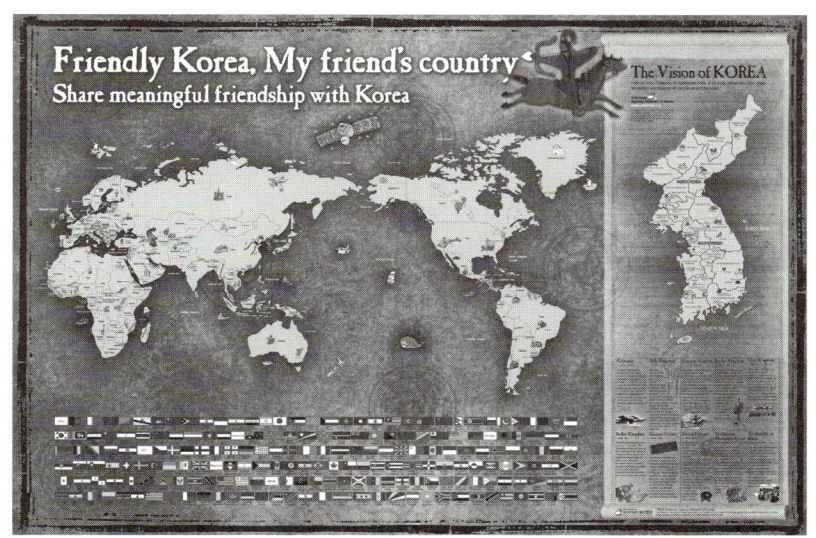

왼쪽에는 세계지도와 각국의 수도·국기를 넣고, 오른쪽에는 대한민국 지도와 함께
5천 년 역사의 영웅과 문화유산을 시기별로 적은 '반크의 지도'.

이 '반크의 지도'는 제가 만든 것이 아니라, 우리 단체의 청소년들이 부탁을 해서 만들었습니다. 아시다시피 지금 이 나라에는 조기 유학 열풍이 거셉니다. 어린 학생들이 거의 1년에 한 번씩 어학연수나 해외 연수를 갑니다. 통계상으로는 1년에 1천2백만 명이 해외에 나간다는 군요. 그중의 상당수가 조기유학생이나 어학연수생입니다. 그렇게 외국에 나간 학생들이 그곳 대학교에 걸린 세계지도를 보니 대한민국의 독도가 모두 다케시마라고 표기되어 있다는 거예요. 동해가 일본해 SEA OF JAPAN로 표기되어 있는 거죠. 학생들이 화가 나서 그 지도를 칼로 그어버리거나, 빨간색 펜으로 독도라고 고쳐놓는답니다. 그러고는 제2의 건국을 한 것처럼 좋아하는데, 사실 이것은 창피한 일이지요. 공공의 재산을 애국심 때문에 훼손시키면 다른 나라 사람한테 오히

'박기태 씨는 좋아하는 일을 하는데, 그 일이 사회에도 도움이 되고, 나라에도 도움이 되고, 세계를 바꾼다는 것이 너무 멋있다.'

려 독도의 정당성을 인정받기 어려우니까요. 이러다 보니 "반크가 영문으로 독도나 동해를 표기한 세계지도를 보내주면 해외에 있는 대학교에 붙이겠다"는 연락이 오는 거예요.

지도를 하나 만들어 배포까지 하는 데 거의 1천만 원이 듭니다. 외국에 보낼 지도 제작은 원래 외교부나 국립지리원이 해야 하지만, 이런 경우는 외교적인 문제 때문에 국가에 지원을 요청하기도 어려워 우리 회원이 아는 디자이너에게 요청해서 만들었습니다. 외국인은 한국이 어디에 있는지 모르니 왼쪽에는 지도를 그려 넣고 아랫부분에는 각 나라의 수도를 넣었어요. 외국 대학교 수업 중에 자기 나라를 소개하는 시간이 있는데 어떤 학생도 30분간 자기 나라를 소개하지 못한답니다. 솔직히 여기 계신 분들도 외국 대학에 가서 "Could you introduce your country?"라는 질문을 받으면 "Korea, 대한민국, spicy 김치" 이러실 게 뻔합니다. 달리 떠오르는 게 없으니까요.

해서 지도 오른쪽에는 한국을 지역별로 소개했고, 그 아랫부분에는 5천 년 역사의 영웅과 문화유산을 시기별로 적었습니다. 마지막으로 '전 세계 60억 세계인에게 기록되기를 바라는 21세기 대한민국'을 스스로 작성하게 해놓았습니다. 훗날 여러분이 이 지도에 '사교육이 없는 나라' 같은 희망을 담아 배포하면 이 지도만으로 거의 30분간 외국 대학의 교수와 학생들 앞에서 우리나라의 위치와 역사와 문화와 관광 자산에 대해 얼마든지 프레젠테이션을 할 수 있고, 독도도 지킬 수 있습니다.

저는 반크의 지도를 놓고 학생들에게 이렇게 말합니다. "이 지도상에서 한국은 단지 270개 나라 중의 한 나라, 그것도 작은 나라에 불과하지만 여러분들이 세계인에게 한국을 잘 소개하면 그들 가슴 속에는 한국이 작은 나라가 아니라 하나의 대륙으로 커질 것입니다. 눈에 보이는 영토는 작지만, 여러분들이 해외에 나가서 세계인에게 헌신하고 감동을 주고 봉사를 하면 적어도 그들 마음속에서 대한민국의 영토는 하나의 대륙처럼 커질 것입니다."

처음 만든 지도 10만 장이 해외 초·중·고 교실에 붙어 있어요. 여기 '사교육걱정없는세상'의 문패처럼, 제가 한국의 가치와 의미를 세계인의 가슴 속에 전달했다는 사명감이 드니 이 지도가 한 나라의 국가 이미지를 바꿀 수 있는 선물인 것 같습니다.

한국을 알리고 세계를 변화시키는 반크의 지도

반크 활동과 관련한 동영상을 보고 많은 분이 놀라고 감동하고 희망을 가진다고 합니다. 신기하지 않으세요? 반크는 일개 민간단체에 불과해요. 외교부도 아니고, 문화관광부도 아닙니다. 저 또한 공무원이 아니죠. 반크 동영상도 저와 반크가 제작한 게 아니에요. 참 신기하죠? 우리의 활동을 보고 제 강의를 듣고 여러 사람이 만들어준 거예요. 반크의 활동을 알리는 텔레비전 광고가 여러 번 나갔어요. 아마 수십억 원 들었겠죠? 모두 우리가 한 게 아니었어요. '우리 기업에서 수십 억 원을 지원해서라도 반크의 활동을 알리고 싶다.' '나는 프로그램을 짜는 디자이너인데, 반크의 훌륭한 활동을 널리 알리고 싶다'며 제 강의를 듣고 사이트를 보고 영상을 만들어서 유튜브 및 국내 유명 동영상 공유 사이트에 올렸는데 일주일 만에 5만 명이 봤어요. 수많은 댓글이 달렸죠. '일상생활에 치여서 일만 하는 내게, 왜 공부하는지도 모르는 내게, 대학에 갈 목적이 생겼다.' '의대에 갈 생각인데, 남한테 잘 보이고 돈을 잘 벌기 위해 의대를 가려는 것이 아니다. 의사가 없는 아시아·아프리카 지역에 가서 그곳 주민의 희망이 되고 싶다. 내 지식과 지혜를 어려운 사람을 위해 쓰고 싶다.' '당장 해외로 나가겠다.' '한국에서 나는 비록 내세울 게 없지만 어려운 나라에 가서 뭔가 기여하고 싶다.'

　수많은 댓글을 보면서 많이 놀랐어요. 엄밀히 말씀드리면 보잘것없는, 대학교 교양과목에서 특강 과목 듣고 리포트 쓰는 것에 불과했던 조그만 동아리 웹사이트가 반크인데, 그 안에 지금 5만 명이 가입해 있어요. 학생에게 가입비 3만 원은 적은 돈이 아니에요. 그런데 기꺼이 투자해요. 무엇이 5만 명을 참여하게 하고, 또 무엇이 해외 동포와 유학생까지 참여하게 할까요? 저도 신기해요. 분명히 말씀드리지만 결코 목적성이 있는 단체가 아니었어요. 그런데 사람들이 저희 활동을 통해 어떤 목적을 발견해요. 저도 몰랐던, 저도 지금 알아가는 그 이야기가 여러분한테 확실히 도움이 될 거라고 생각합니다. 여러분 중 상당수가 저와 비슷한 면이 있다고 생각하니까요.

토익 점수만이 유일한 희망이었던 야간대학생

92학번은 졸업할 때 나라가 망해 '저주 받은 IMF 학번'이라 불렸습니다. 나라가 도산한 제2의 경술국치라고 야단이었지요. 그때만 해도 국가 도산 사태가 피부에 와 닿지 않았어요. 제가 93학번인데 92학번 선배들이 취업전선에서 전멸한 거예요. 100명 중 99명이 취업이 안 돼 공황 상태였죠. 연수를 가거나 휴학을 해서라도 시간을 벌어보는 게 우리 세대의 생존술이었어요. "일단 튀어보자. 나라 망했다."

제가 4학년이 되니까 최악의 취업난이 도래했습니다. 우리 아버지 세대는 모두 회사를 그만두게 되었고요. 당시 선배와 동기들은 1천만 원 정도 모아서 해외연수나 배낭여행을 가는 '도피' 행각을 필수로 여겼습니다.

저는 야간대학생이어서 아침 9시부터 오후 4시 30분까지 빌딩 관리실에서 일했어요. 화장실 치우고 임대 미수금 받으러 뛰어다녔죠. 당시 한 달 동안 열심히 아르바이트해서 받은 돈이 35만 원이었어요. 20만 원씩 저금했어요. 남은 돈으로 학비와 차비, 식비를 해결했죠. 최저의 삶을 산 것입니다. 게다가 제가 다닌 학교가 이른바 SKY도 아니어서 전망이 밝지도 않았어요. 제가 아무리 죽도록 아르바이트하고, 열심히 공부해도 졸업 이후의 삶이 보장이 안 되잖아요. 나라도 불안하고. 절망감이 들었어요. 도대체 어떻게 해야 할지 난감하고, 뭔가 두렵고. 당시 제 유일한 안식처가 토익이었어요. 죽도록 토익 공부해서 900점 맞으면 취업이 될 것 같은 환상에 빠져서 아르바이트하면서도 단어 공부하고, 시간이 날 때마다 토익 문장을 외우고 또 외웠어요. 매달 토익 시험을 봐서 10점씩 오르는 게 제 인생의 '행복 그래프'였죠. 500, 550, 700점으로 올라갈 때마다 성공이 눈앞에 다가온 것 같은 기분이 들었습니다. 대학 4학년생이 토익 점수에 울고 웃는 삶을 산 것이지요.

힘든 삶 속에서 제게 힘을 준 것은 '기태씨는 참신한 아이디어가 있어.' '기태씨가 이끌면 여러 사람이 참여하네' 같은 말이었어요. 그리고 이런 소리를 들을 때마다 어떤 유명한 사람이 나를 좀 키워줬으면 좋겠다는 치졸한 생각도 했어요. 지금은 스펙도 없고, 돈도 없지만 누군가가 조금만 도와주면 아주 멋진 일을 할 수 있으리라는 착각에 빠졌습니다. 그런데 그런 기회가 그냥 오나요? 결코 안 옵니다. 저는 빌딩에서 일할 때마다 '혹시 내가 이 빌딩을 열심히 관리하면 이 빌딩에 있는, 혹은 일하다가 내가 만나는 수많은 부자 중 한 명이 자기 회사에 들어오라고 하지 않을까' 상상했어요. 영화에나 나오는 일이 제게 일어나기를 기대한 겁니다. 거의 신데렐라 콤플렉스죠. 하지만 그런 기회는 결코 안 오더라고요. 그때 '내가 혹시 좋은 대학(SKY)이라도 나왔으면 달랐을 텐데……' 하면서 부모님을 탓하고, 외환위기를 탓했지요. 당시 저는 토익 점수 그래프만 노려보면서 남 탓하며 지냈어요. 그런 저에게 햇살이 비쳤죠.

외국 대학에 1천 통의 메일 보내며 시작된 '반크'

취업난이 극심하니까 학생을 취업시키기 위해서 교양과목으로 실용학문이 등장했어요. 저도 실용적인 인터넷 활용 과목과 무역영어

> 하버드건, 예일이건 대학교마다 동아시아과가 있을 테고,
> 일문과와 한국어과가 있을 것이라고 생각했습니다.
> 각 대학의 동아시아과·일문학과·한국어과에 외국인과
> 친구가 되고 싶다는 서한을 보내고,
> 그 노하우를 홈페이지에 공개해보자고 생각했어요.

과목을 수강했죠. 이 두 수업이 제 삶을 바꿔놨습니다. 인터넷 활용 수업의 과제가 한 학기 동안 자기가 꿈꾸는 바를 담은 홈페이지를 만드는 거였어요. 무역영어 과제는 훗날 사장이 되어 판매할 제품을 해외 바이어에게 홍보할 브로셔를 만드는 것이었고요. 홈페이지를 어떻게 만들어야 할지 깊이 고민했습니다. 기왕이면 점수를 잘 받는 것은 물론이고 취업을 위해서 '쌈박'한 아이디어를 내야겠다고 생각했어요.

사회는 전 세계의 글로벌 인맥을 가진 사람을 원하잖아요. 하지만 저는 돈이 없어서 해외로 나가본 적이 없었어요. 그래서 역으로 어떻게 하면 외국인을 데려올 수 있을까 연구했습니다. 당시 저는 일문학과 학생이었요. 우리 학교 일문학과 학생과 친해진 일본인이 한국에 오더라고요. "바로 이거다!" 하버드건, 예일이건 대학교마다 동아시아과가 있을 테고, 일문과와 한국어과가 있을 것이라고 생각했습니다. 각 대학의 동아시아과·일문학과·한국어과에 외국인과 친구가 되고 싶다는 서한을 보내고, 그 노하우를 홈페이지에 공개해보자고 생각했어요.

저는 다음과 같은 내용의 서신을 1천여 군데에 보냈습니다. 이때 무역영어를 적극 활용했습니다.

"안녕하세요, 하버드 대학 한국어학과 교수님. 혹시 한국, 한국어에 대한 정보가 없어서 수업이 힘들지 않습니까? 수업시간에 궁금한 내용을 이메일로 보내주시면 사이버 조교가 되어서 궁금한 모든 사항을 검색해 자료를 보내드리겠습니다. 아무래도 미국에 있는 사람보다 한국에 있는 제가 빨리, 정확히 검색할 것입니다. 수강생 중에 한국인 친구를 사귀고 싶어 하는 학생이 있으면 저에게 알려주십시오. 우리 학교 친구들을 불러 모아서 일대일로 교류하도록 도와드리겠습니다. 당신의 사이버 도우미가 되어서 궁금한 모든 사항을 알려드리겠습니다."

저는 외국인과 대화하고 싶은 마음이 간절했어요. 그들을 사귀고 싶었고요. 미친 듯이 검색해서 학생회, 교수님, 대학교 웹마스터에게 보냈어요. 1천 통 보냈더니 1백 통 정도 답장이 오더군요. 그중에서 지금도 제 가슴에 화살처럼 꽂혀 있는 답장이 있어요. 외국의 어느 국립대학 한국어학과 교수님이 보낸 답장입니다.

"우리가 한국어과를 개설해 학생을 모집했는데, 내가 처음 하다 보니 정보가 너무 없다. 당신이 한국의 사회적 이슈 같은 것을 정리해서 보내주면 좋겠다. 그리고 내가 가르치는 학생이 1백 명인데 이들이 한국인 친구를 갖고 싶어 한다. 1백 명의 프로필을 보내줄 테니 한국 학생 1백 명과 일대일로 자매결연을 맺게 해달라. 이곳 학생이 한국의 정치·경제를 물어보면 파트너가 답해주는 온라인 자매결연을 맺어보기를 원한다."

제가 대학교 총장도 아닌데 다른 나라 국립대학교와 자매결연을 맺

'지구촌 만남의 다리 반크'라는 이름 아래
홈페이지를 개설해 우리의 활동이 수많은 대학교에
알려지도록 했습니다. 해외연수를 못 가는 우리 학생이
반크 홈페이지에 와서 세계 유수 대학의 학생과
교류하면서 한국도 알리고 세계를 배워보도록 한 것입니다.

었습니다. 그쪽에서 보낸 학생 프로필을 들고 "야, 여기 금발머리에 파란 눈의 프로필이 있으니 친구하고 싶은 사람 골라봐" 하니까 친구들이 환호했습니다. 남학생은 여학생을, 여학생은 남학생을 선택해 파트너가 되었죠. 제 작은 아이디어가 저랑 비슷한 대학생 친구에게 '구원의 빛'이 된 거예요. 호주와 미국에 있는 대학생과 이메일로 교류하는 것이 지금은 아무것도 아니지만 당시에는 놀라운 일이었거든요. 채팅도 하고 펜팔도 하고. 또한 유명한 대학의 학생이니까 교류하는 우리 학생이 얼마나 기분이 좋겠어요. 제 작은 아이디어가 친구의 희망이 되고, 외국 대학교 학생의 희망이 된 것이지요.

　교수님들이 보기에도 이 아이디어가 기발한 거예요. 수많은 교수에게 연락을 해서 학생 프로필을 모아오고, 저는 그들과 교류할 수 있는 한국의 대학생을 불러 모아서 이들의 홈페이지를 만들었습니다. '지구촌 만남의 다리 반크'라는 이름 아래 홈페이지를 개설해 우리의 활동이 수많은 대학교에 알려지도록 했습니다. 해외연수를 못 가는 우리 학생이 반크 홈페이지에 와서 세계 유수 대학의 학생과 교류하면서 한국도 알리고 세계를 배워보도록 한 것입니다. '하버드가 별거냐?' 하면서 말입니다.

외국 펜팔 친구 소개해주던 반크

　인터넷 활용과 무역영어라는 교양과목을 통해 만든 홈페이지는 대학 4학년생인 제게 대단히 중요한 가치를 주었어요. 저를 통해서 우리나라 학생이 외국을 배울 기회를 얻었고, 저를 통해서 상대 국가에 있는 학생은 한국을 알게 된 것이지요. 그러니 이 홈페이지를 잘 홍보하면 취업에 도움이 되겠다고 생각해서 밤을 새다시피 하면서 '노골적'으로 홍보했어요.

　그 당시만 해도 저는 이게 멋진 아이디어여서 바로 통할 줄 알았어요. 금방 히트할 줄 알았고, 순식간에 텔레비전에 나가서 대학생 스타가 되리라고 생각했죠. 착각이었지요. 홈페이지를 열었는데 아는 사람만 띄엄띄엄 오고, 방문객 수가 확 늘지 않는 거예요. '아무리 좋은 아이디어라도 잘 안 되나 보다' 하고 낙심하고 있는데 갑자기 하루에 수천 명이 몰려오지 뭡니까. 제가 특별히 한 것도 없는데 말예요.

　2002년에 한·일 월드컵이 열렸잖아요. 초·중·고 교사들이 수행평가 과목으로 '2002년 월드컵이 열리니 전 세계 외국 친구에게 펜팔을 통해 자신의 고장을 알리자'는 과제를 낸 거예요. 그래서 네이버와 야후에서 해외 펜팔을 쳤더니 반크가 뜨더라는 거예요. 청소년들이 어마어마하게 몰려왔는데, 이들은 '목적'이 분명했어요. 숙제·과제·수행평가. 아무리 좋은 명분이라도 수행평가와 수업이 들어가면 학생들이 예민해지거든요. 사이트에 접속하자마자 학생들이 이러는 거예요. "학교 숙제하는데요. 저 친구 사귀어야 하거든요. 프랑스 친구요." "저는 미국 친구요." "저는 영국 친구요." 그들이 요청하면 저는 반드시 친구를 구해줘야 하는 사람이 됐어요. 홈페이지 홍보를 하느라고 "여러분이 원하는 모든 친구와"라는 문구를 넣어둔 게 문제였죠. 이 문구를 보고 제가 친구를 연결해주지 않으면 홈페이지에 모든 친구와 연결된다고 쓰여 있는데 왜 안 되느냐고 따지는 거예요. 몇 천 명이 몰려오는데 프로필을 받아놓은 외국인은 한정돼 있고, 또 대학생이니까 청소년과는 안 맞거든요. 취업용으로 잠깐 활동하려 했던 건데, 학생들이 따지고 덤벼드니까 참으로 난감했습니다.

중·고등학생은 해외에 나가 친구를 사귈 수가 없잖아요. 그래서 도와주고 싶었어요. 우리 학생들은 한국 포털사이트를 검색해서 반크를 찾은 거잖아요. 그래서 저는 해외 포털사이트에 들어가 '펜팔 사이트'를 검색했어요. 각 나라의 펜팔 사이트에 평균 수십 만 명이 있더군요. MSN도 있고. 나라별 펜팔 사이트에 가서 프로필 긁어와 반크 게시판에 올려놓았어요. 단순하지만 영어 사이트여서 어린 학생들은 갈 줄 몰라요. 그래서 제가 그 나라 사이트에 가서 프로필을 가져와 어린 학생들이 볼 수 있게 하고, 그다음에는 그들끼리 친구가 되게 했더니 반크가 청소년에게 가장 인기 있는 펜팔 사이트가 됐지 뭡니까.

그런데 막상 편지를 쓰려니 하고 싶은 말은 무궁무진한데 영어로 써지지 않거든요. 그러자 통번역 서비스를 해달라고 요구하는 거예요. 게시판에 한국어로 올릴 테니 도와달라는 거죠. 저한테 영어로 작문까지 요구하는 웃지 못할 상황이 벌어진 거예요. 그때 이런 생각이 들었어요. '내가 조금만 도와주면 이들에게 전 세계 학생과 교류할 수 있는 꿈을 꾸게 해줄 수 있다. 매달 토익 점수 10점 올리기 위해 미친 듯이 공부하는 것보다 이들을 위해 그 시간을 쓰는 것이 더 낫지 않겠는가.' 하여 한국어 편지를 영어로 번역해주었습니다. 동시에 대학생 친구들에게 반크 안에 영어 통역 서비스를 만들어서 청소년들을 도와주자고 제안했어요. 대학생들이 기꺼이 참여했지요. 이렇게 청소년은 펜팔을 신청하고, 대학생은 번역해주는 소박한 사이트가 반크였어요.

펜팔을 통해 사이버 외교관이 되는 학생들

지금 여러분은 제 가치가 바뀐 걸 아시겠죠? 보잘것없는 영어 실력과 아이디어만으로 우리나라 학생이 세계와 대화할 수 있도록 길을 열어준 사람, 자신이 가진 기술을 이용해 수많은 학생이 전 세계와 소통할 수 있도록 도운 사람, 10~20년 뒤의 멋진 미래가 아니라 당장 옆에 있는 사람을 위해 봉사하는 사람, 대학에서 1등을 하고 대기업에 들어가 CEO 눈에 띄는 사람이 아니라 남에게 도움을 주는 사람으로 저도 모르는 사이에 바뀌었어요. 그게 제 인생의 가장 큰 선물입니다.

10년 전에 만든 대학교 홈페이지가 제 안에서 큰 가치가 됐잖아요. 이때 가치의 의미가 대단히 중요합니다. 반크 홈페이지 안에서 봉사한 많은 학생이 오늘날 가수 김장훈 씨가 반크를 도운 것만큼이나 제게 큰 보람을 줬어요. 왜냐하면 저는 한 번도 해외에 나간 경험이 없어요. 그런데도 우리나라 학생 1천 명이 전 세계 학생과 펜팔을 할 수 있도록 도와주었어요. 펜팔을 하니까 어떻게 됐겠어요? 마치 전 세계에 나가 있는 한국 외교관이 본국에 브리핑하듯 외국 친구와의 경험을 앞 다투어 홈페이지에 올리더군요. 저는 그때 5천만의 눈이 아니라, 60억의 눈으로 한국을 바라볼 수 있는 식견을 얻었어요. 제가 경험한 것이 아

"한국은 과거 중국의 식민지였다. 한국은 한문을
쓰니까" "한국은 한글-중국어 쓰고 동해는 일본해다"
"한국의 언어는 한글-영어다" "한국의 언어는
중국어에서 유래되었고, 문법은 일본어에서 유래되었다"
펜팔을 하는 외국 친구들이 보낸
이런 글을 보는 순간 피가 거꾸로 솟지요.

니라 1천 명의 학생이 또래와 교류하면서 제게 새로운 경험을 하게 해준 거예요. 그러자 그 청소년들 마음속에 있는 생각이 보이더군요. '내가 이왕이면 우리나라와 세계에 기여하고 싶다' '누군가 나를 발견해주면 나도 멋진 일을 할 수 있을 텐데' 하는 생각이 보이는 거예요.

  펜팔 하는 학생들을 보면서 또 다른 아이디어가 생겼어요. 1천 명, 2천 명이 중구난방으로 홍보하는 것보다 집중 홍보가 유용하리라는 판단이 섰습니다. 게시판을 신설하고 게시판 카테고리 항목으로 문화·역사·관광 등을 만들었습니다. 어떤 학생은 국어를 잘해 한글을 잘 홍보하고, 어떤 학생은 부산 출신이어서 해운대를 잘 설명하고, 어떤 친구는 남산타워를 잘 안내할 수 있으므로 이들의 장점을 살리기로 한 거죠. "각자 자신이 홍보했던 내용을 분야별 항목에 올려서 데이터베이스를 구축해보자"라고 제의했습니다.

  외교관이 해외로 나가기 전에 외무고시에 합격해야 하는 것처럼 우리도 사이버 외교관인 만큼 '사이버 외무고시'를 만들었어요. 한국 홍보 데이터베이스를 구축하는 과정을 통과하게 한 것입니다. 이를 통과한 학생은 사이버 외교관이라는 자긍심을 갖게 됐어요. 자긍심을 갖고 펜팔을 하니까 편지의 질이 달라지더군요. 어떤 외국인 친구는 한국 펜팔 친구에게 "너는 나에게 한국 대통령 이상이야"라고 할 정도가 된 것이지요. 이런 과정을 거치면서 학생들이 펜팔을 하기 위해, 한국을 홍보하기 위해 공부를 하더군요.

한국 학생과 펜팔을 하는 타이완 친구가 "한국은 과거 중국의 식민지였다. 한국은 한문을 쓰니까"라고 써 보내왔어요. 자기네 교육청 사이트에서 그렇게 배운다는 것이지요. 한 호주 친구는 자국의 교과서에서 그렇게 배운다며 "한국은 한글-중국어 쓰고 동해는 일본해다"라고 써 보냈더군요. 더욱이 외국의 관광 사이트에 "한국의 언어는 한글-영어다" "한국의 언어는 중국어에서 유래되었고, 문법은 일본어에서 유래되었다" 같은 글이 올라와 있는 거예요. 이런 글을 보는 순간 피가 거꾸로 솟지요. 국가의 이슈가 서서히 나의 이슈가 되더군요. 이런 황당한 글을 본 학생은 '우리나라가 아시아에서도 존재감이 없구나' 하고 느낍니다. 아이들이 외국 친구를 사귄 뒤부터 '나와 국가가 맞물려 살아가고 있다'는 사실을 배우는 거죠.

동해가 어떻게 일본해일 수 있는가

펜팔 할 줄 모르는 청소년에게 그저 짧은 지식과 아이디어를 제공하는 것이 고작인 제게 어느 순간부터 외교부나 정부 부처가 나서서 해결해야 할 과제가 주어지기 시작했어요. 그렇다고 물론 외교부장관이 "박기태 씨, 이 문제 좀 해결해주세요" 했다는 게 아니라, 청소년들이 제게 임무를 부여한 것입니다. 대표적으로, 미국의 세계사 교과서에 "한국과 일본 사이에 있는 바다는 무엇인가?"라는 문제가 있다는 제보가 들어온 거예요. 이 문제의 정답을 동해라고 쓰면 대학교에 가는 데 불이익을 받게 돼요. 여러분께 묻겠습니다. 자녀분이 유학을 가서 SAT 시험을 봤어요. 학비가 1년에 2천만 원 들었어요. 그런데 세계사 문제의 답을 일본해라고 적어서 대학교에 들어가게 하겠어요? 아니면, 조국과 민족을 위해서 동해와 독도라고 써서 떨어뜨리겠어요? 이것은 유학 간 학생에게는 개인의 미래가 걸린 문제예요. 미국의 최신 〈세계지리〉 교과서 역시 한국과 일본 사이에 있는 바다 이름을 적는 시험문제의 정답을 '일본해'로 규정하고 있습니다.

반크 홈페이지 한쪽에 현지 유학생이 제보하는 코너가 있는데, 지금 약 7천 건의 제보가 들어와 있어요. 그중에 가장 마음이 아팠던 것은 호주에 유학 갔던 한 학생의 이야기였어요. 중2 때 부모님 따라서 호주로 유학을 갔는데 학교 시험에 "한국과 일본 사이에 있는 바다 이름은 무엇인가" 하고 묻는 문제가 나왔대요. 그 학생은 당연히 동해라고 적었고, 당연히 오답으로 처리됐어요. 화가 난 학생이 못하는 영어로 흥분해서 따졌대요. "Teacher, this is wrong. This part is far east sea 독도. Why am I wrong?" 당당하죠? 그랬더니 선생님이 "Bring the textbook" 했대요. 따져보자고, 펴보라고 했대요. "일본해라고 되어 있네요." 학생이 말했죠. "그럼 네가 맞아? 교과서가 맞아?" 결국 그 학생이 울었대요. 비록 평범한 학생에 불과하지만, 동해를 일본해라고 쓸 수는 없었던 것이지요.

그 학생이 반크 게시판에 "여러분이 바꿔주세요"라고 올렸어요. 이게 말이 쉽지 바뀌겠어요? 그 학생이 다니는 호주의 국제학교 학생 수가 1백 명이라고 하면 한국 학생이 1명, 일본 학생 3명이래요. 일본 학생 3명이 "저 한국 애는 틈만 나면 위안부 문제 사과하라고 하고, 다케시마가 독도라고 우기고, 일본해가 동해라고 주장하고, 만날 피해의식과 열등의식에 젖어 있다"라고 말하며 한국 학생을 왕따시킨대요. 결국 한국 학생과 일본 학생이 싸웠어요. 그러자 한국인도 일본인도 아닌 학생들이 중재에 나섰는데 교과서가 일본의 입장을 지지하니까 중재자들도 일본 학생을 지지하는 거예요.

　상황이 이렇게 되자 한국 학생이 교과서의 일본해라고 표기된 부분을 칼로 도려냈어요. 호주 등 영·미권의 경우 교과서 한 권당 가격이 10만 원이 넘습니다. 선배는 교과서를 도서관에 기증하고 후배는 그 교과서를 대물림해서 써요. 그래서 일본해를 도려낸 교과서를 "내 후배들은 이런 치욕을 당하지 않게 하겠다"는 생각으로 기증했다고 하더군요. 혹은 빨간 펜으로 그 부분을 그어버린 뒤 'Dokdo, Korea'와 'JAPAN KILL'을 써넣기도 한대요. 저주의 글을 써넣는 것이지요. 통째로 페이지를 찢어 증거인멸을 해버리기도 하고요. 이 이야기는 반크에 올라와 있는 7천여 사연 중 하나입니다.

한국이 중국의 식민지?

　어느 미국 대학교를 방문했을 때 일이에요. 강당 꼭대기에 대형 포스터가 붙어 있었어요. 그런데 한국 부분에 청테이프가 붙어 있고 독도라고 쓰여 있는 거예요. 그걸 보는 순간 '이곳에 한국 유학생이 있었구나' 했죠.

언제부터인가 유학생들이 "반크 여러분, 동해가 일본해로 되어 있고, 독도가 다케시마로 되어 있는 책을 바로잡고 싶습니다. 제가 교과서 관계자를 설득하기 위해 편지를 쓰려고 하니 모범답안을 보내주세요" 하고 부탁을 하더군요. 그때 예전에 배웠던 바로 그 토익 문장을 펼쳤지요. 토익에는 이른바 클레임을 거는 문장이 있거든요. 클레임을 제기하는, 상대방을 설득하는, 자료를 제시하는, 바른 주장을 하는 토익 문장을 찾아서 다음과 같이 썼어요.

"안녕하세요, 미국 대학교 출판사 저자 여러분. 제 미국 친구가 한국의 위치와 문화를 잘 몰라 쉽게 설명하려고 당신 나라에서 제일 유명한 교과서를 폈습니다. 제가 본 미국 교과서에는 우리나라 동해를 일본해라고 표기하고 있고, 독도가 다케시마로 되어 있습니다. 교과서는 정확한 사실을 기반으로 제작해야 하기에 나라별로 사실을 확인해야 할 것입니다. 그런데 일본 의견만 반영되어 있습니다. 이처럼 왜곡된 교과서 탓에 한국인이 미국 친구와 교류할 때 많은 문제가 발생할 수 있습니다. 교과서의 출판 지침에는 '나라와 나라 사이의 벽을 허물고 세계인에게 우정을 나눌 수 있게 한다'라고 되어 있는데, 당신의 편견으로 교과서의 내용에 오류가 생기고 그 오류로 인해서 한국인과 미국인의 사이가 나빠진다면 심각한 문제가 아니겠습니까? 한국인으로서 이 부분에 대한 입장을 듣고 싶습니다."

외국인이 교과서를 통해 한국의 위치를 배우면 그다음에는 무엇을 배울까요? 역사를 배워요. 한국의 과거·현재·미래를 배웁니다. 그런데 교과서에 이렇게 쓰여 있는 거예요.

"China controled the peninsula the much of Korea history"(중국은 한국의 대부분을 지배했다).

"During th DANG Dynasty Korea once again became a colony of China"(당나라 때 한국은 다시 한 번 중국의 식민지가 되었다).

일제 강점기를 제외하고 한국이 다른 나라의 식민지였던 때가 있었나요? 그런데 당나라 때 '한 번 더' 식민지였다는 거예요. 이 말은 당나라 이전에도 식민지였던 때가 있었다는 거죠. 식민지colony라는 말이 네 번 나와요. 1910년에 마침내 이 식민지가 일본에 합병되었다고 나옵니다. 그리고 논술시험엔 이런 문제가 나와요.

"What effect did years of Chinese Domination have on Korea?"(중국의 지배·통치는 한국 문화에 어떤 영향을 끼쳤는가?)

일본이 중국의 식민지였던 한국 해방시켰다?

외국인이 한국 친구를 사귀면 제일 먼저 지구본을 봅니다. 내 친구가 어디에 있는지 확인하려는 거죠. 그런데 지구본에서 그들은 다케시마와 일본해를 봅니다. 그리고 역사책을 보면 한국은 줄곧 다른 나라의 식민지였고 일본에 합병된 게 오히려 다행인 나라라고 나오는 거예요.

우리는 일제 강점기 빼고는 식민지였던 적이 없다고 배웠는데 미국의 역사 교과서에는 다르게 나오니까 우리 유학생들이 놀라서 따진대요. 그러면 미국의 교사들은 "It's your point"(그건 네 생각이지)라고 일축해버린다는 거예요. 미국 교과서 중국사에는 "중국의 왕조별로 한

미국 교과서 중국사에는 "중국의 왕조별로
한국은 중국의 속국"이었다고 적혀 있어요.
우리나라를 방어하는 내용은 단 한 쪽밖에 없고요.

국은 중국의 속국"이었다고 적혀 있어요. 우리나라를 방어하는 내용은 단 한 쪽밖에 없고요. 정말 답답한 일이지요.

그래서 미국의 세계사 교과서 필자에게 제가 편지를 썼습니다. "당신이 한국 역사를 잘못 알고 있다. 조공 문화에 대해서도 오해하고 있다. 한국과 중국의 조공 문화는 강자에 맹목적으로 굴복해 따르는 것이 아니라 오늘날의 자유무역협정FTA처럼 상호 존중해주고 이해하는 교역 측면이 강하다. 당신은 몽골·청나라처럼 다양한 중국 왕조를 하나로 묶어 중국으로 표현했다. 이는 문제가 있다. 식민지라는 표현도 잘못된 것이다. 중국이 침략한 시점의 상황만 가지고 한국이 중국의 식민지였다고 표현하는 것은 옳지 않다. 그런 식으로 따지면 전 세계에서 식민지 아닌 국가가 있는가. 한국의 역사와 조공 문화에 대한 자료를 보내드리니 참고해달라."

이때부터 다른 나라의 교과서에 한국의 역사가 왜곡되어 실리는 데는 뭔가 보이지 않는 입김이 작용한 때문은 아닌가 의심이 들기 시작했습니다. 해외의 많은 교과서가 동해는 일본해로, 독도는 다케시마로, 심지어 울릉도를 시마네현 섬으로, 제주도를 일본 섬으로 표기하고 있어요. 많은 해외 교과서에서 동해를 일본해라고 표기하는 걸 방치하니까, 그 일본해 안에 있는 섬이 다케시마가 될 수밖에 없더라고요. 그래서 누군가가 오래전부터 시험문제 답을 '일본해'로 만들어놓았다는 것을 알 수 있었어요.

'한국은 과거부터 중국의 식민지였다.' 많은 해외 교과서에 쓰여 있는 내용입니다. 옥스퍼드 최신판 교과서에는 "3세기 때 한국은 다 중국 땅." "한나라 때 한국은 다 중국 땅"이라고 적혀 있습니다. 〈내셔널 지오그래픽〉에는 "한강 이북은 모두 중국 땅"으로 돼 있어요. 이렇게 된 원인이 무엇인지 조사했습니다. 일본이 한국을 점령한 당위성을 내세우기 위해 "중국의 식민지였던 한국을 해방시켜주었다"라는 논리를 퍼뜨린 겁니다. 이 논리를 전 세계에 수십 년 동안 퍼트린 사실을 알게 되었어요.

일본을 이기는 한국 젊은이들의 애국심

사실 왜곡된 역사 교과서 바로잡기는 정부가 해야 할 일입니다. 중국과 일본은 국가 홍보비로 수조 원을 씁니다. 이러니 한국은 도저히 상대가 될 수 없죠. 청와대나 외교부에 문제를 제기하는 사람조차 제보를 해봐야 바뀌지 않으리라고 생각하더군요. 왜냐하면 일본해·다케시마라고 적은 데가 백만 개가 넘으니까요. 이렇게 많으니 한두 부처가 해결할 수 없다는 걸 다 아는 거지요. 해외 웹사이트에서 '일본해'라고 치면 교과서 부분에서 백만여 개가 떴거든요. 그때 저도 이 문제는 정부가 해결해야 할 일인데, 과연 정부가 백만 개를 다 고칠 수 있을까 싶더군요. 일본이 70~80년 동안 작업한 결과를 제 편지가 바로잡을 수 있을까 의구심이 들기도 했습니다. 그런데 제가 받은 답장이 그 답을 주었어요. 그 답장은 지금도 제 가슴에 박혀 있습니다. 지금 읽어드릴게요.

"친애하는 박기태 씨, 당신이 보낸 편지를 바탕으로 우리 교과서를 찾아보니 우리가 관용적으로 일본의 표기를 써왔더군요. 관용적으로 한국은 '중국의 역사'인 것처럼 써왔더군요. 당신이 건의한 내용을 바탕으로 학자의 양심에 따라 회의를 했습니다. 그 결과 우리가 정말 잘못했다는 사실을 알게 되었습니다. 우리가 발행한 모든 출판물을 시정하겠습니다."

제가 쓴 편지에 대한 답변을 사이트에 올렸어요. 그리고 회원들에게 요청했습니다. 펜팔 하는 학생들에게 '네 세계사 책의 필자가 누구냐'라고 확인한 다음 제 편지를 그 필자들에게 똑같이 보내게 했어요. 그래서 교과서를 펴내는 1천여 출판사와 세계지도를 제작하는 1천여 회사에 편지를 보냈죠. 이렇게 해서 많은 교과서의 잘못된 내용을 수정하는 기적을 이루었어요. 많은 사람이 이렇게 말해요. "어떻게 미국 CIA를 바꾸었는가." "어떻게 〈내셔널 지오그래픽〉을 바꾸었는가."

CIA에는 이렇게 되어 있었어요. "한국은 1천 년간만 독립국이었다." 이 말의 의미는 1천 년 전에는 독립국이 아니었다는 것이지요. 즉 중국의 식민지였다는 의미입니다. 지금은 이렇게 바뀌었어요. "한국은 수천 년 동안 독립국이다." 그리고 〈내셔널 지오그래픽〉, 야후, 아이익스플로러 등 유명 역사 포털 사이트에는 "한국사는 668년부터 시작되었다"라고 적혀 있었는데 지금은 "한국은 668년 문화적 통합을 이루었다"라고 바뀌었어요. 학생들이 수업 때 배웠던 역사 지식을 가지고 바꾼 거예요. 인도에서도 SEA OF JAPAN이 동해로 바뀌었어요. 다케시마도 독도로 변경됐고요. MS 사이트, 야후도 바꿨어요. 캐나다 외교부 사이트, 세계보건기구WHO, 영국 더 돌링 카인더슬리 출판사의 교과서와 웹사이트도 수정했어요.

　더 돌링 카인더슬리 출판사는 반크 회원인 김유리 양(고등학교 3학년)에게 다음과 같은 편지를 보냈어요.

"친애하는 유리 학생, 당신이 보낸 편지 잘 받아보았습니다. 확인해보니 우리 교과서에 문제가 있더군요. 일본해는 잘못된 표기이고, 역사 부분도 틀렸습니다. 당신 말을 듣고 회의한 결과 당신 말이 옳다고 판단했습니다. 모든 교과서를 바꾸겠습니다. 당신의 열정이 우리가 진실을 찾는 데 큰 도움이 되었습니다. 더욱 열심히 활동해주세요."

　홈페이지를 보니 이 출판사에서 발행하는 교과서 숫자가 4천만 권이에요. 2년 후에 이들이 발행하는 모든 교과서에 동해가 들어가게 된 거예요. 고3 학생이 교과서를 바꾼 거죠.
　미국 최대 출판사도 변화가 있었어요. 이 회사 홈페이지에 이런 내용이 실린 거예요.

"한국의 '반크'라는 단체에 있는 청소년들이 전 세계에 한국을 홍보하고 있다. 그 활동 중에 하나가 펜팔 친구가 보는 교과서 지도에 표기된 일본해를 동해로 바꾸는 것인데, 그들의 주장이 서서히 효과를 발휘해서 세계의 주요 교과서와 출판사와 잡지사에서 일본해라는 표기 관행

'정부가 수백억 원을 들여서도 하지 못했던 일을 일개 펜팔 사이트의 청소년들이 해냈다. 청소년들이 해외 학자들을 설득했다. 다윗이 거대한 골리앗을 쓰러트렸다.'

을 깨고 동해라고 함께 쓰고 있다. 그들의 주장이 일본보다 더 타당하고, 더 합리적이어서 지금 효과를 거두고 있고, 그들은 모든 주요 교과서를 다루고 있다. 결국 한국과 일본 사이에 벌어진 전쟁의 최후 승자는 한국 젊은이들의 애국심이다."

2003년 처음으로 '반크'가 신문 전면에 소개되었어요. '정부가 수백억 원을 들여서도 하지 못했던 일을 일개 펜팔 사이트의 청소년들이 해냈다. 청소년들이 해외 학자들을 설득했다. 다윗이 거대한 골리앗을 쓰러트렸다.' 신문 사설 내용이에요. 많은 사람이 어떻게 해낸 것이냐며 비결을 물어와요. 저는 말하지요. "글쎄요, 평상시 배웠던 토익 실력 덕분이었어요."

반크는 21세기의 의병

이렇게 반크의 활동이 전 세계의 주목을 받게 되자 마침내 일본 정부도 긴장을 하더군요. 일본 정부가 홈페이지에서 이러는 거예요.

"세계인이여, 일본해를 동해로, 다케시마를 독도로 바꾸는 일을 중단하십시오. 당신은 어떤 단체에 현혹된 것입니다. 그 내용을 당신에게 반박할 수도 있습니다. 외무성에서 모든 나라의 교과서에 일본해로 표기된 것이 얼마나 되는지 조사했습니다. 지금 일본해가 97%이고 동해는 3%인데 이제 와서 바꿔버리면 혼란이 발생합니다. 혼란이 발생하지 않도록 교과서 내용 수정을 중단하십시오."

일본 외무성이 총동원됐어요. 그뿐만이 아니에요. 막강한 자금력을 무기로 썼지요. 교과서 내용을 수정한 나라의 경우 재수정하지 않으면 자신들이 낸 세계기금을 철회하겠다고 '협박'한 거예요.

하지만 이런 협박에 굴할 수는 없죠. 저는 이렇게 말했습니다. "일본은 말합니다. 전 세계 지도의 97%가 일본해로 표기하니까 포기하라고, 하지만 이 땅의 청년들은 말합니다. 3%가 동해니까 시작한다고. 그들은 가야 할 길이 없지만 우리는 지금부터가 시작입니다." 이 메시지가 학생들의 마음을 움직였나봐요. 수많은 학생이 자기 홈페이지를 통해 이 메시지를 퍼트렸죠. 그러자 KBS에서 연락이 왔어요. 2005년이었죠. 일본이 다케시마라고 우기고, 중국이 '동북공정東北工程'을 주장하자 많은 국민이 일본과 중국대사관 앞에서 항의할 때였어요. KBS가 '반크의 활동을 텔레비전 광고로 내보내서 반크의 가치를 알리고 싶다'는 거예요. 한 회 광고비가 1천만 원인데, 3개월간 해주겠다는 거예요. KBS 〈9시 뉴스〉 다음에 저희 CF가 나가는데, 그다음 프로가 뭐냐면, 〈불멸의 이순신〉이었어요.

〈불멸의 이순신〉에서 이순신 장군이 남해안으로 몰려오는 일본 함대를 보며 장수와 백성들에게 이렇게 말해요. "만약 일본군에게 뱃길을 빼앗기면 조선은 순식간에 함락당하고 조선군은 전멸당한다. 뱃길만은 반드시 지켜야 한다." 이 말을 21세기 버전으로 바꾸면 "뱃길을

16세기 조선의 의병은 나라를 위기에서 구한 진정한 영웅이었습니다. 반크가 바로 21세기 대한민국의 새로운 의병인 셈입니다.

빼앗기면, 즉 동해가 일본해가 되면 독도가 다케시마가 된다." 동해 안에 독도가 있고, 일본해 안에 다케시마가 있는 거잖아요. 5백 년 전에 그분이 그토록 지키고자 했던 조선의 바다를 오늘날 21세기 청년들이 동해와 독도란 이름으로 다시 지키고 있는 것이지요.

임진왜란 당시 일본군을 조총으로 무장시킨 도요토미 히데요시는 조총의 막강한 위력을 앞세워 조선과의 전쟁에서 완벽한 승리를 예상했지만 결국은 패배했습니다. 그 이유는 조선에 그가 전혀 예상하지 못한 변수가 있었기 때문입니다. 임진왜란 당시 도요토미 히데요시가 예상하지 못한 변수는 바로 의병이었습니다. 16세기 조선의 의병은 나라를 위기에서 구한 진정한 영웅이었습니다. 반크가 바로 21세기 대한민국의 새로운 의병인 셈입니다.

세계적인 학자와 최고의 전문가가 세계사에 대한 관점과 의미를 부여하는 외국 교과서에 한국은 그 시작부터 매우 부정적이고, 중국과 일본에 정복당해온 참담한 '노예의 역사'를 가진 나라로 소개되었습니다. 이는 일제 강점기 일본 정부가 5천 년 대한민국의 잠재력과 영향력을 축소하고, 이렇게 왜곡된 내용을 전 세계에 계획적으로, 치밀하게 전파해왔기 때문입니다. 따라서 반크를 통해 한국의 청년들이 각 나라 교과서와 세계지도에 노예의 역사로 기록된 한국의 역사를 수정하고 바로 알리는 것은 대한민국 청년의 역사적 자긍심을 일깨어주는 일입니다.

할머니 독지가부터 가수 김장훈까지

KBS에 나간 반크 광고를 보고 수많은 대학생으로부터 요청이 왔어요. "제가 이번에 프랑스에 가는데 반크 활동을 할 수 있도록 기회를 주십시오." "제가 이번에 미국에 가는데 일감을 주십시오." 어떻게 해요? 생각 끝에 '반크 지도'를 만들어 그들에게 주었습니다. '십부장'은 펜팔 친구 집에 지도를 붙일 사람, '백부장'은 백 명이 모이는 초등학교에 붙일 사람, '천부장'은 천 명이 모이는 대학교에 붙일 사람, '만부장'은 만 명이 모이는 대학 기숙사에 붙일 사람. 이렇게 선포하니까 1년 만에 유학생 9천 명이 신청했어요.

텔레비전 광고를 보고 일흔셋 되신 할머니가 연락을 하셨어요. 할머니가 동아일보 기자한테 제 전화번호를 들었대요. 당신이 젊었을 때 나라 빼앗겨서 슬펐는데 젊은이들의 활동을 알고 감동하셨다는 거예요. 아마 일본에 의해 한국말도 못 쓰고, 이름도 일본식 이름으로 창씨개명한 것이 가슴에 한이 되셨나 봐요. 막 우시더니 계좌번호를 알려달라고 하시는 거예요. 순간적으로 '이건 영화에서 봤던, 바로 그 독지가로구나. 내게도 거액의 기부금이 들어오겠구나' 했죠. 그 다음날 돈이 들어왔어요. 얼마였는지 아세요? 5만 원. 그 5만 원이 아무것도 아닌 것 같죠? 그 5만 원 이후에 우리 회원들이 후원비 3백만 원을 모았거든요. 그 5만 원을 보내주신 할머니의 한을 풀어드리기 위해서 처음 1판으로 지도를 찍었고, 그렇게 해서 몇 판씩 찍어 나갔습니다.

지도를 찍기 시작한 지 정확히 2년 뒤에 한 남자로부터 전화가 왔어요. "박 단장님이세요? 나 김장훈이에요." 저를 만나보고 싶대요. 지금 사무실 앞이라는 거예요. 그래서 "오세요" 했어요. '반크' 활동을 3년 전부터 지켜봤다더군요. 정말 신기하더래요. 자기도 열 받아서 무대에서 "고이즈미 총리 물러가라!"고 했는데, 청소년들이 일본해·다케시마를 동해·독도로 바꾸니 황당했다더군요. 너무 신기해서 저를 만나러 온 거예요. 그러더니 소원이 뭐냐고 묻더군요. "그동안 '반크' 회원이 했던 일은 제한적인 부분이에요. 엄청나게 몰려오는 대학생에게 줄 홍보물이 없어요. 우리가 지도 말고도 많은 걸 만들어서 해외로 나가는 분들에게 마음껏 주고 싶어요"라고 했어요. 그러자 김장훈 씨가 당장 1억 원을 주겠다고 하더라고요.

바로 1억 원을 선뜻 내주시더니 1년 뒤에 또 1억 원, 또 1년 뒤에 1억 원을 주셨어요. 반크는 이런 식으로 해외로 나가는 유학생 1만 명에게 한국홍보물을 지원했죠. 한 명에게 줄 홍보물을 만드는 데 3만 원 정도 듭니다. 앞으로 우리는 천만 명을 상대로 하고 싶다고 말했어요. 그러자 김장훈 씨가 책임을 지겠다고 하시더라고요. 자기는 홍보대사라는 걸 안 하는 사람인데, 천만 명을 모으려면 사람이 필요하잖아요. 자기가 공연 때 무대에서 '반크'를 홍보할 수 있도록 자기를 홍보대사로 임명해달라는 거예요. 그렇게 홍보대사가 된 김장훈 씨는 공연 때마다 "앙코르 송을 들으려면 '반크'에 가입하라"고 외쳤어요.

바다를 썩지 않게 하는 3%의 염분

올해 초에 외교통상부에서 이런 발표를 했습니다. "10년 전에는 동해라는 표기가 3%에 불과했는데 23%로 늘었다." 일본 외무성도 발표했어요. "3%였던 동해 표기가 18%나 됐다." 도저히 불가능해 보이는 일이 이루어진 것이지요. 사실 '다윗과 골리앗'의 싸움이었어요. 다윗이 썼던 무기가 평상시 자기 양을 지키던 돌이었던 것처럼, 이 나라 청소년들에게는 짧은 영어 실력과 열정이 무기였지요. 그리고 그 작은 무기가 지구촌을 바꿀 수 있는 어마어마한 힘을 가지고 있다는 사실을 알게 되었죠.

저는 생각했어요. '혹시, 내 인생에서 또 다른 97%가 뭐였을까?' 처음에 제게 그 97%는 취업 문제였고, 미래에 대한 불확실성이었어요. 그런데 처음의 97%에서만 보았을 때는 골리앗에 깔려 죽을 거라고 생각했는데, 저한테는 3%의 가치가 있잖아요. 제가 '급'이 안 되니까 제게 올 수 있는 사람은 어린 청소년이었고요. 97%라는 어마어마한 가치에 치여 살아서, 97%만 쳐다봤으면 오늘날과 같은 결과는 없었을 거예요. 3%. 제 앞에 있는 작은 기회가 제게는 정말 중요하다는 것을 알았어요. 열심히 바꾸고 창출하니까 어마어마하게 큰 기회로 온다는 것을 알았어요.

많은 분이 말씀하세요. "혹시 당신은 극단적인 민족주의자 아니냐?" 그런데 잘 보세요. 동해 바닷물이 흘러서 어디로 가요? 바다를 돌죠. 바닷물을 썩지 않게 하는 염분 양이 3%래요. 제가 외국인을 만났을 때 한국만 홍보하면 되겠어요? 안 되지요. 저도 모르는 사이에 각 나라의 역사와 문화를 알게 되었고, 독도 문제에 관심이 있으면 있을수록 그 나라의 분쟁과 아픔에 대해서도 알아야 했어요. 언제부터인지 정확히는 모르지만 빈곤 문제, 남미 문제 등 여러 국제 문제에 대해 각 나라의 주요 대학교에 편지를 보내기 시작했어요. 지구 온난화와 빈곤 문제에 관심이 있는 전 세계 청소년·대학생을 찾아서 똑같이 편지를 보내고 답변을 받고 토론을 하면 언젠가 제가 교류하는 수많은 외국인 중 몇몇은 성인이 되어 세계를 바꿀 수 있지 않을까 생각합니다.

2010년 여름 미국 대사관에서 전화가 왔어요. 미국 대사관 프로그램 중에서 그 나라를 대표하는 사람을 뽑아서 3주 동안 전 세계 글로벌 리더들과 만나게 해주는 프로그램이 있대요. 무려 3천만 원을 들여서 보내주는 거예요. 한국 대표로 저를 선택했다며 미국의 주요 정치인·경제인·사회인·문화인을 만나게 해주겠다고 연락이 온 거예요. 3주간 공짜로 다른 나라에서 연수 받아보기는 처음입니다. 예전에 그토록 가고 싶었던 연수 기회가 그것도 최고의 혜택으로 생긴 것이지요. 청소년한테 봉사했던 것이 씨앗이 되어서 돈 한 푼도 안 들이고, 미국 정부에서 반드시 만나야 할 사람, 굵직굵직한 정부 기관장과 단체장을 만나게 됐어요.

미국 대사관이 주최한 그 프로그램에 참가한 사람은 대부분 고위 인사가 오면 친해지려고 하는데 저는 소심해서 맨 뒤에 조용히 앉아 있었어요. 누가 옆에 앉아 있더군요. 사십대 여성분이었는데, 어디서 왔냐고 묻기에 "I am from Korea"라고 했더니 그분이 한국에 관심이 많다는 거예요. 그래서 제가 30분간 펜팔 했던 실력을 가지고 열심히 사근사근 대화했어요. 나중에 그녀가 명함을 주는데, 시장이더군요.

그녀는 젊은이가 자기 나라를 사랑하는 모습을 보고 놀랐다며 이렇게 말했어요. "내가 당신을 통해서 한국의 힘을 봤고, 오늘 당신에게 받은 느낌을 잘 전파하겠다." 다음날 제 이메일로 그분의 편지가 왔더군요. "특별히 환대해주었고, '한국의 사랑스러운 기념품'을 선물로 주셔서 감사합니다. 오늘밤 글로벌 리더 환영행사에서 당신을 만난 것은 정말 멋진 일이었습니다. 당신은 정말 한국 최고의 대사입니다. 미국에서의 남은 일정 잘 보내세요."

한 고등학생이 인도에 가자마자 천 명을 모았어요. 자신을 한국의 '반크' 동아리 대표라고 한 거예요. 인도 학생 천 명을 모아서 프레젠테이션을 한 거죠. 강의도 하고 설명도 하고. 그리고 자기가 다니는 인도 학교에 있는 세계지도를 모두 동해와 독도로 표기된 지도로 교체하더군요. 또 호주의 한 학생은 시험문제 답을 '동해'로 적어서 틀리자 선생님을 설득했어요. 선생님으로부터 "앞으로는 동해도 맞게 해줄게"라는 답을 받은 당찬 친구예요. 이 학생이 글을 올렸어요. "지금까지는 이 학교에서 (다케시마, 일본해로 돼 있는) 책을 찢거나 낙서했는데, 내가 바로잡았으므로 책을 찢는 일이 없을 것이다. 나는 적어도 반크에서는 한국을 바꾼 사람이고, 이 학교를 바꾼 사람이다." 저는 이 학생에게 박수를 쳤어요.

아시아·아프리카 교과서에는 한국이 거의 안 나오잖아요. 중국은 30페이지, 일본 20페이지, 한국은 1페이지……. 그런데 여기에 나가 있는 한국 대학생들은 이를 원망하지 않아요. 자기가 반크로부터 책을 받아 활용해요. 우리가 이런 홍보물을 수억 원어치 만들어 외국에 나가는 학생들에게 배포하고 있어요. 그러다 보니 학생들이 바뀌어요.

동해라고 표기하는 세계지도가 3%였어요.
이 작은 숫자 3%는 지구촌 바닷물을 썩지 않게 하는
염분 농도와 같습니다. 작은 가치가 모이면, 그리고
끝없는 노력과 무한한 열정을 가지고 나아간다면 어느새
100%가 되어 있을 것입니다.

'학교에서 인정해주지는 않지만 내 실력 가지고도 뭔가 해낼 수 있구나.' 본인 스스로 뭔가 바꿀 수 있다는 것을 알아가요. 누가 시키지도 않았는데.

동해라고 표기하는 세계지도가 3%였어요. 보기에도 듣기에도 너무나도 작은 숫자입니다. 하지만 이 작은 숫자 3%는 지구촌 바닷물을 썩지 않게 하는 염분 농도와 같습니다. 바닷물을 썩지 않게 하는 염분의 양이 3%입니다. 3%의 염분이 97%의 바닷물을 썩지 않게 하듯이, 3%라는 작은 가치가 모이면, 그리고 끝없는 노력과 무한한 열정을 가지고 나아간다면 어느새 100%가 되어 있을 것입니다. 세계 교과서 속에서 한국의 위상이 지금은 3%와 같습니다. 하지만 언젠가는 전 세계 교과서 속에 찬밥이었던 한국이, 변방에 불과했던 한국이 찬란하게 바뀔 것입니다. 지구촌 곳곳에서 한국을 배우기 위한 열풍이 불 것이라고 전 믿습니다. 한국인은 세계에서 가장 사랑받는 지구촌 시민이 될 것임을 확신합니다. 10년 전에는 전 세계 지도 중 3%에만 동해라고 표기되어 있었지만, 수많은 한국 청년의 노력으로 지금은 28%로 늘어난 것을 보았기 때문입니다. 결국 살아 있는 '3% 한국 청년의 꿈'이 세상을 바꾼 것입니다.

꿈을 꾸는 젊은이들을 위하여

10년 동안의 제 삶은 엄밀히 말하면, 작은 것에 바친 삶 같아요. 이제는 한 개인에게 세계를 바꿀 수 있는 많은 기회가 주어지는 시대예요. 우리가 대기업이 요구하는 스펙을 갖춰 그 기업에 들어가야만 행복할까요? 저는 남들이 가진 그 화려한 스펙은 없지만, 저를 인정해주는 사람을 위해 10년 동안 봉사했어요. 최근 들어서는 청와대에서 대통령과 함께하는 점심식사에도 초대받았어요. '반크'가 대통령 표창을 네 번 받았어요. 정치·사회·외교·문화 네 분야에서 받았죠. 최근에 저는 한국을 움직이는 100인, 한국의 미래를 밝히는 31인에 들었어요. 제가 한 일은 중학생이 펜팔 하는 거 열심히 도와주고, 편지 교정해주고, 한국을 홍보하고 싶어 하는 학생에게 자료 만들어준 것뿐이에요. 이런 작은 노력으로 학생들과 함께 세계를 바꿀 수 있었고요. 제가 외교 분야에서 이룬 것처럼, 여러분의 자녀도 정치·경제·사회·문화 분야에서 보이지 않는 길을 터, 세계를 바꾸는 사람이 되기를 소망합니다.

주상완 (주)씨앤엠 로보틱스 대표

뜻이 없으면 '루저'
뜻이 있으면 '위너'

루저의 선택

'중소기업은 더 이상 '루저'들의 선택지가 아니다'라는 주제로 강연을 하게 되었습니다. 그래서, 요새 젊은이들 사이에 '루저'라는 단어가 유행하는 걸 알았습니다. 우리 때는 쓰지 않던 말인데, 사실은 저도 '루저'였던지라 '루저'라는 단어를 입에 올리고 싶지 않네요.

제가 운영하는 회사 이름이 'C&M Robotics Co., Ltd.'라고 하는데, C와 M은 각각 classic과 modern의 약자입니다. 좀 웃기는 이야기지만 사실은 '온고지신溫故知新'을 'C&M'이라고 억지로 붙였습니다. 왜 이걸 붙였냐면 제가 2000년에 일본 유학생활을 마치고 귀국해보니 모두들 'IT' '게임' '인터넷' 얘기만 하더군요. 전통 제조업에 종사하던 분들도 모두 문 닫고, 투자 받아서 'IT' 쪽에 뛰어든다고 할 때였습니다. 이건 아니다, 싶더군요. 왜냐하면 'IT'가 머리가 될 수 있을지는 몰라도 다리가 허약하면 어떻게 되겠습니까? 전통 제조업 분야에서 더 발전시켜야 할 것이 많은데 말이죠. 그래서, 회사 이름을 온고지신,

'C&M'이라고 붙였습니다. 원래는 'C&M Technology'로 시작했는데, 몇 년 뒤에 법인화하는 과정에서(이미 테크놀로지는 있더라고요), 직원들이 로봇도 붙이자고 해서 그렇게 됐습니다.

'루저'라는 말이 왜 나오겠습니까. 탐욕스럽기 때문에 나오는 말입니다. 누가 '루저'고 누가 '위너'입니까. 무엇 때문에 '루저'이고 무엇 때문에 '위너'일까요. 참 서글픈 이야기지요. 저희 회사는 어디 가서 절대 로비하지 않습니다. 얻어먹지도 않습니다. 우리 사회가 그랬으면 좋겠습니다.

가난 때문에 선택한 학교

어렸을 때 우리 집은 무척 가난했습니다. 그래서 학비가 없는 금오공고로 갔죠. 경북 구미에 있습니다. 한일협정 뒤 김종필 총리 때 일본 차관을 받아 세운 학교입니다. 당시엔 굉장히 투자를 많이 한 학교인데, 거기서 3년을 지냈습니다. 옛날엔 지금과 달라서 꼭 군대 같았어요. 저희는 반‡군인이나 다름없었습니다. 육사생도가 와서 구경하고 갔던 곳이니까요. 열여서일곱 나이에 그렇게 엄격한 울타리 안에서 생활했습니다. 동산에 올라가면 경부고속도로가 보였죠.

매일 아침에 일어나 점호 받고 바로 기능훈련을 했습니다. 기계 앞에서 도면을 보고 각종 부품을 만듭니다. 동기들과 함께 학교 가꾸는 공사도 하면서 훈련했는데, 참 눈물을 많이 흘렸던 곳입니다. 고등학교 시절 내내 그렇게 기계 앞에서 살았습니다. 아침 8시 반에 나가면 밤 10시나 돼야 기숙사로 돌아올 수 있었죠. 그렇게 훈련해서 기능올

고등학교 시절 내내 기계 앞에서 살았습니다.
아침 8시 반에 나가면 밤 10시나 돼야
기숙사로 돌아올 수 있었죠. 그렇게 훈련해서
기능올림픽에 나가 메달을 땄습니다.

림픽에 나가 메달을 땄습니다.

사실 우리는 군대가 면제되는 걸로 알고 학교에 들어갔습니다. 대학에 바로 진학시켜서 국가의 동력으로 키운다는 말만 믿었는데, 어느 틈에 청와대 방침이 바뀌어서 '군대를 현대화해야겠다'는 거였습니다. 그래서 군 현대화의 첨병으로 우리는 모두 하사관으로 가야 했어요. 열여덟에 하사관으로 갔으니 형님뻘 되는 사병을 지휘해야 했죠. 군에서 다들 힘들 수밖에 없었습니다.

데모와 군사훈련으로 보낸 대학 시절

앞길이 빤하지 않습니까. 친구들은 예비고사 보고 어디 간다, 어디 간다 하는데 바로 군대에 가야 하니까. 군대 하사관 5년, '주어진 현실에 최선을 다한다'는 생각으로 열심히 해서 메달을 땄더니 대학에 보내줬어요. 서울대학교, 경북대학교, 충남대학교, 세 곳 중 한 곳을 택하라더군요. 서울대는 성적이 안 돼서 못 들어갈 것 같아 포기했고, 경상도 찬바람을 맞으며 고생을 많이 했기에 충청도로 갔죠.

고등학교 때 기능훈련하고, 군사훈련 받고, 단체생활하고, 학교 봉사하고 이런 거 하다 보니까 배운 게 없죠. 미적분이라는 말을 고등학교 3학년 여름방학 때 처음 들었어요. 독학이라도 하겠다며 친구들이 〈수학정석〉이나 〈해법수학〉을 보고 있더라고요. "이게 뭐냐?" 했더니 "이런 게 있어" 하면서 보여주더라고요. 그저 그런 게 있나 보다 하면서 졸업을 했습니다.

대학에서도 집안 형편이 어려워 방황을 많이 했어요. 대학에 들어가자마자 부모님이 지병으로 돌아가셨어요. 의지할 데 없이 친구와 함께 오래 자취생활을 했죠. 4층 옥탑방이었습니다. 어떤 독지가께서 '방을 줄 테니 여기서 살라'고 하셔서 옥탑방에서 3년간 살면서 ROTC를 했죠. 국가의 돈으로 공부했으니 ROTC로 장기 봉사하라는 거였어요. 국가의 돈을 받으면 공짜가 없습니다. 앞으로는 국가의 돈은 결코 받지 않으리라고 생각했었습니다. 배로 물어줘야 하니까요. 물론 어렸을 때 생각이지 지금은 감사하게 여기고 있습니다.

대학교 때는 연중 데모였죠. 5공화국, 전두환 정권 때였거든요. 살벌한 시기였죠. 과외 아르바이트도 못했어요. 했다 하면 그 집안 모두가 세무조사를 받았죠. 돈 있는 사람만 공부하냐, 뭐 이런 취지로 밀어붙인 건데 방법이 문제였죠. 무력으로 했으니까요. 과외 아르바이트조차 못하니 학교 다니는 내내 쪼들렸죠. 학교에 탱크가 들어와 1년 동안 문 닫았을 때 ROTC는 군복 입고 매일 훈련만 했어요. 여차하면 투입될 수도 있으니까. 하여튼 군복 입고도 열심히 생활했습니다. 군복 입은 시간만 10년입니다. 청춘을 군복만 입고 보낸 셈이죠.

군에 가니까 장교라고 자기 방을 주더라고요. 그때 책상 앞에서 오래 앉아 있는 훈련을 했습니다. 퇴근하고 책상 앞에 앉아서 이해를 못하더라도 책을 보는 거예요. 처음엔 한 시간도 못 버텼어요. 처음 임관을 하니 5년을 어떻게 보낼까 두렵더라고요. 부하를 거느려야 하는데 잘할 수 있을까 걱정을 많이 했지요. 군 생활 하면서 원형탈모증에 위궤양에, 고생을 많이 했습니다. 같이 임관했던 동료 가운데는 사고나 혹은 스스로 목숨을 끊어 유명을 달리한 친구도 꽤 있습니다. 저도 죽을 뻔했어요. 헬기 타고 대전에 가는 도중 상공에서 기름이 새 유압이 떨어지는 거예요. 추락 일보 직전에 다행히 목적지에 착륙해 살았습니다. 전역신고하고 나오는데 지난 세월이 주마등처럼 떠올라 10여 분간 정문에서 부대를 뒤돌아보다가 왔습니다. 나라 돈 받은 죄로 5년을 고생했으니까요.

대우중공업 대신 선택한 교직의 길

사회에 나왔더니 또 막막하죠. 준비된 게 없으니까요. 남들처럼 정규 코스를 밟은 것도 아니고, 또 집안이 좋아서 누가 이끌어주는 것도 아니고, 뭐든지 홀로 해야 했죠. 사실 대학 4학년 때 미리 취업을 했었어요. 9월쯤에 대기업 신입사원 공채모집이 신문에 났었거든요. 대우그룹 공채 75기로 합격했습니다. 군에 갈 때 휴직계를 내고 제대할 때 취직해야겠다고 마음먹었는데 발령지가 대우중공업인 겁니다. 대우중공업 역시 반 군대였습니다. 왜냐하면 장갑차, 탱크, 선박, 소총을 만드니까요. 군화 신고 작업을 해요. 군대라면 이가 갈리지 않았겠습니까. 마침 교사자격증이 있어서 대우중공업 대신 교직을 선택하려는데, 그 과정에서 제가 크게 반성을 하게 되었습니다.

군대 갈 때만 해도 교사가 될 거라는 생각은 꿈에도 없었어요. 여러

가지 서류를 갖춰놨어야 했는데 소홀히 했죠. 대우그룹 입사가 결정된 뒤 4학년 2학기엔 아예 학교를 안 나갔죠. 대신 대우에 가서 근무를 했어요. 월급 받는 재미에. 졸업할 때 난리가 났어요. 졸업식장에 갔는데 지도교수가 노발대발하고 저를 안 보려고 하시더라고요. 왜냐하면 저 때문에 행정 처리가 잘 되지 않았던 거예요.

나중에 제대하고 교편을 잡으려는데 그게 다시 문제가 됐어요. 서류가 하나도 없잖아요. 눈앞이 아득해 학교에 연락을 해봤죠. 그랬더니 조교 한 분이 5년 동안 제 모든 서류를 보관하고 계셨던 거예요. 제 이름도 다 기억하고. 그래서 제가 반성을 많이 했습니다. 인생을 그저 편한 대로 대충대충 살아선 안 되겠다, 겸손해야 하고, 어디 가든지 내가 할 도리를 다해야겠다고 스스로 다짐을 했습니다.

그렇게 겨우겨우 발령을 받은 곳이 서울직업학교라고, 앞에서 말한 이른바 '루저'들이 모이는 학교입니다(그 학생들에게는 미안하지만). 당시엔 고등학교 직업반이나 인문계 부적응 학생들이 주로 다녔습니다. 그런 학생을 제가 가르쳤어요. 교사는 대개 2~3년마다 학교를 옮기는데, 저는 첫 발령지가 그곳이었고 3년을 근무했습니다. 기계와 설계를 가르쳐 취업을 도왔죠. 용산에 학생들 취업시키러 자주 왔다갔다했습니다. 중소기업 가서 '우리 학생인데 이런이런 일 할 수 있습니다' 해서 취업시킨 학생들이 많이 있어요.

교편을 잡으면서 갈등이 좀 있었습니다. 내가 교사로서 자격이 있는가? 어려서부터 사랑을 받지 못하고 자라서 그런지 아이들을 사랑으로 가르친다거나 사랑을 베푸는 일에 미숙했어요. 그러던 어느 날 학생부장님께서 부르시더니 "주 선생 이제 어떻게 할 거야?"라고 물으시

교편을 잡으면서 갈등이 좀 있었습니다.
내가 교사로서 자격이 있는가? 어려서부터 사랑을
받지 못하고 자라서 그런지 아이들을 사랑으로
가르친다거나 사랑을 베푸는 일에 미숙했어요.

는 겁니다. 교단에 들어오면 5년 안에 인생의 진로를 결정해야 한다고 말씀하시더라고요. 그때, 대학시절 우연한 계기로 '서른다섯 살까지 공부할 수 있는 기회가 오면 공부하는 길로 가겠다'라고 결심했던 일이 생각났어요.

  2년째 되는 해부터 대학원에 갈까 고민하다가 유학을 생각하게 됐어요. 알아보니 일본 문부성 장학생이 제일 조건이 좋더라고요. 그때 당시 한 달에 18만 5천 엔이 나왔어요. 대기업 수준의 월급 나오고 집도 주고 또 교통비도 주고 일 년에 한 번씩 비행기표도 주고 신분보장도 해주고. 한 1년 반 정도 과사무실에서 숙식하며 공부해서 문부성 장학생 선발시험에 합격했습니다.

평생 해야 할 공부를 5년 만에 해치우다

  일본 오사카 대학에서 공부하게 되었습니다. 그때 처음으로 비행기도 타봤습니다. 제 친구들이 농담 반 진담 반으로 '임마 너 같은 놈이 무슨 유학이냐' 하고 놀리기도 했죠. 그런데 가슴에 와 닿더라고요. 금오공고가 제 인생의 첫 번째 전환점이 됐는데, 일본 오사카에 가니까 절벽 앞에 서 있는 것 같더라고요. 막막했죠. 당시엔 로봇공학이나 첨단공학을 배워야겠다 생각하고 갔는데, 제어공학과에 들어갔거든요. 제어라는 게 어렵습니다. 수학이 난무하고 물리도 알아야 하고 전자도 알아야 하는데 미적분도 안 배운 친구가, 아시다시피 78학번 이후로는 데모의 연속 아닙니까. 진짜 배운 게 없었어요.

대학교 4학년 때 학교가 휴교에 들어갔을 때 '이래선 안 되겠다' 싶어 서울에 와서, 서울에 있는 대학생들이 보는 책을 다 샀어요. 서울대, 연대 구내서점에 가서 원서를 다 샀죠. 그렇게 무작정 읽었던 게 남아 있었던 모양이에요. 1982년에 대학을 졸업하고, 1990년에 일본에 갔으니까 8년이 지난 셈이었는데도 그때 공부했던 게 힘이 되더라고요. 절벽 앞에서 옛날에 기능훈련하면서, 그리고 군대생활하면서 낙오하지 않았던 끈기와 장학금을 받았다는 자존심으로 버텼어요. 축구를 하더라도 일본한테는 질 수 없다는 생각으로 임하잖아요. 일본 학생들에게 뒤지지 않겠다고 다짐했어요.

'새벽별 보기 5년'을 했습니다. 20여 년간 단계별로 해야 할 공부를 몇 년 동안 몰아서 했습니다. 이야기가 샙니다만 학부모님께 너무 조급하게 생각하실 것 없다는 말씀을 드리고 싶어요. 인생을 길게 놓고 보면 대기만성하는 학생이 많으니까요.

기능올림픽 금메달리스트의 자존심으로 버틴 유학생활

제어공학과에서 로봇을 연구해야 하고 논문도 써야 하고 졸업도 해야 하니까 바빴죠. 교수가 안 도와줘요. 한국에서 온 데다 똑똑하니까 네가 알아서 해보라는 거지요. 그런데 그게 되겠습니까. 실험기기

제 손으로 다 설계하고, 제가 직접 깎아 조립해
측정하고, 프로그램도 제가 다 만들고 하면서 논문을
썼습니다. 고등학교에서 배운 기능으로 일본의
괜찮은 대학에서 큰소리치면서 공부할 수 있었어요.

도 모르고, 다들 프로그램 짜서 제어하고 조정하고 하는데, 저는 MS-DOS도 모르고, C가 뭐 어떻게 되는지도 모르잖아요. 그래서 서점에 가서 책을 열댓 권 사서 보기 시작했어요. 독학을 한 거죠. 저는 독학하는 운명인 것 같아요. 새로운 실험을 많이 했습니다. 제 손으로 다 설계하고, 제가 직접 깎아 조립해 측정하고, 프로그램도 제가 다 만들고 하면서 논문을 썼습니다. 그런데 이게 대학교에서 배운 실력이겠습니까, 대학원 실력이겠습니까. 다 고등학교 때 실력입니다. 고등학교에서 배운 기능으로 일본의 괜찮은 대학에서 큰소리치면서 공부할 수 있었어요.

제가 어떤 테마를 잡으면 "그거 돈 많이 드는데" "그거 어떻게 만들어야 하지?"라고 교수가 물어요. 학교에 공작센터가 있어서 학생이 고안한 것을 10명 정도의 기술자가 만들어줬어요. 그걸 기다리자면 6개월 정도 걸리고 돈도 많이 들었죠. 그런데 저는 그걸 제가 설계하고 직접 깎았어요. 고등학교 졸업하고 10년이 훨씬 넘었잖아요. 그런데 기능은 세포가, 피부가, 근육이 기억하고 있어요. 바로 똑같이 할 수 있어요. 기능올림픽에서 금메달 딴 실력이 나오더라고요.

공작센터에 가서 '이 기계 쓰겠소' 신청을 하고, 깎아서 만드니까 전문기사들이 처음엔 걱정을 하더라고요. '저놈이 기계 부수는 거 아닌가' 하고. 지금은 많이 달라졌지만 그때만 해도 한국에서 왔다고 하면, 지금 우리나라로 치면 방글라데시나 말레이시아에서 온 사람 취급을 했어요. 기계를 잘 안 내주려고 해요. 그런데 손 놀리는 걸 보니 다르거든요. 그러다 친해졌어요. 자기들이 쓰는 전용 측정기, 전용 공구, 비싼 것도 갖고 오는 거예요. '이것 써봐라, 저것 써봐라.' 그래서 전 제 마음대로 공작센터에 있는 기계를 다 써봤어요. 그게 고등학생 때 실력(기능)이에요. 기능이 얼마나 중요한지 말하고 싶어요.

일본 대학에서 학생 지도하다 귀국 결심

오사카에서 공부하면서 이론의 중요성도, 연구하는 재미도 알게 되었습니다. 그리고 기능과 기계를 좀 아는 상태에서 '아, 이게 수학적 의미가 이렇고, 물리적으로 이렇게 되는구나' 하는 걸 알게 되니까 재미있었습니다. 박사과정 2년차 때 교수님이 "학위 받으면 어떻게 할 거야? 한국으로 갈 거야? 일본에서 취직할 거야?" 물으시더라고요. "글쎄요, 아직 생각해보지 않았는데요" 했더니. "야, 그러지 말고 나랑 같이 일하자"라고 하셨어요. 그렇게 교직 제의를 받았죠. 학위 도중에 제의를 받았어요. 기능 덕분이었어요. 연구실에 있는 30~40명의 학부·석사 과정 학생들의 연구를 많이 도와줬거든요. 도면 그리는 거라든지, 콘셉트를 잡을 때 메커니즘 스케치라든지. 그런 점 때문에 교수로서는 '아, 저런 친구 하나 있으면 좋겠다' 싶었겠죠.

일본은 한국과 달라서 교실제예요. 정교수가 있으면, 조교수, 조수라고 불리는 우리나라 전임강사급, 전문기사, 비서가 한 팀을 이뤄요.

그렇게 다섯 명이 한 팀을 이뤄서 예산을 받고 한 강의실을 운영합니다. 그 한 멤버로 남아서 일을 했는데, 계속 있었으면 외국인으로 조교수까지는 했겠죠. 국립대학에선 외국인을 정교수로 채용하는 경우는 극히 드무니까요. 진짜 세계적인 교수가 아니면 안 돼요. 계속 있었으면 조교수로 정년퇴임을 했을 텐데 저는 도중에 귀국했죠.

일본에서 배운 건 토론문화예요. 우리는 이야기하다 보면 쉽게 격앙되잖아요. 민감한 안건을 가지고 이야기하다 보면 서로 싸우다 볼 일 다 보기 일쑤죠. 저희 회사도 간혹 그런 일이 있습니다. 자존심 때문에 서로 큰소리가 오가는 경우를 몇 차례 겪고 나서는 항상 경청하고 말은 반으로 줄이려고 노력합니다. 일본에서 그랬습니다. 항상 상대방이 무슨 말을 하는지 먼저 듣고 배려하고.

기초과학부 전자공학과에 머리가 하얀 노교수가 계셨습니다. 〈아톰〉에 나오는 박사 있죠? 그분처럼 생겼는데, 전자공학과 함께 재료공학도 가르치신 분으로 참 박식하셨죠. 우주의 원리부터 산업계의 시스템에 이르기까지 막힘이 없는 분이셨어요. 정년이 코앞인데도 3~4학년 세미나실에 꼭 들어오세요. 뒤에 앉아서 노트 펴고 필기하고, 아이디어 적고, 코멘트를 해주십니다. 대학 3~4학년들은 전공을 잘 알지도 못하는데, 그걸 일일이 경청하고 적습니다. 거기서 자기 아이디어를 찾아내는 거죠. 학생이 만화 같은 되지도 않는 헛소리를 많이 해요. 그런데 교수님은 거기서 아이디어를 끄집어내서 연구 테마로 잡고 박사과정 학생에게 '너 이 테마 해볼래' 하고 제안하십니다. 저는 그걸 보면서 감동을 많이 받았어요. 저희 회사에서도 새로 들어온 신입사원들이 무슨 말을 하건 경청을 하려고 노력합니다.

그렇게 일본 학생들 지도하고 생활하면서 학생들과 친해지다 보니 가끔은 불고기 파티 해달라고 조르기도 해요. 하는 수 없이 아는 한국 분께 부탁해서 갈비에 불고기에 채소 쌈까지 한보따리를 구해서는 연구실에서 불고기 파티를 하곤 했습니다. 학생 40명에다 여자친구들까지 합하면 한 60명 정도가 신나게 먹습니다. 그때만 해도 일본 사람들이 마늘 냄새에 기겁을 할 때인데도 잘만 먹더라고요. 그런 추억도 있었어요.

무작정 뛰어든 창업, 특허 내고 도요타에서 인정받아

지금도 그렇지만 그때도 제가 수학에는 약했어요. 그래서 학자로서 크게 되기는 어렵다고 생각했어요. 중간 정도는 할 수 있어도 새로운 이론을 만들어 세계적인 학자가 될 수는 없을 것 같았죠. 기술·산업계 쪽에 도전해보려고 귀국을 결심했습니다. 귀국하기 1년 전부터 한 대기업의 의뢰를 받아 한국에 연구소를 만들었어요. 제가 한 달에 한두 번씩 왔다갔다하면서 그 연구소를 봐줬죠. 그런데 외환위기가 닥치면서 그 대기업이 그만 연쇄부도로 쓰러진 거예요. 외국 생활에 지쳐 있던 터라 이참에 아예 창업을 하자는 생각으로 귀국했습니다.

지금이라면 결코 할 수 없는 일을 저지른 거죠. 그때만 해도 어떻게든 되겠지, 일본말로 '무대뽀'로 대책 없이 창업을 해버렸어요. 일본에서 저축한 돈이 좀 있었는데 한 달 지나니까 다 없어지더라고요. 등촌동에 창고 임대해서 거기서 기계를 설계해 만들었어요. 실전 경험은 전혀 없는 상태였죠. 고등학교 때 익힌 기능이 또 한 번 저를 도와주었습니다. 기능인을 '루저'라고 말하는 사람들에게 저는 말하고 싶어요. 결코 그렇지 않다고 말예요.

직원 몇 명 데리고 현대자동차·엘지연구소에 물건을 만들어 보내면서 '아, 내가 늪에 빠지기 시작하는구나. 도저히 빠져나올 수 없는 길을 가고 있구나' 겁이 나기 시작했죠. 하지만 일을 벌여놨으니 책임을 져야 했습니다. 창고로 시작했지만 지금은 벤처기업들이 모여 있는 곳에 본사와 연구실, 개발실을 갖추게 되었습니다. 내년에는 조금 더 안정되지 않을까 생각합니다. 지금은 제가 실무를 겸하지만 내년부터는 실무보다는 경영에 몰두하려고 합니다. 이제까지는 그냥 철공소 사장이었죠. 직접 일도 하고 현장도 뛰었는데, 내년부터는 좀 더 체계적이고 그럴듯한 조직력을 갖춰야겠다고 생각합니다.

올해까지 제가 딱 10년 일했는데, 6~7년 동안은 수업료를 지불했어요. 그렇다고 해서 적자를 본 것은 아닙니다. 한 번도 직원 월급 밀린 적 없으니까요. 제 인생의 소중한 시간이 들어간 거죠. 자랑스럽습니다. 어디서 펀드를 받은 것도 아니고, 벌어서 직원들 월급 주고 남는 돈으로 재투자하며 키워온 겁니다. 보기엔 화려하고 돈도 많이 벌 것 같지만 사실 고생길이죠. 친구들이 말렸어요. 괜한 고생하지 말라고.

7년째 되는 해부터 여유가 생겨서 우리 상표를 붙이는 제품을 만들었어요. 독창성을 중시해 '흉내를 안 낸다' '남의 것 카피하지 않는다' '남들이 못 하는 것을 하거나 세상에 하나밖에 없는 걸 한다'라는 원칙을 세웠습니다. 어떤 것을 개발할 때는 반드시 시장조사를 해서 가능성이 있으면 특허를 내고 일을 시작하죠. 특허가 없으면 금방 카피 당하고 도용되기 때문에 안 됩니다. 그러니까 영업력이 없고, 인맥이 없어도 저희가 먹고살 수 있는 것입니다. 돈은 안 되지만 비즈니스로서 가치가 있거나, 그렇지 않으면 방어에 필요한 영예로운 특허들이 있죠. 저는 요즘도 특허를 냅니다.

최근에는 우리 회사를 인정해주는 일본 중견기업에서 투자를 해서 일본에 50 대 50의 별도 합자회사를 만들기로 했습니다. 우리는 돈 한 푼도 안 냈습니다. 자기들이 사무실 마련하고 개발비 대고 우리 쪽에선 저와 직원 한두 명만 지원하면 됩니다. 여러분이 타시는 소나타, 그랜저, 산타페 등의 생산라인에 우리 회사 제품이 쓰여요. 국산차가 점점 좋아지는 데 우리 회사가 미약하게나마 공헌을 했습니다. 그런데 그걸 몰라줘요. 계속 가격을 깎으려고만 해요. 우리는 '이대론 안 되겠다' 생각해서 중국에든 일본에든 팔려고 준비합니다.

사실 우리 회사의 기술과 제품 중에는 세계에서 유일한 것도 있어요. 이 기술로 지금 자동차 생산에 일부 공헌하는 부분이 있거든요. 현대자동차 같은 데서 잘 몰라주고 가격을 깎아내리기에 급급한데 우리가 이걸 가지고 일본 도요타에 가서 세미나를 하면 칭찬을 많이 듣습니다. 임원들이 와서 '미국이나 독일 회사들 부르지 말고 문화도 비슷한 한국의 이런 회사와 같이 일하고 싶다'라고 해요. 왜냐하면 말도 통하고 문화도 비슷하고 기술력도 있으니까요. 우리 회사 제품이 이제 도요타에 들어가기 시작했어요. 많이는 아니고 조금씩. 적어도 도요타에 제품을 넣을 수 있으면 어디든 들어갈 수 있다고 생각합니다. 아까 말했듯 일본 합자회사와 힘을 합쳐서 일본 시장을 공략하고 일본에서 안정되면 중국도 공략할 생각으로 열심히 하고 있습니다.

일본에는 노벨상 수상자들이 많습니다. 저도 이런 인생을 살아야겠

전기공학과 출신이 노벨 화학상을 받았습니다.
그것도 학부를 졸업한 학력으로 말이죠. 일본 사람들은
이게 자기들의 힘이라고 자랑합니다. 우리나라에도
이런 분들이 많았으면 좋겠어요.

다는 생각을 합니다. 다나카 코우이치라고 노벨 화학상을 받은 분은 저와 동갑인데 토후쿠 대학 전기공학과를 나온 분입니다. 처음에 시마즈 제작소라는 중견기업에 연구원으로 들어갔어요. '생체고분자의 질량분석법을 위한 탈이온화법'이란 세계적으로 유명해진 실험방법을 개발했죠. 전기공학과 출신이 노벨 화학상을 받았습니다. 그것도 학부를 졸업한 학력으로 말이죠. 일본 사람들은 이게 자기들의 힘이라고 자랑합니다. 우리나라에도 이런 분들이 많았으면 좋겠어요. 한 분야의 정신적인 지주요, 거대한 등대가 되는 분. 여러분들이 많이 길러주셔야 합니다. 저도 일조하도록 노력하겠습니다.

불우한 학생들 위해 교육사업 꿈꿔

불혹의 나이라고 하지 않습니까? 사십대를 말하는데 제가 살아보니까 시대가 하도 변화무쌍해서 이젠 50 정도는 되어야 불혹이 되지 않을까 생각합니다. 저도 50을 지나면서 이제야 인생을 조금씩 돌아볼 수 있게 되는 것 같아요. 조금 두렵지만 오늘 이 시간은 여러분보다는 제자신을 위한 것이었습니다. 왜냐하면 회사도 차려 인생 3라운드를 시작했으니 이걸 어떻게 잘 마칠 수 있을지 이런 기회에 다시 한 번

> 제가 사업을 하게 된 동기 중 하나는 제 모교를 인수하고 싶어서였습니다. '5백억 원 정도면 인수할 수 있겠지'라고 생각했어요. 어렸을 때 저처럼 마음 놓고 배우지 못했던 사람들을 위해 멍석을 깔아보면 어떨까 하는 생각이었죠. 저는 나이 들어서는 돈 안 되는 연구도 많이 해보고 싶습니다.

점검해볼 수 있으니까요.

저는 교사로서의 소명의식이나 자질 같은 게 없었는데 제가 근무했던 작은 학교에는 '아, 이분은 진짜 선생님이다'라고 할 만한 분들이 있었습니다. 이런 분들이 아무런 지원도 못 받고 교육을 하려니까 안 되죠. 사실은 제가 사업을 하게 된 동기 중 하나는 제 모교를 인수하고 싶어서였습니다. '5백억 원 정도면 인수할 수 있겠지'라고 생각했어요. 어렸을 때 저처럼 마음 놓고 배우지 못했던 사람들을 위해 멍석을 깔아보면 어떨까 하는 생각이었죠. 제가 감히 입 밖으로 이런 이야기를 꺼내는 것은 스스로 다짐을 하기 위해서입니다. 혹시 압니까? 제가 할 수 있을지. 꼭 그 학교가 아니더라도 대안학교 같은 걸 열 수 있을지도 모르죠. 저보다 훨씬 잘 가르칠 수 있는 선생님들을 모셔서 훌륭한 교육을 펼 수 있는 그런 곳을 말입니다. 저는 나이 들어서는 돈 안 되는 연구도 많이 해보고 싶습니다. 감사합니다. 여기까지 하겠습니다.

≫ **중소기업 사장으로서의 고충이 있다면?**

사회자 사장님이 고등학교 때 고생한 경험이 일본에서 어렵게 유학생활을 하는 동안에 큰 힘이 된 것을 보고 '삶에서 참 버릴 것은 하나도 없다'는 생각을 하게 됩니다. 또한 사장님을 성공으로 이끈 것 가운데는 뚝심, 책상에 오래 앉아 있는 끈기, 버티고자 하는 의지가 가장 크지 않았나 싶습니다. 바람 불면 확 날아갈 듯 가녀리신데 말씀 들어보면 뚝심과 저력이 남다르십니다.

한두 가지 질문을 드리고 싶은데요. 우선 중소기업 사장님으로서의 삶에 대해서 묻고 싶습니다. 대기업과의 관계 속에서 중소기업은 늘 눌리면서 살아가기 마련인데 그러다 보면 중소기업 사장직을 내팽개쳐버리고 싶은 마음이 들 때도 있을 수 있고요. 특히 중소기업 운영을 선택하게 된 배경에는 돈을 벌어 모교를 매입해서 제대로 키워보고 싶은 마음이 있었잖습니까. 그런 목표를 정하고 그것을 달성하기 위한 도구로서 '내가 이 직업을 선택한다'라고 생각할 수 있겠죠. 하지만 그런 생각이 우리를 매 순간 끌고 가진 못하잖아요. 기업을 이끌고 나가실 때 주 사장님을 독려하고 더 나아가게 만드는 힘은 과연 무엇인가요? 첫 번째 질문입니다.

주상완 어떻게 보면 어려운 질문일 수 있습니다. 왜냐하면 현실과 이상과의 괴리를 부정할 수 없거든요. 당장 먹고살아야 하고 월급을 줘야 하고 빚을 갚아야 하는데, 이상적으로만 생각할 수 없는 부분이 많습니다. 그걸 위해선 직원과 경영진 간의 괴리를 줄일 수 있도록 이해가 필요합니다. 아까 말씀드렸다시피 서로 소통해야 합니다. 소통과 토론의 문화가 필요한데 그게 참 어렵습니다. 저부터도 그런 게 부족합니다. 그런 부분에 대해서 교육을 받지 못했죠. 무엇보다도 상대방을 배려하고 상대방 처지에서 이해할 수 있어야 하는데 그런 아량이 부족하기 때문에 문제가 많이 발생하더라고요.

≫ 문제는 항상 사람이죠

사실 기술 개발은 쉽습니다. 굉장히 쉽습니다. 파는 것도 쉽습니다. 제일 어려운 것은 사람의 문제입니다. 어떤 친구들은 '그건 돈 문제야. 돈 많이 줘봐. 그러면 다 하라는 대로 하고 안 잘리려고 노력하지'라고 하죠. 그러나 그건 아닌 것 같아요. 그래서 지금도 그 부분에서 시행착오를 많이 겪습니다. 아직도 배워야 할 것도 많다고 생각합니다. 다만 기계만 돌리고 살 수는 없는 거고 인간답게 살고 삶의 질을 높여서 더 가치 있는 그런 생활을 하는 것이 목적이 되어야 하기 때문에 어떻게 할 수 있을까 부단히 노력하고 있죠. 지금 당장은 부족한 게 많습니다만······.

사회자 특허를 많이 냈다고 하셨잖아요. 그 특허는 사장님이 아니라 직원들이 낸 아이디어를 개발해 회사 이름으로 낸 건가요?

주상완 현재는 거의 다 제 아이디어입니다.

사회자 그렇군요. 그러면 아이디어를 내고 특허를 얻고 그걸 적용해서 제품을 만들어내는 과정도 사실은 사장님의 삶에서 상당히 많은 부분을 차지하잖아요. 그 과정이 고통스럽지만은 않겠죠. 창의적인 생각을 한다는 것 자체가 어떤 면에서는 기쁨이 되기도 할 거고요. 그런 과정에서 느끼는 기쁨이라는 것이 사장님의 삶 전체에서 많은 비중을 차지하고 있지 않을까요? 어떻습니까?

≫ 창의적인 일을 하고 있다는 데서 만족을 느낍니다

주상완 물론 그렇습니다. 제가 군에서 제대한 이유도 군대는 창의적인 곳이 아니기 때문이었어요. 항상 똑같은 일을 반복하고 전시행정을 하기 때문에 창의적인 일을 할 수 없습니다. 제가 지금 하는 일은 상당히 창의적입니다. 내가 능력이 있기만 하면, 자금력과 인력만 확보되면 얼마든지 뜻을 펼칠 수 있어요.

사회자 두 번째 질문은요, 대부분의 우리 아이들이 창업을 통해 사장이 될 수도 있겠지만 많은 경우 창업하신 분들의 직장에 들어가서 일자리를 얻게 될 텐데요. 사장님께서 거느리신 직원의 삶의 만족도나 일을 통해 느끼는 행복은 월급만으로 결정되는 것은 아닐 거라 생각합니다. 직장의 문화에서 얻는 만족감이라든지 보람 같은 게 있을 텐데, 그건 어떻게 보시는지요?

주상완 시대와 사회의 분위기와 맞물리는 이야기인데요. 저희 회사가 나름대로 창의적인 일을 한다는 데에는 자부심을 갖고 있습니다. 그런데 사회 분위기가 옛날처럼 일을 많이 하지 않잖습니까. 저희도 그런 분위기에 맞춰서 정시 퇴근해야 하는데 제가 보수적인 사람인지라 일을 한 번 시작하면 '새벽별 보기 운동'을 해야 직성이 풀려서, 그런 걸 힘들어하는 직원도 물론 있습니다. 그래서 그런 것조차 직원의 자율에 맡깁니다. 할 수 있으면 하고 못하면 다음날로 미루자고. 그런

점에서 저희 회사가 지금 과도기 같습니다. 회사 사정이 좀 더 나아지면 내년쯤에는 주5일제를 실행할 수 있지 않을까 생각합니다. 5일 동안 일하고 재충전하며 사는 시대 분위기에 맞춰야 하지 않을까 싶어서요.

청중1 직원을 뽑으실 때 주로 어떤 면을 보시는지요?

주상완 학력은 안 보고요. 일단은 인품을 봐요. 면접에서 가식적으로 이야기하는지, 진심으로 이야기하는지를 봅니다. 그다음이 능력이죠. 그런데 아직 잘 모르겠어요. '이 사람 괜찮겠다' 생각했는데 아닐 때도 있고 해서요.

청중2 지나온 이야기들을 들어보면 외로워 보이십니다. 주로 독학을 하신 셈이니까요. 사실 저는 부모의 입장에서 듣게 되었는데요. 나름대로 신념이나 멘토, 목표가 있어서 일관되게 이 길을 선택하고 달려오셨던 건지 묻고 싶습니다. 그리고 외롭고 우울할 때는 어떻게 극복하셨는지도 궁금합니다.

주상완 학교에서 피교육자 신분으로 오래 있었을 때 아쉬웠던 건 제게 은사가 없었다는 사실입니다. 내게 무슨 잘못이 있기에 나의 멘토, 나의 스승을 만나지 못한 것일까 자책하곤 했습니다. 그 부분이 지금도 아쉽긴 하지만 그래도 도움을 주신 선생님들도 적지 않습니다. 예를 들어 대학 때는 제가 어려운 걸 알고 고등학교 때 선생님이 부르셔서, 와이셔츠나 바지 같은 것들을 대여섯 벌씩 주시기도 했습니다. 또 어떤 분은 차비를 내주시기도 하고.

하지만 은혜를 입는 것과 가야 할 길을 제시 받는 것은 다르죠. 멘토가 없어서 방황을 많이 했습니다. 그걸 극복하는 방법은 그저 앞만 보고 달리는 것밖에 없었습니다. 다만 한 가지 제가 내세울 수 있는 것은 성실함이에요. 남한테 해를 끼치거나 싫은 소리를 하거나 듣는 일 혹은 부탁하는 일 등을 잘 못해요. 지금 제가 사업을 하지만 참 어리석죠. 지금도 멘토도 없고 네트워크도 하나도 없습니다. 동창들과 만든 인터넷상의 모임이 있지만 비즈니스 이야기하는 친구는 하나도 없습니다. 제 회사에서 50미터 거리에 제 친구가 사업을 크게 하고 있는데도 만나면 비즈니스 이야기는 일절 하지 않습니다. 일부러 안 합니다.

≫ 뜻이 있는 사람이 결국 '위너' 아닐까요

그럼 무엇이 나를 이끌어줄까요. '하늘은 스스로 돕는 자를 돕는다' '뜻이 있는 곳에 길이 있다'라는 말이 있죠. 뜻이 없기 때문에 '루저'가 되는 거고, 뜻이 있기 때문에 '위너'가 되는 겁니다. 모든 걸 다 차지해서 위너가 되는 건 아니죠. 죽을 때 '내가 인생을 잘 살았구나'라고 후회 없이 죽어야 위너이지 학벌이 좋고 시집을 잘 가고 그런 것들이 위너가 되게 하는 건 아니죠. 그런 생각이 아직도 저를 살아 있게 하지 않나 싶습니다.

삶은 돈이 아니라 마음으로 떠나는 여행이다

임영신 공정여행가

열일곱 살, 나를 만나다

　제가 처음 진로를 고민하기 시작한 건 열일곱 살 때였어요. 그 전까지는 뭔가를 하고 싶다거나, 뭘 잘할 수 있겠다고 생각해본 적이 없었죠. 그저 책 읽는 것 말고는 어떤 것에도 관심이 없었어요. 그냥 책만 읽은 거죠. 가정환경이 어두워 더 내 안에 웅크리게 된 건지, 3개월 동안 말을 안 한 적도 있어요. 지금의 저를 보면 상상할 수 없겠지만 친구도 잘 사귀지 못했죠. 한 학년에 한 명 사귀었을까요? 선생님이 "넌 뭘 하고 싶니?" 물어보면 대답을 할 수 없었죠. 자존감도 낮았고 정체성도 흔들렸어요.

　그러다 열일곱 살 때 교회에 가게 됐는데 거기서 저를 사랑해주는 사람들을 만났죠. "영신아, 넌 참 소중한 사람이야. 넌 존귀한 아이야. 넌 아름답고 너무 귀해." 이렇게 말해주는 사람들을 교회에서 만나기 시작했어요. 처음으로 사랑이 뭔지, 행복이 무슨 뜻인지, 기쁘다는 게 어떤 건지 알게 해준 곳이 제겐 교회였어요. 처음으로 제 삶이 소중하다는 걸 알게 된 거예요. 열일곱 살까지의 삶은 백지처럼 느껴지고 그때부터 내 삶이 어떻게 쓰이면 좋을지, 나에게 선물처럼 주어진 시간을 어떻게 써야 좋을지 고민하게 됐어요. 그리고 나 같은 친구들을 돕고 싶다는 생각을 했어요. 그때 교회에서 사람들을 만나지 않았더라면 쇠로 만든 상자 속에 들어 있는 것처럼 저는 '안으로 안으로' 들어가서 굉장히 고립된 삶을 살았을 거예요. 고슴도치처럼 온통 가시를 세운 저를 기꺼이 안아준 사람들을 만나고 나서 저는 기독교교육학을 전공하게 됐습니다.

시민운동가로의 길 열어준 멘토들

대학 4년을 마치고 졸업할 무렵 다시 진로를 고민했어요. 대학에 갈 때는 교육학을 공부해 저처럼 청소년기에 있는 친구들을 돕겠다는 생각을 했는데, 대학에서 한국 근현대사와 교회사를 배우면서 제가 보아왔던 세상의 다른 이면, 다른 진실, 부정의에 대해서 알게 됐죠. 제 속에 세상에 대한 분노라든가 정의와 윤리에 대한 열망이 생겨난 겁니다. 그때 저는 청량리에 있는 다일공동체 교회를 다녔어요. 최일도 목사님의 이름이 알려지기 전, 남루한 방에 몇 십 명이 모여서 예배를 드렸던 곳이지요. 최 목사님이 한 노숙자와의 만남을 계기로 매일 밥 수레를 끌고 거리로 나가 거리의 사람들을 섬기던 시절이었죠.

그때 김진홍 목사님이 쓰신 책을 읽었어요. 지금은 너무 다른 길로 가셨지만, 제가 그때 건져 올린 키워드가 '바닥 정신'이었어요. 사회에서 나는 어디에 서야 하는가. '올라가고 올라가고 올라가는 삶'을 살고

> 제가 보냈던 청소년기를 돌아보며 누군가가
> 도와주고 사랑해주고 다가서준다면 세상을 살아갈
> 힘을 얻을 수많은 사람들이 있는데,
> 기왕이면 내가 그 역할을 하고 싶다는 생각을 했어요.

싶은가, 아니면 중간쯤 서고 싶은가, 아니면 바닥에 서고 싶은가. 이 사회에서 내가 서고 싶은 곳이 어디인가를 고민하기 시작했어요. '바닥'이란 말이 제 마음에 울림을 준 거죠.

제가 보냈던 청소년기를 돌아보며 누군가가 도와주고 사랑해주고 다가서준다면 세상을 살아갈 힘을 얻을 수많은 사람들이 있는데, 기왕이면 내가 그 역할을 하고 싶다는 생각을 했어요. 그때 마침 경실련 같은 단체들이 만들어지면서 시민운동이 태동하고 있었어요. 우연히 다일공동체 교회 옥상에서 신문을 폈는데 '기독교윤리실천운동(이하 기윤실) 간사 모집' 공고가 눈에 번쩍 들어오는 거예요. 결국 기윤실 간사가 되어서 시민운동을 배우게 되었지요. 그때 제게 시민운동을 가르쳐주신 분이 YMCA의 남부원 선생님, 기윤실의 유혜신 총무님 같은 분들이었어요. 그분들께 우리가 가진 지식이나 힘을 자신이나 권력을 위해서가 아니라 다른 사람을 위해 쓸 수 있도록 방향을 전환하는 세계에 대해 배울 수 있었죠.

지금도 제 길을 어떻게 찾았나 생각하면 늘 유혜신 총무님이 떠올라요. 이분이 해마다 연초가 되면 간사 한 사람 한 사람과 관악구청 뒷산을 산책하면서 이렇게 물어보시는 거예요.

"임 간사, 임 간사는 기윤실 일 중에 올해 새롭게 하고 싶은 일이 뭐

> 기윤실의 유혜진 총무님과 대화하면서 저는
> '아, 이분이 나를 도구가 아니라 인격으로 대하고
> 존중하며, 함께 성장하는 삶, 함께 변화하는 사회를
> 꿈꾸는구나' 생각했어요. 그만큼 멘토가
> 얼마나 중요한지를 기윤실에서 배울 수 있었어요.

가 있어요? 기윤실이 가지고 있는 여러 가치가 있는데 임 간사가 기윤실의 리더라면 해보고 싶은 일이 뭐가 있어요? 그리고 임 간사는 기윤실 이후에 어떤 삶을 살아가고 싶어요? 나는 임 간사가 꼭 기윤실에 모든 삶을 바쳐야 한다고 생각하지 않아요. 기윤실이 성장하는 것도 중요하지만 임영신이라는 사람의 성장이 중요하고, 기윤실을 떠나는 시간도 있을 거라 생각해요."

그 잠깐의 대화만으로 저는 '아, 이분이 나를 도구가 아니라 인격으로 대하고 존중하며, 함께 성장하는 삶, 함께 변화하는 사회를 꿈꾸는구나' 생각했어요. 그 조직의 핵심 가치를 그분의 인격으로 경험하게 됐던 것 같아요. 그리고 그분은 손봉호 교수님이라는 멘토를 통해서 또 그런 삶을 경험한 거였죠. 그만큼 멘토가 얼마나 중요한지를 기윤실에서 배울 수 있었어요.

실무에 대해서도 참 세세한 부분까지 잘 배웠어요. 예를 들면, 시민단체는 성명서를 많이 내거든요. 그걸 스무 개 학교의 교수님들에게 보내서 검토를 받는 거예요. 어느 날은 제가 물었어요. "유혜신 총무님, 이렇게 성명서를 보낸다고 그분들이 다 읽어보실까요? 제가 여러 번 보내봤지만 아무도 피드백을 하지 않던데, 이걸 읽을 틈도 없이 바쁜 분들에게 매번 이렇게 보내는 건 비효율적이지 않나요?" 그랬더니 이렇게 말씀하시더군요. "임 간사, 이건 효율을 위해서 보내는 게 아니에요. 우리가 그분을 존중하고 있다는 것, 우리가 그분의 의견을 경청하고 있다는 것, 우리가 그분을 중요하게 생각하고 있다는 것을 표현하는 하나의 방법이에요. 우리가 하는 일에는 효율보다 더 중요한 관계가 있고 존중이 있어요." 이렇게 사회 초년병인 저에게 일에 가치가 어떻게 깃드는지 섬세하게 가르쳐주셨어요.

'나는 왜 이 일을 하는지' 다시 묻다

기윤실에서 3년을 사역하고 나와서 녹색연합, 청소년연대를 거쳐 참여연대에서 아름다운재단을 만드는 과정에 참여하게 되었어요. 안국동 동일빌딩에서 그 일을 처음 시작했는데 밤 12시가 되면 셔터가 닫혀요. 처음에는 경비 아저씨들이 올라와서 막 짜증을 내시는 거예요. 날이면 날마다 야근을 하니까, 아저씨들이 혀를 차시면서 젊은 사람들이 도대체 무슨 영화를 보자고 이렇게 사냐고 그랬죠. 그때 저는 아이가 둘이었는데 어머니가 제게 아이들을 보여주시려고 구파발에서 안국동으로 데리고 나와야 할 정도였어요.

3일 밤을 꼬박 새우는 날도 많았어요. 어느 날, 의자에 앉아서 밤을 꼬박 새고, 아침 10시에 보니까 그때까지도 제가 새로운 문건을 계속 만들고 있더라고요. 그러고 있는 저를 제가 보고 있는 거예요. "이거 미친 거 아냐?" 이러면서. 참여연대가 밤에도 불이 꺼지지 않는 단체로 유명해요. 그때 동료 하나가 지나가면서 "임영신 씨 워커홀릭 아냐?" 이러는 거예요. 정말 충격을 받았어요. 다른 단체도 아니고, 참여연대 동료가 저보고 워커홀릭 아니냐고 하다니요. 그 당시 제 소원이 뭐였냐면, 싱글인 다른 친구들처럼 안국동에 방 하나 얻어서 자취하는 거였어요. 다른 친구들처럼 프로젝트 있으면 한 달씩 여관 잡아서 집에 안 가는 거였어요. 그 정도로 제가 일에 미쳐 있었던 거죠.

어느 날은 기차를 타고 출장을 갔다 오다가 기차에 수첩을 놓고 내린 일이 있었어요. 메모하는 걸 즐기는 편이어서 수첩을 굉장히 열심히 쓰는 편이었죠. 그렇게 제가 하는 일의 모든 데이터를 다 기록해놓은 중요한 수첩을 잃어버린 거예요. 이튿날 다급하게 유실물 센터로 수첩을 찾으러 갔어요.

그렇게 수첩을 찾아서 돌아오다 사무실 근처 빵집 앞에 서서 제 수첩에 적힌 사람들을 처음으로 자세히 들여다보았죠. 수첩 인명록을 봤더니 거기에는 누구나 알 만한 기업의 CEO 이름도, 연예인 이름도, 또 기자 이름도 있는데, 제가 열일곱 살 때, 제가 아무것도 아니었을 때, 나를 사랑해주고 인정해주고 격려해줬던 그 사람들, 누군가 지금도 내게 물으면 가장 소중한 사람들이라고 고백하는 바로 그 사람들의 이름은 남아 있지 않았어요. 제 일에 필요하고 도움이 되는 사람들의 이름만 남은 걸 발견한 거예요. 그러곤 길 위에서 묻기 시작했어요. '나는 지금 대학을 졸업할 때 생각한 그 자리에 선 걸까? 나는 내가 하고 싶었던 그 일을 하고 있는 걸까?' 이런 근원적인 물음을 다시 품기 시작했어요. '왜 이렇게 워커홀릭 소리를 들으면서 미친 듯이 일하는데? 박원순 변호사님이 아름다운재단을 안 해도, 아름다운 가게를 안 해도 나는 지금처럼 이 일을 내 일로 생각하고 평생을 바칠 만큼 이

제게 맞는 삶의 보폭이 있고 제게 맞는
삶의 속도가 있을 텐데, 그것이 시민운동의 속도와
다르다면, 저는 그 안에서도 도태되거나 혹은
그 안에서 중요한 무언가를 포기하는 삶을 살지 않으면
안 된다는 것을 실존적으로 직면하게 됐죠.

일에 몰입할까? 아무도 시민운동을 안 해도 늘 내 일이라고 생각하며 이 일을 할까? 내가 이 일을 하는 동력은 뭘까?'

근원적인 질문에 대한 저의 답을 찾고 싶었어요. 게다가 아름다운재단 혹은 참여연대의 호흡은 너무 가빠서 결혼하고 아이들을 키우면서는 도저히 따라가기가 어려웠어요. 제게 맞는 삶의 보폭이 있고 제게 맞는 삶의 속도가 있을 텐데, 그것이 시민운동의 속도와 다르다면, 저는 그 안에서도 도태되거나 혹은 그 안에서 중요한 무언가를 포기하는 삶을 살지 않으면 안 된다는 것을 실존적으로 직면하게 됐죠. 그때가 2002년이었어요.

내 삶에 진짜 필요한 배움을 찾아

2002년 아름다운재단을 그만두고 공부를 다시 시작했어요. 기윤실에 있었을 때 제가 했던 소중한 경험 가운데 하나가 정신대 할머니를 만난 거였어요. 홍순관 씨와 100 교회 투어콘서트도 하고, 할머니랑 공연도 하고, 나눔의 집도 가고, 계속 뵈면서 사람이 어떻게 사람을 짓밟을 수 있는지 깨닫게 되었죠. 지식인과 양심적인 학자와 수많은 증거가 있는데도 불구하고, 국가라는 집단이 어떻게 한 개인의 삶을 유린하고 국익을 위해서 처참하게 짓밟을 수 있는지 할머니들의 눈물을 통해 몇 년 동안 마주했던 경험이 제 안에 있었어요.

대학 때의 청소년 문제, 기윤실에서의 정신대 할머니와 마주했던 시간, 전쟁·식민·폭력·여성의 문제, 또 제가 녹색연합에서 경험한 생태적 영성·생태주의 삶. 그리고 아이 셋을 다 자연분만하고, 결혼할 때도 새 가전제품은 하나도 사지 않고, 전부 다른 이들이 쓰던 것을 얻어 가정을 꾸린 제 삶의 철학. 제 삶에는 생태도 있고, 또 재활용도 있고, 여성 문제도 있고, 인권 문제도 있었죠. 이런 것들이 통합돼 있는데, 제가 아름다운재단에 있으면서 정신대 문제에 관심을 가지면 사람들은 "네가 왜?" 하고 물어요. 제 안에는 통합적이고, 통전적인 삶을 추구하는 자아가 있는데 그게 일의 영역에서는 분리되는 거죠. 당시 시민운동은 영역이 한창 분화되는 시기였어요. 그런데 저는 그 문제를 넘나드는 삶을 살고 싶었고 마음이 움직이는 대로 헌신할 수 있는 삶을 살고 싶다는 생각이 들었어요.

여행, 새로운 배움의 시작

저는 지금 여행가라고 불리고 여행책을 내기도 했지만 여행을 아주 좋아하는 사람은 아니었어요. 서른 살에 일본에 간 게 첫 해외여행이었으니까요. 둘째를 낳은 다음이었으니까 늦은 여행이었죠. 개인적인 여행은 아니었고, 일본 도쿄에서 열린 국제전범재판에 참여하기 위해 간 거였어요. 전 세계의 양심적인 학자와 변호사, 기자 들이 도쿄에 모여 세종문화회관처럼 큰 구단회관을 빌려서 3일간 일본군 위안부 할머니들의 증언을 경청하며, 국제법으로 규정할 수 없는 일본의 전쟁범죄에 대해 양심의 힘으로 그것이 폭력이었다고 선포하는 국제민중재판이었죠. 3일 동안 할머니들이 말씀하시는 것을 3천 명과 함께 귀 기울여 들었어요.

그때까지 저는 위안부 문제가 김학순 할머니 문제고, 한일 간의 문제고, 일본이 한국을 식민지화한 문제라고 정서적으로 생각했어요. 그런데 무대 위에는 캄보디아, 필리핀, 중국, 타이완에서 오신 수많은 할머니들이 제가 몇 년간 만났던 할머니들과 똑같은 증언을 하시는 거예요. 증언을 하다 기억이 주는 통증 탓에 혼절해 쓰러지시고 실려 나가시고, 그분들이 실려 가는 앰뷸런스를 일본 우파가 린치를 하려고 따라오는 풍경이 벌어지는데…….

제가 고등학교도 대학도 나오고 대학원도 다니는 데다가, 시민운동도 7~8년을 했고, 여성이나 평화 문제에 관심을 가졌던 사람이었는데도 '왜 나는 이 문제를 한·일의 문제라고만 생각하고 있었을까? 왜 이 일이 아시아의 아픔이었다는 걸 한 번도 배운 적이 없었을까?'를 깊이 생각하게 됐어요. 가만히 생각해보니까 제가 배웠던 역사는 서양 세계사고, 제가 배웠던 철학은 서양 철학이고, 제가 배웠던 미술은 서양 미술이고, 아시아의 음악이라고는 찾아볼 수 없는 음악 교과서를 통해 음악을 배운 거예요. 생애 첫 해외여행인 일본 도쿄 여행에서 망치로 얻어맞은 것처럼 그 사실을 깨달은 거죠.

'나는 아시아 사람인데 아시아에 대해서 왜 이렇게 아는 것이 없었을까' '내가 가진, 내가 배운 지식의 범주는 뭐였을까'. 그때 제가 경험

> 일본 여행을 마치고 대학원에 와서 평화를 공부했어요. 그렇게 공부를 하면서도 풀리지 않는 어떤 답답함이 있었는데, 그것을 넘어서게 한 더 깊은 배움을 여행의 길 위에서 얻게 되었어요.

한 것이 있다면 우리 사회에서 우리가 어떤 고등교육 체계 안에 들어간다 하더라도 우리가 배우는 지식의 체계를 만든 건 서양이고, 우리가 배우는 지식의 틀을 구성하고 새로운 정보를 계속 공급하는 것은 다른 권위와 시선에 뿌리를 둔 것이기 때문에, 이 안에서는 다람쥐 쳇바퀴 돌듯 전문가가 되고, 박사가 된다고 하더라도 더 좁은 영역으로 깊이 빠질 뿐이라는 깨달음이었어요.

일본 여행을 마치고 대학원에 와서 평화를 공부했어요. 전쟁·식민·근대라는 고민을 평화, 그리고 아시아란 키워드로 치환한 거죠. 그렇게 공부를 하면서도 풀리지 않는 어떤 답답함이 있었는데, 그것을 넘어서게 한 더 깊은 배움을 여행의 길 위에서 얻게 되었어요.

여행가로 불리게 되면서 많이 받는 질문이 '몇 개국을 여행했느냐'는 건데, 제가 이라크를 3번 갔고, 중국을 6~7번 갔고, 터키를 8~9번 갔다면 이걸 어떻게 몇 개국이라고 말할 수 있겠어요. 중요한 것은 얼마나 많은 나라를 여행했느냐가 아니라 얼마나 깊은 여행을 했느냐가 아닐까 싶어요. 2010년 10월에 팔레스타인에 다녀왔는데, 2009년에 이어 두 번째였어요. 2011년에 한 번 더 다녀오면 제가 팔레스타인에 갔다 왔다고 스스로 느낄 것 같다는 생각을 합니다.

같은 산을 올라가도 첫 번째가 다르고, 두 번째 다르고, 세 번째가 다르잖아요. 첫 번째는 내가 거기에 간 게 굉장히 중요하더라고요. '내가 이라크에 왔어. 내가 히말라야에 올라왔어.' 두 번째는 그 길을 걷는 다른 사람들이 보이고, 길가 마을이 보이기 시작했어요. 세 번째는 그 길에서 친구도 얻고, 그 사람들의 시선으로 저를 보게 되는 그런 여행을 하게 되었어요. 그래서 저는 얼마나 많은 곳을 여행했느냐보다 얼마나 깊이 여행하고, 얼마나 소통하고, 꼭 만나야 할 사람을 만나는 여행을 했느냐가 중요하다고 생각해요. 도쿄 여행이 제 삶의 방향을 바꾸는 터닝 포인트였다면, 두 번째 전환점은 이라크로 가는 여행이었어요.

수와드, 내 생의 가이드

이라크에서 제 생애 첫 가이드를 만났는데 이 아주머니 이름이 수와드예요. 저는 그때 가이드라는 말의 진정한 의미를 처음 배웠어요. 제가 기윤실에서 멘토링을 경험했다면, 수와드를 통해 어떤 가이드를 만나느냐에 따라 여행과 삶이 얼마나 달라질 수 있는지를 경험한 거죠. 제가 이라크에 갈 때는 〈일촉즉발 이라크〉라는 다큐멘터리가 나올 정도로 상황이 급박했어요. 전 세계에서 1천3백만 명의 시민이 이라크 전쟁에 반대하는 시위를 벌였고 굵직한 국제 뉴스가 쏟아져 나올 때였죠. 한국에서도 1차, 2차, 3차 반전 평화팀이 꾸려져 기자회견을 하고, 대형 집회를 열고, 누구는 삭발도 하고, 유서도 쓰면서 그렇게 우리는 이라크에 갔어요. 전쟁 직전 사재기를 하는 혼란 속으로 그 포화 속으로 우리의 가방과 배낭에 평화가 있다고 믿으며 그곳에 간 거예요.

그런데 바그다드에서 만난 이 분이 처음 제게 한 말이 '샬롬'이었어요. 저는 깜짝 놀랐어요. 제가 열아홉 살 때 교회에서 나누던 인사가 '샬롬'이었는데, 무슬림의 나라인 이라크에서 처음 들은 단어가 '샬롬'인 거예요. '샬롬' 하고 인사하면 상대편이 '앗살라알라이쿰'(당신에게도 평화를) 하고 답하죠. 바그다드가 무슨 뜻인지 아세요? 고어로 '평화의 도시'라는 뜻이래요. 그런 말들을 전쟁을 앞둔 이라크에서 처음 들은 거예요.

우리는 이라크에서 여권을 다 압류당한 채, 정부에서 나온 보안 요원과 함께, 수와드의 안내를 받아 이라크 곳곳을 다녔어요. 운이 좋게도 신문사 기자들과 동행해 전쟁 전의 이라크를 남쪽에서 북쪽까지 다 볼 수 있었죠.

그때 저와 기자들이 수와드에게, 이라크 사람들에게 가장 많이 물었던 질문이 뭐였을까요. "전쟁이 벌어지는데 두렵지 않나요?" 우리는 묻고 또 물었죠. 왜냐하면 기자들은 전쟁 직전 두려움에 휩싸인 사람들이 사재기를 하는 그런 긴박한 사진과 기사를 한국으로 보내야 하는데 이라크 사람들은 놀이공원에서 놀이기구를 타고, 해 지는 티그리스 강변에 티팟을 들고 차를 마시러 나오고, 가족이랑 피크닉을 가고, 결혼을 하고, 변함없이 자기 일상을 살아가는 거예요. 피할 수도 없고, 떠날 수도 없기 때문에 이라크에서는 일상의 삶이 그대로 펼쳐지고 있었던 거죠. 백 명쯤 되는 사람들에게 물었던 것 같아요. "당신은 두렵지 않나요?"

이라크에 왔으면 이라크 사람 말에 귀 기울여라

수와드 아줌마가 어느 날 통역을 멈추고, 저희한테 묻더군요. "너희는 왜 우리에게 질문을 하면서 우리의 답에 귀 기울이지 않느냐, 이미 수많은 답을 들었는데도 우리가 말하는 답은 진실이 아니라고 생각한다면 너희는 왜 이라크에 왔느냐"고.

"나는 내 인생에 두 번의 전쟁을 겪었고, 세 번째 전쟁을 맞을 참이다. 이라크 사람이 전쟁이 두렵지 않다고 말하는 것은 전쟁을 모르기 때문이 아니다. 미국이 전쟁을 일으킬 힘이 있다면 우리는 전쟁을 이겨낼 일상의 경험이 있다. 무섭지 않은 게 아니라, 두렵지 않은 거다. 고통의 크기를 모르기 때문에 무지한 게 아니라 고통을 감내할 수 있어 무심한 거다. 너희가 이라크에 왔다면 이라크 사람에게 묻고 이라크 사람에게 들으라. CNN과 BBC에서 받아 출력한 데이터를 내려놓고 지금 여기에서 우리가 말하는 진실에 귀 기울여라."

저한테는 그 얘기가 충격이었어요.

우리는 한 방을 썼어요. 자연히 서로의 신상에 대해 얘기하게 되었죠. 이 아줌마는 여자들이 미니스커트를 입었던 이라크의 황금기인 1970년대에 대학을 다녔어요. 이라크 국력이 세계 10위권 안에 들던 때여서 독일어도 공부했고 아버지가 독일에 있어요. 이라크를 벗어날 기회가 여러 번 있었지만 과부인데다, 13명이나 되는 친인척과 부모님을 책임지고 있기 때문에, 이라크를 지키고 살아가는 분이었어요.

여행을 하다 보면 길거리에서 사람들을 많이 만나죠. 구걸하는 사람을 만나면 어떤 생각을 하세요? 선뜻 돈을 주세요? 아무래도 망설

"너희는 왜 우리에게 질문을 하면서 우리의 답에 귀 기울이지 않느냐, 이미 수많은 답을 들었는데도 우리가 말하는 답은 진실이 아니라고 생각한다면 너희는 왜 이라크에 왔느냐."

이게 되죠. 내가 돈을 주는 게 진정한 도움이 되는 걸까, 질문을 하면서. 저희도 바스라 소아아동병원에도 가고, 폭격에 다리를 잃어 수술해야 하는 아이의 집에도 갔습니다. 하루에도 서너 번씩 이런 일이 되풀이되다 보니 힘든 사람들에게 돈을 줘야 하나 말아야 하나 고민하게 되는 순간이 늘었습니다.

당시 이라크에선 화폐 가치가 너무 떨어져서, 돈을 세지 않고 저울에 달았어요. 정말 트렁크를 들고 다녀야 하루에 쓸 돈을 다 갖고 다닐 수 있었죠. 수와드가 가이드 일로 버는 돈은 너무 적었어요. 어느 날 병원에서 배에 20센티미터 정도의 수술 자국이 선명한 한 아이를 만났는데, 악수하는 손에는 손가락도 없었어요. 과자 봉지를 손에 들고 있을 때 포탄 파편이 손을 관통해 배에 박힌 거죠. 아이가 얘기하는 걸 들으며 아줌마가 먼저 울었어요. 걸프전도 겪고, 경제제재도 견뎌낸 분이. 눈물이 말랐어도 벌써 말랐고, 긍휼이 말랐어도 벌써 말랐을 텐데 아줌마가 먼저 울더군요. 우리가 '돈을 줘야 하나 말아야 하나' 하고 있을 때 이미 주머니를 털고 사람들의 마음을 다독이며 위로하고 있었어요. 이 분을 통해 저는 처음 이라크 사람과 중동을 경험했지요.

어느 날 밤 수와드 아줌마가 제게 물어요. "너는 왜 이라크에 왔니?"

많은 인터뷰를 해봤지만, 이라크에서 이라크 사람이 "너는 여기에 왜 왔니?"라고 묻는데, 순간 제가 가진 모든 말을 잃었어요. "이라크 전쟁을 막고 싶어서요." 그랬더니 수와드가 막 웃어요. 너 하나가 온다고 이라크 전쟁이 막아지면 몇 천만이 되는 이라크 사람은 뭐 하고 있는 거겠냐고. 너는 결혼은 했니, 애는 있니, 묻길래 있다고 했더니 등짝을 후려쳐요. "네가 미쳐도 보통 미친 게 아니구나. 당장 짐 싸서 돌아가라"고 호통을 치는 거예요. 그러면서 저하고 점점 친해졌죠. 하루는 아침에 산책을 나갔는데 아줌마가 한 시간 동안 헐떡이면서 저를 찾아다녔나 봐요. 야자나무 숲 건너편이 병든 숲이었는데, 제가 모르고 거기까지 갔던 거였어요. 그녀는 저를 보더니 눈물을 글썽이면서 너무 멀리 가지 말라고, 여기는 위험한 곳이 너무 많으니까 멀리 가지 말라며 제 등을 토닥이더군요.

그들과 함께할 수는 없지만, 기억할 수는 있다

마지막 날 티그리스 강에서 아이들과 평화의 촛불을 띄우기로 했어요. 요르단에서 바그다드까지 가던 랜드 크루저 렌트비가 하루에 1백 달러였는데 그날 아침부터 30분 단위로 뛰기 시작하는 거예요. 2백 달러가 되고 3백 달러가 되고. 유엔과 모든 언론, 국제 NGO 차가 철수하기 시작했죠.

수와드 아줌마는 제가 이라크에 오기 전에 제 아들과 어떤 약속을 했는지 알고 있었어요. 이라크 가기 전에 어머니, 남편, 그리고 아이들에게 다 얘기를 하고 동의를 구했거든요. 큰아이가 그때 여섯 살이었는데, 제가 이라크에 왜 가는지 설명하니까 "엄마, 이라크 친구들 도와주는 건 괜찮은데 엄마 죽으면 안 돼. 총알 오면 잘 피하고, 폭탄 떨어지면 잘 숨고, 엄마 꼭 살아서 돌아와야 해. 살아서 돌아온다면 내가 보내줄게. 얼른 도와주고 먹을 것만 주고 빨리 돌아와야 해." 이렇게 약속을 하고 보내줬어요.

제가 이라크 전장에 남아 평화의 증인이 되고 싶다, 죽이는 자의 눈이 아니라 죽어가는 자의 눈으로, 남자의 눈이 아니라 여자의 눈으로, 미국인의 눈이 아니라 이라크 사람의 눈으로 전쟁을 기록하고 진실을 기록하고 싶다고 얘기했더니, 수와드 아줌마가 저를 보면서 그러더라고요. "너는 네가 이라크 사람의 눈으로 전쟁을 기록할 수 있다고 믿니?" 그 질문에 저는 대답을 못 했어요. 겨우 열흘 남짓 이라크에 머물렀는데 이라크 사람의 눈으로 이라크를 기록할 수 있다고 생각하다니. 아니, 저는 이라크에 오기 전부터 줄곧 그렇게 생각해왔다는 걸 그때 깨달았어요.

아줌마는 저를 나무라지 않고 이렇게 말했어요. "네가 이라크 사람으로 이 전쟁을 기록하고 싶다면 내가 너의 눈으로 이 전쟁을 대신 기록해줄 수 있다고는 생각해본 적이 없느냐". 그리고 제 손에 'Witness from Iraq'라고 써주고는 이라크의 평화보다 아들하고 한 약속을 지키는 게 내겐 더 큰 평화니까 한국으로 돌아가라고, 자신은 전쟁통에 부상 당하는 친지들을 도와야 하기에 여기 남아야 하니까 자신이 전쟁에서 살아남는다면 나를 위해 미션을 수행해주겠다며 제 비자 연장 서류를 찢어버렸어요. 그래서 그날 저녁 티그리스 강에서 평화의 촛불을 띄우고, 저는 긴급구호 팀으로 빠져 요르단으로 나오기로 했죠. 7시에 바그다드를 빠져나가는 마지막 버스를 타기로 했어요.

티그리스 강에서 행사가 끝났는데 4명 정도 되는 여자 애들이 제 팔짱을 끼고 집으로 가지 않는 거예요. 해가 지기 시작해서 마지막 버스 시간이 다가오는데 그 아이들 팔을 억지로 풀 수가 없었어요. 눈을 감으니까 집에 두고 온 제 아이들과 느낌이 너무 똑같았어요. 아이들과 강가를 걷고 있자니 저기서 누군가 카메라를 들고 막 쫓아오는 거예요. 그러더니 저한테 "혹시 이 아이들의 어머니이십니까?" 하고 묻더군요. "아니요, 저는 한국인인데요. 아이들의 어머니가 아닙니다. 왜 그러세요?" 했더니, 알자지라 방송 PD인데 만약 당신이 이 아이들의 어머니라면 전운이 감도는 강가에서 아이들과 산책하는 심정을 인터뷰하고 싶다고, 그래서 물어봤다고 그러더라고요.

처음엔 거절했다가 다시 말했어요. "예, 제가 인터뷰를 할게요. 저는 이 아이들의 어머니는 아니지만 어머니인 건 맞아요. 한국에 두고 온 두 아이들과의 약속 때문에 이 아이들을 강가에 두고 저는 시내로 나가서 버스를 타고 폭격을 피해 국경을 넘어가는 차를 타게 될 거예요. 그런데 이 친구들이 제 팔을 놓지 않는데, 이 친구들이 꼭 제 아이들 같아서 제가 아직 강을 못 떠나고 있어요."

그때 옆에 있던 열두 살짜리 초등학생 아이가 영어를 알아들은 모양인지 팔짱을 풀더니 저한테 그래요. "우린 괜찮아요. 가세요······." 꼬맹이들에게도 다 설명을 하는 거예요. 그때 수와드 아줌마가 나타나서 저를 차에 태우고 출발하는데 이 친구들이 집에 가지 않고 저를 쫓아와요. 왜냐하면 마지막 인사를 못했거든요.

이라크에 가기 전에 피스보트라는 세계 여행 크루즈에서 인턴십을

> 진정한 여행이란 그런 것 같아요. 내가 그 사람을 책임질 수도, 그 사람 대신 죽을 수도, 함께할 수도 없지만 기억할 수는 있다는 걸 깨닫는 과정.

하려고 영어학원을 6개월 다닌 적이 있어요. 영어학원에서 혹은 학교에서 영어 배울 때 마지막 인사를 하잖아요. 뭐라고 하죠? '굿바이'라고도, '씨 유 어게인'이라고도 하지요. '테이크 케어'라고도 하고요. 그런데 제가 영어학원에서 배웠던 혹은 교과서에서 배웠던 어떤 마지막 인사말도 이 친구들에게 할 수가 없는 거예요. '테이크 케어'라고도, '씨 유 어게인'이라고도, '굿바이'라고도 할 수 없었어요. 마지막에 국경을 넘을 수 있는 사람과 그럴 수 없는 사람의 경계를 저는 티그리스 강가에서 이 아이들의 팔을 풀면서 정말이지 분명하게 경험했어요. 인사를 못 하고 제가 입던 옷을 벗어주고 차를 타고 가는데 아이들이 유리창을 막 두드리더니 차를 멈추게 했어요. 그러고는 차문이 열리자 제게, "기억할게요"라고 말했어요. "그래, 나도 기억할게." 진정한 여행이란 그런 것 같아요. 내가 그 사람을 책임질 수도, 그 사람 대신 죽을 수도, 함께할 수도 없지만 기억할 수는 있다는 걸 깨닫는 과정.

평화도서관 건립 프로젝트 진행하는 까닭

전쟁이 끝나고 긴급구호를 위해 4월에 다시 이라크로 돌아갔지만 강가에서 만난 그 친구들을 다시 볼 수는 없었어요. 그런데 저를 기억하겠다는 그 친구들 덕분에 이라크 전쟁이 끝나고도 2003년부터 지금까지 분쟁 지역을 여행하며 그곳 어린이를 위한 평화도서관을 짓는 작은 프로젝트를 진행하게 됐어요. 하나의 프로젝트가 끝날 때마다 이라크에서 만났던 강가의 아이들과 수와드 아줌마 이야기를 해요.

저는 아직 이라크에 지은 첫 번째 평화도서관을 보지 못했어요. 외교부가 이라크 출입을 차단해 돈만 보냈죠. 한국에서 이라크로 가는 방법은 두 가지예요. 현대 같은 기업에 입사하거나, 자이툰 부대에 입대하거나. 평화를 위해 일하는 사람은 이라크에 갈 수 없어요. 국익에 도움이 되지 않기 때문에. 제가 이라크에 가려면 물리적 제재를 당할 수도 있고, 벌금을 낼 수도 있어요. 수와드 아줌마가 저희 모두의 이름으로 일을 했죠. 저희는 '이매진피스'라는 이름으로 활동하는데, 이라크 평화도서관의 아이들은 이매진피스도, 저도 몰라요. 수와드 아줌마가 그걸 했으니까 결국 저희가 그걸 한 거라고 생각을 해요.

바그다드 평화도서관이 문을 연 날이 학교 졸업식이었어요. 이라크는 경제제재 동안 하루에 아이들이 5천 명씩 죽어 어느 학교에나 빈 교실이 널렸어요. 평화도서관을 만들 곳을 찾기가 어렵지 않았죠. 진행 상황을 사진으로 계속 봤어요. 아줌마가 "오늘은 학부모들이 와서 청소를 해줬어" "오늘은 학부모들이 집에 있던 책을 가지고 왔어"라고 소식을 전해줬죠. 인구 5백만의 바그다드에 도서관은 바그다드 대학교 단 한 곳밖에 없거든요. 도서관을 만들기 시작하니까 마을 사람들이 꽁꽁 숨겨놨던 소중한 책을 하나씩 가져왔어요.

제가 왜 도서관을 만들고 싶다는 생각을 했을까요. 어릴 때 제 피난처가 도서관이었으니까요. 학급 문고가, 학교 도서관이, 또 동네 도서관이 없었다면 지금의 저는 없을 거예요. 어둠 속에서 제가 세상을 향해 연 유일한 창이 도서관이고, 한 권의 책이었어요. 저희가 조사한 데이터를 보면 93%의 이라크 아이들이 '내가 어른이 될 때까지 살 수 있을까' 고민한답니다. 팔레스타인 같은 분쟁 지역에서는 50% 이상의 아이들이 자라는 동안 아버지나 형제나 삼촌이나 친구의 죽음을 목격해요.

제가 2010년 10월에 다녀온 예루살렘 바로 옆 베들레헴의 난민촌에서는 12시가 되면 이스라엘 군인이 들어와서 테러리스트들을 검문한다며 아이들을 체포해갑니다. 그 마을 아이들 한 명 한 명을 붙잡고 이야기해보면, 구금을 당하거나 체포당하거나 억류당한 적이 없는 아이가 없어요. 이 아이들은 늘 누군가에게 잡혀가거나 폭력을 당하는 악몽을 꾸며 살아가요. 저는 그 아이들에게 학교보다 더 좋은, 저도 학교는 힘들었으니까, 피할 수 있는 곳을 만들어주고 싶다는 생각을 했어요. 엄마도, 사회도, 학교도 싫을 때, 이 아이들이 웅크리고 잠시 숨을 쉴 수 있는 곳, 한 권의 책을 읽으면서 다른 세계를 상상할 수 있는 곳이 있다면 이 아이들에게 잠시나마 평화가 깃들지 않을까, 그런 생각을 한 겁니다. 그렇게 2003년 바그다드 평화도서관 건립 계획을 수와드 아줌마와 짰고 2006년 완공했어요. 그리고 지금까지 해마다 평화도서관을 하나씩 만들어오고 있어요.

제가 이라크에 간다고 했을 때, 시민운동 하는 선배들이 그랬어요. "왜? 가서 뭐 하게?" 그럴 때 제가 그랬어요. "전 평화를 위해 일하고 싶은데, 평화를 위해 어떻게 일해야 하는지 배운 적이 없어요. 이라크에 가서 전쟁이 뭐고 평화가 뭔지 전 세계에서 평화운동을 하는 사람들이 이라크에 날아와서 이라크 사람들과 함께 여기 사람이 살고 있다고 외치는데, 거기 거리에 함께 서는 것만으로 전쟁을 막겠다고 하는데, 저도 전쟁을 막는 사람 중에 한 사람으로 이라크에 가고 싶어요." 그리고 출국을 준비하며 지인들에게 제 마음을 편지로 전하면서 처음으로 제 계좌번호를 적었어요. 3백만 원이 없어서요.

이라크에서 시작된 '평화를 위한 여행'

출국하기 전날 그 통장에 정확하게 3백만 원이 들어와 있었어요. 한 달에 50만 원 버는 친구가 5만 원을 보냈더군요. 지금도 그 통장을 안 버렸어요. 그때 돈을 보내줬던 사람이 제게 오라고 하면 경상도가 됐건 강원도가 됐건 달려가요. 제겐 평생 잊히지 않는 돈인 셈이죠. 이라크에서 돈이 떨어져 나오면서 긴급구호를 위해서는 돈이 필요한데 무슨 방법이 없을까 궁리하다가 요르단에서 인터넷 뱅킹으로 통장을 열어봤어요. 지금도 그 순간을 잊지 못하는데, 180만 원이 더 들어와 있는 거예요. 지금 여비가 없어서 요르단에서 한국으로 철수를 해야 할 상황인데…….

그때 통장에 찍힌 180만 원이 제게는 1억 8천만 원보다 더 귀했어요. 제가 통장을 프린트하다가 더 놀랐는데 숫자를 잘 세보니까 180만 원이 아니라 1천8백만 원인 거예요. 제가 단체에 속한 활동가도 아니고, 그러니 연말 소득공제를 위한 영수증도 못 주는데 편지가 돌고 도는 동안 사람들이 통장에 돈을 보내기 시작한 거예요. 그 돈 때문에 이라크를 가고 또 가고 책임지기 위해 결국 이라크를 위해 일하게 됐어요. 돈을 보내신 분 한 분 한 분과 이라크에서 만난 사람들에 대한 책

 저는 이라크로 가는 여행인 줄 알고 비행기를 탔는데, 제 여행은 이라크로부터 시작됐다는 걸 2010년 지금 제 삶을 돌아보면서 발견합니다.

임이, 이제는 다른 분쟁 지역으로 여행하게 만들었어요.

3백만 원을 구한다는 편지를 썼을 때, '이라크로 가는 평화를 위한 먼 여행'이라고 제목을 붙였어요. 저는 이라크로 가는 여행인 줄 알고 비행기를 탔는데, 제 여행은 이라크로부터 시작됐다는 걸 2010년 지금 제 삶을 돌아보면서 발견합니다.

평화 여행에서 만난 멋진 친구들

2003년 이라크에 다녀오고 나서 인터뷰나 강연을 많이 하게 되었어요. 그때마다 고통과 슬픔의 기억을 뒤적이며 수없이 많은 자리에 섰죠. 어느 날 저는 깨달았어요. 이라크에 갔다 온 이야기를 백 번 하고 천 번을 해도 그것이 내가 만나는 사람의 경험과 행동이 될 수는 없다는 걸. 누구에게나 타인의 말보다는 작은 경험이라도 자신이 직접 겪는 일이 더욱 소중하고, 그 경험이 자신을 변하게 만드니까요.

몇 차례의 여행으로 여러 나라 게스트하우스에서 많은 친구를 만났어요. 제가 파리에서 여행을 할 때 게스트하우스에 있는데 시내 관광에서 돌아온 친구들이 오늘 무슨 일이 있었는지 이야기를 하는 거예요. 프렝탕 백화점, 개선문, 샹젤리제 거리를 봤다는 이야기를 해요. 그래서 제가 물어봤어요. "파리에는 소르본 대학과 1대학에서 7대학까지 있는데 혹시 그 대학에서 너와 비슷한 전공을 하는 친구를 만나본 적이 있니? 그 친구는 무슨 고민을 하고 무슨 생각을 하면서 살아가는지 혹시 물은 적 있니? 바로 우리 게스트하우스 뒤편이 아랍인 지역이고 그 옆은 터키 지역, 또 그 옆에는 유대인 지역이 있는데 거기엔 한 번 가봤니?"

그중에 두 친구가 그 날 밤 저한테 찾아와서 어떤 여행을 하는지, 어떻게 가는지를 묻더라고요. 그런 친구들은 대부분 거기를 갔다가 한국에 돌아와서 저를 다시 찾아와요. 어떤 단체에서 일할 수 있는지, 어떻게 평화를 위해 일할 수 있는지 묻는 거예요. 그 친구들을 만나고 나서 제 강의의 끝을 바꾸기 시작했어요. 이라크 이야기를 나누기보다는 평화 여행을 한 번 해보라고, 평화운동을 하려고 하지 말고 평화 여행을 해보라고 권하게 된 거죠.

제가 이라크에서 만난 수천 명의 국제 활동가 가운데는, 장애인단체에서 일하는 수녀님도 있고, 교사도 있었어요. 한국 이라크 평화팀이 광장에서 전쟁의 고통을 표현한 큰 걸개그림을 걸고 있는데 어떤 청년이 저 멀리서 걸어오는 거예요. 다가와서는 이렇게 말해요. "우리가 평화를 이야기하려고 전쟁의 참상을 말할 필요는 없지 않겠습니까? 이걸 접고 평화의 언어로 평화를 이야기하는 건 어떨까요?" 어려운 선택이었지만, 우리는 그 친구의 제안이 옳다고 생각하고 그림을 걷었어요. 오버차지까지 물고 가져온 건데 말이죠.

그런데 그 친구가 너무 멋있는 거예요. 청바지에 티셔츠만 입었는데도 모두가 넋을 잃고 바라볼 정도였어요. 자연스럽게 이것저것 묻게 되었어요. 이탈리아 밀라노에서 모델을 했다고 하더라고요. "모델이 여기에 와서 왜 이러고 있니?" 또 물었죠. "내가 하는 일이 상품을 위해 걷는 거잖아. 쇼잖아. 그런데 어느 날 이탈리아에서 일하는 뮤지션과 예술가들이 평화의 버스를 타고 이라크에 간다는 이야기를 듣고 평화를 위해 걷고 싶다는 생각을 했어. 그래서 이라크에 왔어." 실제로 이 친구는 3개월 동안 이라크에 머물면서 아이들과 함께 걷고 활동했어요. 이 친구에게서 평화의 언어와 예술 활동, 그리고 자신의 직업을 통해서 활동을 한다는 게 뭔지 배웠어요.

밀라노에서 온 한 친구에게 어떻게 왔냐고 물었더니 "열일곱 살 때 엄마 따라서 이라크 평화 여행에 왔다가 경제제재 모니터하는 일을 계속하고 있었는데 전쟁이 터진다고 해서 병원이 필요할 것 같아서 왔어" 그래요. 그 친구는 나중에 이탈리아에 돌아갈 때 대통령이 마중 나오는 유명 인사가 됐어요.

캐시 캘리라고, 노벨평화상 후보에 3번이나 올랐고 이라크 평화운동을 주도하는 미국 여성이 있는데, 이분은 교사였어요. 1996년 방학 때 이라크에 갔다가 그곳의 참상을 보고 매해 이라크로 가는 평화 여행을 했고, 2002년부터는 아예 이라크에 머물며 이라크 전쟁이 터지면 어떻게 평화의 증언 활동을 할지 준비하면서 수많은 교사들을 이라크로 오게 한 분이죠.

이매진피스, '국경을 넘는 여행, 경계를 넘는 만남'

저희 이매진피스에는 직함이 없습니다. 이매진피스라는 단체는 있지만 직함은 없어요. 이매진피스는 각자 자신의 일을 가진 사람들이

저는 2002년에 시민단체 일을 그만두고
나서 여기까지 오면서 계획을 세웠던 적이 없어요.
계획은 없지만 마음속에 방향은 있어요.
그 방향을 향해서 꾸준히 어디에 설지, 여행하듯
나아갈 뿐이지요.

자신의 재능을 나누어 네트워킹하면서 수평적이고 동등한 관계로 평화를 위해 일하는 조직이기 때문이죠. 기부를 하는 회원을 모집하지도 않고, 월급도 없어요. 오히려 저희 주머니를 털어서 일하죠. 재미있고 기쁘니까요. 이런 방식의 관계를 사람들에게 설명하면 이해를 잘 못하시는 것 같아요.

제게 지금 키워드가 있다면 '국경을 넘는 여행, 경계를 넘는 만남'이에요. 2000년, 2002년에 고민하며 찾았던 것도 그런 넘나듦이 있는 삶이었어요. 어떤 때는 환경 문제, 어떤 때는 위안부 문제, 또 어떤 때는 이라크, 지금은 팔레스타인 문제를 이야기하죠. 지금 저보고 산만하다는 사람이 혹시 있을까요? 없어요. 제가 청소년에게 진로에 대해서 이야기할 때, 이 부분을 강조합니다. 저도 많이 혼나고 욕먹었다고요. 지각하는 학생을 칭찬하는 사람이 있을까요? 심지어 저는 아름다운재단에 출근할 때도 매일 차를 잘못 탔어요. 믿으실지 모르겠지만 제가 엄청난 길치거든요. 그래서 자주 지각하곤 했는데 선배들이 혼내기는커녕, "임영신 씨, 오늘은 어디까지 갔다 오셨습니까?" 이렇게 이야기하곤 했죠.

팔레스타인에 가는 것과 티베트를 가는 것과 민다나오를 가는 것은 전혀 다른 일이에요. 평화에 관한 책을 쓰는 것과 여행에 관한 책을 쓰는 것은 또 전혀 다른 일이죠. 그런데 하나의 수렴점이 생기더라고요. 제가 단 하나 놓치지 않으려는 게 있다면 그것은 내가 살아가야 할 삶의 방향이 어디냐거든요. 기자들이 인터뷰 끝에 늘 물어보는 질문이 뭔지 아세요? "앞으로의 계획은 어떻게 되십니까?"예요. 제 한결같은 대답은 "없는데요"입니다. 저는 2002년에 시민단체 일을 그만두고 나서 여기까지 오면서 계획을 세웠던 적이 없어요. 계획은 없지만 마음속에 방향은 있어요. 그 방향을 향해서 꾸준히 어디에 설지, 여행하듯 나아갈 뿐이지요. 아닌 게 아니라 2002년부터 지금까지 쭉 여행하고 있고요.

세상의 스무 살을 만나다

여행하는 사람이 제일 힘들 때가 막 여행에서 돌아왔을 때입니다. 붕 떠요. 그때 뭘 하냐면 제가 가장 좋아하는 일이 뭔지 다시 생각합니다. 평화에 대해 이야기할 때 저는 두 가지를 이야기합니다. 나는 어릴 때 꿈이 없었다는 것, 우리나라는 진로를 너무 일찍 정하도록 강요한다는 것.

열일곱 살 때 저랑 여행을 시작한 친구가 있어요. 이 친구가 열아홉 살이 됐을 때 대학에 가지 않고 저를 찾아왔어요.

"선생님, 저 진로상담 하고 싶어요. 저 외국에 있는 학교로 공부를 하러 가고 싶은데, 어떤 학교로 가면 좋을지 외국에 있는 대안학교를 소개해주세요."

"너는 뭘 공부하고 싶은데? 뭘 하고 싶어? 어떤 학교에 가고 싶어?"

"뭘 하고 싶은지 모르겠어요."

"뭘 하고 싶은지를 알아야, 어떤 학교든 추천해줄 수 있지 않겠어?"

"뭘 하고 싶은지 모르겠어요."

"그럼 그걸 찾아."

"어떻게요?"

"그럼, 그걸 찾기 위한 여행을 해봐."

"저 한번은 아시아 여행을 하고 싶었어요."

그래서 이 친구가 아시아 15개국을 9개월간 여행하는 계획을 세웠어요. 이 친구가 물어요. "선생님, 여행을 한다고 해서 가고 싶은 데를 찾을 수 있을까요?" "아니, 없지. 문을 열려면 열쇠가 있어야 하잖아? 네 키워드가 뭐야?" 제가 물어봤어요. "저는 막막해요. 키워드도 모르겠어요." 이러더라고요. "그럼 막막함을 키워드로 잡아봐." 제가 그랬어요.

"막막함이요?"

"그래 너처럼 막막한 열아홉, 스무 살 친구들을 만나봐. 걔는 뭘 하고 싶어 하는지, 어떻게 사는지, 뭐가 되고 싶어 하는지, 뭐가 좋은지, 뭘 공부하고 싶어 하는지 물어보면 어떨까?"

그러고 나서 이 친구가 자기 여행 타이틀을 어떻게 정했냐면 '세상의 스무 살을 만나다'였어요. 그리고 15개국을 여행하면서 일본 오키나와에서는 미군 기지를 철수시키고 아시아의 유엔 같은 기구를 만들고 싶다는 친구를 만나고 도쿄에서는 피스보트로 세계일주를 준비하는 친구를, 인도네시아에서는 히잡을 쓰고 결혼을 준비하는 스무 살 친구를, 태국에 있는 버마 난민촌에서는 영어를 공부하고 있지만 영어교사가 될 수 없는 스무 살 친구를, 방콕에서는 자원봉사를 하러 왔다가 '난 너무 부유한 나라에서 태어나서 여행을 통해서라도 누군가를 돕는 일을 하고 싶어서 왔는데, 나중에 또 오고 싶어서 국제개발을 공부해야겠어'라고 말하는 노르웨이 친구를 만나고 왔어요.

여행에서 돌아온 뒤 저를 찾아와서는 종이 한 장을 내밀더라고요. '추천서'. 자기가 가고 싶은 학교를 정해 제게 추천서를 써달라고 가져왔어요. 제가 대학 관계자도 아니고 단체 대표도 아니지만 추천서를 썼어요. 뭐라고 썼냐면 '제가 이 친구를 만난 건 이 친구가 열일곱 살 때였습니다. 저희는 이런 여행을 했고, 이렇게 삶의 답을 찾고, 지금 삶의 첫 번째 걸음을 떼려고 하고, 그 공부를 위해서 이 학교에 가려고 하기 때문에 저는 기쁜 마음으로 이 친구를 추천합니다'라고 썼지요.

이 친구는 지금 스웨덴에서 사회적 기업을 양성하는 1년짜리 코스를 밟고 있는데 그곳에선 공부를 어떻게 하냐면, 우물을 파는 프로젝트에 참여한 친구를 통해 2주 동안 집중적으로 분쟁 지역에서 우물을 파는 일을 배워요. 또 사회적 기업을 만든 경험이 있는 친구를 통해 한 달 동안 집중적으로 그 일을 공부해요. 공부를 마치고 인턴을 하려는데 팔레스타인 어디를 가면 좋겠냐고 스웨덴에서 메일을 보냈더군요. 이 친구는 지금 스물두 살이고 저는 마흔한 살이 됐어요. 저와 이 친구는 멀리 떨어져 있지만 같이 여행을 하고 있어요. 아직 직업을 정하지 않았지만, 저는 이 친구가 진로를 잘 찾아가고 있다고 생각해요. 자신이 뭘 하고 싶은지를 진지하게 물었고 방향을 찾았을 때 그것을 향해 나아가는 결단력과 실천력을 길렀다고 여기기 때문이죠.

지금도 저는 청소년들과 만나 이야기하고 강의도 많이 합니다. 아이들이 저를 찾아오고, 한 살 한 살 더 먹고, 삶의 길을 찾아가는 걸 보면서 제가 요즘 발견하는 제 은사恩賜(하나님이 준 재능)는 멘토링이라는 생각을 해요. 제가 길을 찾느라 고민하고, 사회적 압력 속에서 규정되지 않은 직업을 거쳐왔는데, 지금은 너무 놀랍게도 고용정보연구원에서도 찾아와서 전국 대학생을 대상으로 직업 개발 관련 강연을 해달라고 하니까요.

좋은 여행은 나를 바꾸고, 성숙한 여행은 세상을 바꾼다

저는 삶의 방향과, 삶의 형태와 제가 걸어가는 삶의 속도를 스스로 정해온 것 같아요. 2002년 이후 펀드레이징을 하지 않았지만 한 번도 가고 싶은 곳에 못 간 적이 없었고, 평화도서관을 만들고 싶은 곳에 만들지 못한 적이 없었어요. 내일모레 공정여행 축제를 하는데, 4년째를 맞습니다. 성미산 공동체에서 마을 전체를 열어주셔서 수백 명이 모입니다. 저희가 축제를 조직할 때의 원칙은 세 가지입니다. 뮤지션이든 강사든 누구든 모두 자원봉사로 한다. 상업적인 일을 하지 않는다. 정부와 기업의 후원을 받지 않는다. 그래도 4년째 너끈히 치르고 있습니다.

지금 저희가 하는 일은 '희망의 지도'라는 프로젝트예요. 지도를 하나 놓고 인권이면 인권, 여성이면 여성, 예술이면 예술을 키워드로 각각 세계일주를 할 수 있는 루트를 짜보는 겁니다. 인도에 가면 델리에도, 타지마할에도 들르겠지만 거기에는 맨발대학도 있고, 시드뱅크도 있어요. 인도에서만 표기할 수 있는 다른 지도가 있거든요. 저희는 10년 동안 그 수많은 곳을 다녀왔는데 거길 다녀와서 "난 이런 곳에 갔다 왔다. 갔다 왔더니 참 훌륭하더라"라는 식의 책도 쓸 수 있었겠지만, 지금의 제 초점은 멘토링입니다. 제가 그곳에 열 번을 가고 그래서 전문가가 되기보다는 백 명, 천 명의 사람이 그곳에 갈 수 있도록 길을 잡아주는 일을 택한 거죠. 제가 이라크를 여행하고 피스보트를 타고 분쟁 지역을 여행하면서 깨달은 게 있거든요. 제가 특별히 훌륭해서 수와드 아줌마를 만난 게 아니라 그곳에 가면 누구나 그런 사람과 현장을 경험한다는 거죠. 꼭 유명한 사람이 아니어도 아무리 평범한 대학생이나 고등학생이 가도 그 현장에는 감동이 있고 그 현장만이 가진 어떤 변화가 있다는 거죠. 저는 좋은 여행은 나를 바꾸고, 성숙한 여행은 세상을 바꾼다고 믿어요.

청년이나 혹은 어른들이 나를 바꾸는 여행, 세상을 변화시키는 여행을 하기 시작하면, 우리가 들고 다니는 지도가 예전에는 전쟁과 정복을 위해 만들어진 것이었지만, 앞으로는 인권과 평화를 위한 새로운 길을 여는 지도가 되리라고 생각합니다. 벌써 6명째 세계여행하는 친구가 생겼어요. 직장에 사표 내고 간 친구도 있고, 자기 노래를 찾으러 간 친구도 있죠. 정동극장 퍼커셔니스트였던 친구는 북 하나 들고 세계를 떠돕니다. '생각보다 너무 힘들어요.' 이렇게 메일을 보내오는 친구도 있어요. 그 친구들이 여행을 마치고 돌아왔을 때 자신들의 여행을 수렴하는 어떤 거대한 프로젝트가 희망의 지도라고 생각합니다. 이건 돈이 아니라 마음으로 하는 겁니다.

저는 진로를 결정하는 일보다 중요한 것은 물을 시간을 주는 것이

나를 바꾸는 여행, 세상을 변화시키는
여행을 하기 시작하면, 우리가 들고 다니는 지도가
예전에는 전쟁과 정복을 위해 만들어진
것이었지만, 앞으로는 인권과 평화를 위한 새로운
길을 여는 지도가 되리라고 생각합니다.

라고 생각해요. 뭘 좋아하는지만 묻지, 진짜 그걸 좋아하는지 경험할 시간을 우리 사회는 주지 않아요. 저희 이매진피스에는 두 개의 도장이 있어요. 누가 뭐 하고 싶다고 하면 "일단 해봐" 하고 도장을 쾅 찍어줘요. 그리고 힘들다고 하면 "아님 말고" 하면서 도장을 찍어줘요. 그런데 진짜 하기로 결정한 일은 끝까지 책임지는 사람만 활동가로 계속 남아요. 그냥 포기하는 것과 시도해봤는데 아닌 것 같다고 본인이나 여럿이 판단해 포기하는 것은 다르니까요. 더 많이 경험하고, 더 많이 실패하고, 더 많이 시도할 기회를 줄 때 그 사람이 진짜 자기가 잘하는 일이나 자기가 새롭게 만들어갈 수 있는 일을 찾으리라고 생각해요. 내가 진짜 좋아하는 것을 경험할 시간이 우리에겐 너무 없어요. 중고등학교에서는 물론이고 대학에 가서도 말이죠.

더디더라도 천천히, 스스로 파는 우물의 가치

저는 결혼해서 애가 셋이에요. 제가 어떤 삶을 살아야 할지 삶의 방향을 잡았을 때 남편을 만났기 때문에, 여러 일을 하며 고민은 했지만 처음부터 포기한 적은 없었어요. 남편이 저를 믿고 도왔죠. 지금은 남편이 교회를 개척했기 때문에 제가 전폭적으로 지원하는 그런 시간을 보내고 있어요. 저희는 결혼기념일마다 항상 세 가지를 묻기로 했어요. 지금 행복한가? 지금 사랑하는가? 지금 성장하고 있는가? 결혼 14년차쯤 되는데, 지금 그 질문에 대해서 서로가 예스, 라고 대답할 수 있는 결혼생활을 하고 있다고 생각해요. 아이들도 저희가 하는 걸 봤으니 자기 길을 찾으리라고 봐요.

첫째가 그러더라고요. "엄마, 난 논이 너무 아름다워. 그래서 난 농업을 공부하고 논을 찍는 사진가가 되고 싶어." 중학교 때까지는 집에 있고 싶으니 고등학교 때부터 풀무학교에 가서 농업을 배우고 난 뒤 논을 찍는 사진가가 되고 싶다는 겁니다. "일단 해봐" 하며 똑딱이 카메라를 사줬어요. 그랬더니 휴대전화로 자기가 찍은 사진을 저한테도 보내고 블로그에도 올리기 시작했어요. 이 친구 꿈이 변할 수도 있겠지만 전 아마 그때마다 격려해주리라 속으로 생각해요. "네 진짜 꿈은 네가 몇 살 때 찾을지 몰라. 그 꿈을 찾는 과정도 인생이니까 그 과정도 네 꿈의 일부라고 생각하고 즐겨봐"라고 말해주고 싶어요.

진로는 꼭 청소년만이 아니라 어른이 된 우리에게도 마찬가지로 큰 고민거리라고 생각해요. 앞날에 대한 고민을 끝낸 사람이 누가 있을까요. 40이 되고, 50이 되고, 60이 되어도 진로 문제는 우리에게 끊임없이 남지요. 헬렌 니어링과 스콧 니어링의 책을 보면 스콧 니어링이 죽었을 때 마을 사람들이 플래카드를 들고 나와서 이렇게 말했다고 해요. "스콧 니어링이 우리랑 백 년을 살아서 우리가 참 행복했다."

인도의 불가촉천민들을 위한 학교, 맨발대학의 창립자는 벙커로이라는 분이에요. 그 학교는 학위를 주지 않아요. 이유를 물었더니 그때

"여러분, 외부에서 온 전문가가 우물을 파주길
원하십니까? 좀 더디더라도 여러분 스스로가 기술을
배워 여러분을 위한 우물을 파기를 원하십니까?"

하신 말씀을 잊을 수가 없어요. "그 사람이 정말 그것을 배웠는지 증명해줄 수 있는 권위는 이 세상에 존재하지 않는다. 그 사람의 배움은 그 사람의 삶을 통해서 증명될 수 있을 뿐이다. 우리는 가르쳐줄 수는 있지만 그 사람이 배웠다고 증명해줄 수는 없다. 그래서 우리는 졸업장이나 수료증을 주지 않는다"는 거예요. 그 맨발대학이라는 공동체에서는 불가촉천민 여성의 신분을 드러내는 성을 빼고 이름만 불러요. 태양열 조리 기구를 3개월만 배우면 만들 수 있고, 태양열 축전 램프를 만들 수도 있지요. 이 여성들이 만든 램프 불 아래에서 조혼으로 팔려가던 아이들이 밤늦게까지 공부를 하며 성장합니다. 무려 150개 마을에서.

　맨발대학의 첫 사업은 불가촉천민 마을에 우물을 설치하는 것이었는데, 우물을 파주기 전에 벙커로이가 그 여성들에게 물어봐요. "여러분, 외부에서 온 전문가가 우물을 파주길 원하십니까? 좀 더디더라도 여러분 스스로가 기술을 배워 여러분을 위한 우물을 파기를 원하십니까?" 저는 여기서 중요한 포인트가 '더디더라도'라고 생각해요.

　저는 훌륭한 사람도 아니고, 딱히 직업이 있는 사람도 아니고, 고액 연봉자도 아니지만 스스로 굉장히 행복하며 운이 좋은 사람이라고 생각해요. 자기 인생만을 위해서 쓰기에는 너무나도 많은 것을 선물로 받은 사람이라고 생각해요. 그래서 누군가의 길을 찾는 일에 제가 조금이라도 도움이 되고 싶고 누군가가 새로운 길을 떠나려고 할 때 그 사람의 등을 두드려주는 역할을 하고 싶어요. 그래서 오늘 강의도 역시 계획했던 것과는 전혀 다르게 새버렸네요. 긴 이야기 들어주셔서 감사합니다.

≫ 여행은 준비한 만큼 갈 수 있죠

사회자 남의 강의 듣다가 이렇게 눈물 글썽인 적이 별로 없는데 ……. 마음에 울림이 컸고 참으로 벅찬 두 시간이었다는 생각이 듭니다. 질문하실 분들 질문을 준비해주세요.

청중1 남편과 세 자녀와 함께 여행을 하신 적이 있으신지요?

임영신 제 남편 별명이 1킬로인데요. 계획 세우지 않고 밖으로 나가지 않고, 특정 목적 없이 1킬로미터 이상 나가지 않아요. 그런데 최근에 팔레스타인을 함께 여행하기 시작했어요. 아이들과는 좀 큰 다음에 좀 덜 위험한 데부터 여행하기 시작했고요. 여행하는 법을 가르치죠. 여행은 기다리는 것, 준비한 만큼 갈 수 있다는 것, 그리고 여행을 할 때 만난 사람들을 대하는 태도도 일러줍니다. 막내가 여섯 살인데 자기 꿈이 여행가라네요. 둘째는 공부를 잘해요. 첫째가 둘째보고 그러더라고요. "넌 계속 공부를 잘해야 한다. 넌 기자나 변호사가 되어야 한다. 오빠는 여행도 하고 사진도 찍어야 하는데 돈 못 버니까 네가 여행비, 생활비, 장비값 다 대줘야 한다." 진로 설계를 구체적으로 하더라고요.

사회자 사실 꽉 짜여진 강의여서 질문이 많지 않은 모양인데요.

임영신 피스보트를 통해 새로운 길을 찾아가는 일본 친구들이 있는데, 진로 문제를 이야기하느라 시간이 모자라서 못했네요. 그 얘기를 좀 하죠.

피스보트를 타고 지구를 한 바퀴 도는 데 3개월이 걸리고 비용은 3천만 원 정도 들어요. 지구대학이라는 프로그램을 운영하죠. 대학원 마지막 인턴십으로 이 배를 타려고 했는데, 이라크에 가는 바람에 포기했다가 나중에 운이 좋게 탈 기회를 얻었어요. 제가 다시 이라크에 가려고 준비하는데 "우리 배를 타고 이라크로 가는 것은 어떠냐?"고 그쪽에서 연락이 왔어요. 도쿄에서 터키까지 한 달간 태워줄 테니, 배 위에서 제가 했던 이라크 여행 얘기를 하라는 거지요.

≫1년에 세 번 지구를 일주하는 일본의 피스보트

일본도 우리나라 못지않게 꽉 짜인 사회죠. 도쿄대가 서울대고 와세다가 연세대고. 1984년 일본 정부가 교과서를 개정하면서 일본의 아시아 침략을 진출이라고 하자 와세다 대학의 역사학과 학생들이 모여서 토론하기 시작했어요. 그리고 정부에 묻기 시작했죠. 어째서 침략이 아니고 진출인지. 그러다 한 친구가 이렇게 말했대요. 진실을 정부에 묻지 말고, 일본의 침략을 경험한 아시아의 국가를 찾아가서 피해자에게 직접 묻고 그곳에서 진실을 듣자고. 그래서 대학생 친구들이 주머니를 털어서 배를 내(일본에는 그런 문화가 있답니다) 띄우기 시작했어요. 그게 피스보트의 시작이에요. 그리고 지금은 1년에 세 번 지구를 일주합니다. 한 번 도는 데 예산이 60억 원이 들어요. 60명의 공동대표가 1억 원씩 책임지죠.

일본은 우리나라보다 20년 먼저 여행을 시작했어요. 소득이 높으니 이미 1950년대 후반부터 세계로 나가기 시작한 거죠. 피스보트에는 일반 크루즈 여행과 비슷한 프로그램이 있어요. 태극권 교수가 타면 아침에 갑판에 나와서 다 같이 태극권을 하고 또 퀴즈쇼를 하기도 하고요. 아침에 보면 선실에 2백 개의 프로그램이 배달돼요. 자주기획이라는 게 있어요. 제가 오늘 여러분과 강의실이 아니라 선상에서 만났다고 생각해보세요. 그럼 배에서 제 역할은 강사가 아니라 선상 안내인이에요. 그러면 제가 배에 타기 전에 제 프로필을 다 돌리고 제 책을 소개하고 임영신과 함께 평화에 관한 행동을 할 지원자를 모집해요. 첫날 제 라이프스토리를 쭉 얘기하고 이 배에 타고 있는 동안 하고 싶은 것이 무엇인지에 대해 대화를 나눕니다. 배에는 다른 국제 게스트가 있죠. 게스트와 게스트가 만나서 새로운 프로그램을 만들기도 해요. 제가 평화에 대한 이야기를 하자 재일조선 활동가가 제 말을 통역하고, 재즈 피아니스트가 연주를 했습니다. 한국에서는 상상할 수도 없는 조합이죠. 이런 새로운 일이 날마다 일어나는 거예요.

그런데 진짜 놀라운 것은 그 항해를 안내하는 사람들이에요. 이십대 초반에서 삼십대 중반의 사람들이 이 60억 프로젝트를 책임진다는 거예요. 제가 배를 탔을 때는 20억의 프로그램을 책임진 디렉터가 스물한 살의 대학도 가지 않은 청년이었어요. 도쿄대 법대를 나온 친구, 와세다 대학 역사학과를 나온 친구, 남편이 중국 천안문 사태의 주인공인 사람, 국회의원 등등 다양한 사회적 레벨을 가진 사람들이 있어요. 그런데 그 안에 젊은 댄서도, 폭주족도 있어요. DJ도 있지요. 음반을 4천 장을 싣고 타요. 부산항에 가까워지면 거기 맞는 음악이 나오면서 이벤트를 벌입니다.

인도를 간다면 인도와 파키스탄과 카슈미르 출신의 세 명의 게스트를 내세워요. 그래서 그 지역에 도착할 때까지 3개의 시선으로 그 지역을 보는 훈련을 합니다. 일주일을 보낸 다음 배에서 내릴 때는 통합된 관점을 갖게 되죠. 이건 한 번 강연 듣고, 한 권의 책을 읽는 것과는 전혀 다른 차원의 학습이죠. 자주기획이 이때 위력을 발휘합니다. '저와 스리랑카에 도착할 때까지 춤을 배우실 분'이란 공고가 나붙어요. 스리랑카에 도착해서는 수강자가 아니라 공연자가 되는 거예요. 기획하고, 기획 당하고, 말하고 듣는, 영역을 넘나드는 일이 이 안에서는 계속 일어납니다.

≫ 국경과 경계를 넘는 학습의 장

이라크에서 평범한 직업을 가진 사람들이 일상적으로 국제 활동을 하는 것을 봤습니다. 피스보트에서는 제가 생각했던 일본인과는 너무나도 다른 자유롭고 창조적인 사람들을 만났습니다. 일어를 못 해도 3백~5백 명 앞에서 강의하는 데 어려움이 전혀 없었어요. 통역이 바로 따라붙거든요. 모두 자원봉사자예요. 커뮤니케이션 코디네이터가 30명 정도 돼요. 그래서 제가 '송인수 씨와 대화하고 싶습니다'라고 얘기하면 개인 통역이 와서 저희 둘이 인터뷰를 할 수 있도록 도와줘요. 그리고 제가 배에 탄 인도분들하고 이야기하고 싶다고 하면 다른 통역이 와서 도와줘요. 3개월 내내 배 위에서 국제 컨퍼런스가 개최되고 기항지에 도착할 때마다 기자회견이 열리는데, 이건 다 이십대 초반의 젊은이들이 기획하고 결정하는 거예요.

스물한 살인 한 친구는(이벤트 디렉터) 대학에 가지 않고 피스보트로 지구 일주를 10번 정도 한 친구라네요. 팔레스타인에도 벌써 10번이나 간 전문가예요. 왜 대학에 가지 않았냐고 그 친구에게 물었더니 자기는 피스보트라는 배를 통해서 세계를 배우고 있기 때문에 대학에 갈 틈도 없었고 대학에서보다 더 많은 걸 배우고 있다고 답하더라고요. 더 놀라운 것은 스물한 살짜리 학위도 없는 이 친구에게 책임을 맡기는 일이 자연스럽게 이루어진다는 거죠. 배움과 경험을 분리하지 않고 국경과 경계를 넘는 것을 피스보트의 강의실에서 배울 수 있습니다.

세계가 1백 명 주민의 마을이라면 지금도 여전히 여행할 수 있는 사람은 16명밖에 안 돼요. 한국에선 국민의 25%(1천3백만 명)가 여행한다는 놀라운 통계가 있어요. 한 해에 3개월 이상 해외에 나가 있는 19세 미만의 청소년 수가 2007년에 10만 명을 돌파했어요. 유학생 수 20만 명을 별도로 하고도요. 그런데 도대체 우리는 어떤 여행을 하고 있을까요. 열일곱 살 난 친구들과 필리핀 여행을 하면서 현지 사람들과 인터뷰를 한 일이 있어요. 유원지에서 여자 가이드를 때려 쓰러뜨린 사람, 배에 탄 여자를 성추행한 사람, 무슬림 지역에서 삼겹살을 구워 먹다가 쫓겨난 사람, 카지노에서 바지 벗고 다니는 사람, 겨우 하루 동안 들은 한국인에 관한 추문이었습니다.

≫ 여행은 소비가 아닌 만남, 구경이 아닌 소통

애들이 묻기 시작했어요. "왜 그런 여행을 하는데, 아무도 말하지 않는 거죠?" 여행사 직원이 말했어요. "고객은 왕이니까요." 필리핀 공항에서 한국인 엄마가 어학연수 가는 아이한테 그러더군요. "필리핀 애들 냄새 나니까 집에 들이지 말고, 원숭이처럼 재빠르니까 MP3 조심하고, 카메라 만지게 하지 마." 아이들이 패키지여행과 어학연수를 통해 아시아는 무시해도 괜찮다는 걸 배운다는 거죠. 저는 여행을 통해서 사람을 존중하는 걸 배우고 외부에서 입력한 지도가 아닌 나만의 지도를 만들어가는 과정이 중요하다고 생각해요. 여행이 소비가 아니라 만남이라는 것, 구경이 아니라 소통이라는 것.

아들이 저와 필리핀 여행을 하고 나서 그러더라고요. 또 가고 싶다고. "그럼 엄마가 필리핀 여행을 가는 프로그램을 만들까?" 했더니 "엄마, 거기는 그렇게 사람들이 몰려가면 안 되는 곳인 것 같아. 많은 사람들이 거기가 좋다고 가기 시작하면 와와이 마을이 다 파괴될 것 같아. 엄마 나는 또 가고 싶지만 참을게" 하고 말하더군요.

사람들의 환대를 경험한 이 친구 마음속에 그들을 소중히 여기는 마음이 깃든 거예요. 저는 그 마음 하나를 얻었으면 그걸로 족하다고 생각했어요. 한 번 뜬 눈은 감을 수 없거든요. 저는 여행을 통해서 아이들이 진정한 세계에 대해서 눈뜨게 만들어주는 것이 중요하다고 생각합니다.

인문학적 소양이 미래를 결정한다

최영우 (주)도움과 나눔 대표

고전 언어와 철학 관련 책을 읽는 CEO

저는 강의에 익숙지 않습니다. 더군다나 아직 젊은 제가 삶에 대해서 이야기한다는 게 마땅치 않다고 생각합니다. 아직도 어떻게 살아야 할지를 고민하는 사람이고, 삶의 문제를 다 해결한 것도 아니기 때문에 그렇습니다. 고민 중인 사람끼리 고민을 공유하는 그런 시간이 되었으면 좋겠습니다. 강의 제목은 '불안하지만은 않은 나그네'. 저는 제가 나그네라고 생각합니다. 어떤 정착인보다 편안하게 사는 유목민.

현재 저를 설명하는 것이 몇 가지 있습니다. 우선 비영리 컨설팅 전문기업 (주)도움과 나눔의 CEO인데요. 우리 회사 직원이 80명 정도 됩니다. 머지않아 1백 명이 넘을 것 같아요. 주로 비영리단체의 모금 전략을 컨설팅하는데 다루는 범위가 매우 넓습니다. 서울대·세브란스병원·고려대를 비롯해 지방 국립대, 지방 대학 병원, 문화예술단체, 자선단체, 국제 조직 등 수많은 고객을 가지고 있습니다. 상당히 중요한 비즈니스를 하고 있어요. 미국에서는 이런 비즈니스가 1백 년 전부터 시작됐습니다. 유럽에서는 20여 년 됐고, 한국에서는 제가 10년 전에 시작했습니다. 우리가 회사를 만들었다기보다는 산업을 만든 셈이고, 아시아에서는 가장 큰 회사입니다.

저는 목공 일을 좋아합니다. 그래서 스트레스가 많이 쌓이면 나무로 작업을 합니다. 제가 직접 디자인해서 만드는데 상당히 맵시 있다는 평가를 받습니다. 주로 버려진 나무를 재생해서 가구를 만들죠. 교회 간판을 수천 번 대패질해서 의자를 만들기도 했습니다. 대패 자국이 나 있고, 거칠기 때문에 그 의자가 더 좋습니다. 제가 검은 벽돌로 제작한 책장과 주워온 나무로 만든 벤치는 우리 집에서 히트 상품입니다. 나무 조각이 각기 다른 최영우표 벤치는 우리 집사람이 좋아해서 안방을 차지하고 있습니다. 최근에는 컴퓨터 책상, 침대 협탁까지 만들었습니다. 이러다 보니 전업해도 문제없겠다는 소리를 듣습니다.

저를 설명하는 또 하나는 고전 언어입니다. 저는 고전 언어에 빠져 있습니다. 그리스어와 히브리어를 4년쯤 공부했고, 라틴어도 공부해볼까 생각 중입니다. 다 독학으로 익히고 있죠. 헬라어 〈신약성서〉를 다 읽고 히브리어 〈구약성서〉는 2010년 4월부터 읽기 시작해 5백 쪽가량 읽었습니다. 이렇게 고전 언어로 된 책을 매일 봅니다. 지난 4년 동안 영어로 된 고전 언어 문법책을 50권 정도 읽었어요. 머리가 아프면 그리스어 문법책을 봅니다. 그러면 좋은 음악을 듣는 것처럼 머리가 정리됩니다. 음악을 들을 때 편안해지는 이유는 '질서의 회복' 때문이에요. 언어 속에도 질서가 있습니다. 질서가 공명이 되면서 쾌감을 느끼게 되죠. 좋은 음악을 들을 때 뭔가 반응하잖아요. 그건 여러분 속의 질서가 반응하는 것입니다. 이런 매력 때문에 점점 고전 언어에 빠져들고 있습니다.

현상학이라고 하는 철학 분야에도 관심이 많습니다. 특히 하이데거의 '존재에 대한 물음'에 빠져 있습니다. 왜냐하면 제가 하는 일이 모금, 즉 펀드레이징인데, 비영리단체가 무엇인지 해석해야 합니다. 비영리단체가 사회와 소통하는 행위가 무엇인지 이해해야 하죠. 그러려면 본질에 대한 이해가 있어야 합니다. 도대체 비영리단체가 무엇인지, 모금을 한다는 게 무엇인지 이해해야 합니다. 여기에 시사점을 줄 수 있는 철학자 중 한 사람이 하이데거고 다른 한 명은 하버마스입니다. 하버마스의 의사소통 행위이론은 현대 사회를 설명하는 중요한 틀을 많이 제공해주고 있습니다.

인문학적 저력이 비즈니스 경쟁력 좌우

회사 대표가 40이 넘어 50이 되면 경영학 책에서 별로 도움을 못 받습니다. 마케팅, 조직관리 등 경영 전 분야에서 큰 도움을 받지 못하죠. 그래서 어느 정도 궤도에 올라선 회사가 다음 단계로 넘어갈 때는 CEO의 인문학적 저력이 비즈니스 경쟁력을 결정합니다. 인문학적 저력이 있는 CEO는 세상이 어떻게 바뀔지, 자신의 비즈니스가 어떻게 달라져야 하는지 꿰뚫게 되거든요. 롯데마트가 '통큰 치킨'을 내놓은 건 인문학적 성찰이 전혀 없는 거죠. 난전에서 자리 갖고 싸우는 아줌마처럼 장사하겠다는 것이니까요. "내가 먼저 왔는데, 너희가 왜 이래" 하면서 머리카락 잡아당기며 장사하는 수준인 겁니다.

영국에 로이드라는 아주 큰 보험회사가 있어요. 이 회사는 주로 철

> 어느 정도 궤도에 올라선 회사가 다음 단계로 넘어갈 때는 CEO의 인문학적 저력이 비즈니스 경쟁력을 결정합니다. 인문학적 저력이 있는 CEO는 세상이 어떻게 바뀔지, 자신의 비즈니스가 어떻게 달라져야 하는지 꿰뚫게 되거든요.

학과 사학을 공부한 사람을 채용합니다. 왜 그럴까요? 보험과 관련한 의사결정은 대부분 윤리적인 문제예요. 인문학적 이해가 있어야 풀 수 있는 문제지요.

미국 MIT가 처음에는 공학만 가르쳤어요. 이 대학 출신은 똑똑하니까 졸업한 뒤 삼십대까지는 정말 잘 나가요. 문제는 40세쯤 되면 공학적 판단보다 정책적 판단을 해야 하는 자리에 앉게 된다는 거죠. 그때 인문학적 소양이 없는 사람은 무엇을 어떻게 해야 할지 몰라서 헤맵니다. 이와는 반대로 여학생 쫓아다니고 철학과 기웃거렸던 프린스턴 공대 출신은 처음에는 조금 밀리다가 40이 넘어가면서부터는 공학만 공부한 사람과 위치가 완전히 역전되는 거예요. 지금 대학에서 인문 교육은 하지 않고 당장 사회에서 써먹을 수 있는 사람을 만들어내는 데만 치중하는 것은 마약을 먹이는 짓입니다.

우리 회사 직원들이 불안해해요. 이놈의 대표가 경영학 책이나 기업경영 책은 별로 안 보면서, 만날 고전 언어 책이나 읽고 직원에게 언어학 가르쳐주겠다고 하니까 걱정되는 모양이에요. 하지만 제 생각은 다릅니다. 언어학이나 철학같이 어려운 책을 많이 보는 사람은 경영학 책이나 중요한 영어 자료 볼 때 해석 능력이 높고 이해가 굉장히 빠릅니다. 제가 다른 사람보다 경영학 자료를 많이, 더 빨리 볼 수 있는 거죠.

꿈은 장난감이자 학습도구

제 삶을 일반화하기는 좀 어렵다고 생각합니다. 왜냐하면 살아온 경로가 일반적인 사람과는 많이 달랐기 때문입니다. 저는 꿈이 지나치게 자주 바뀌었어요. 늘 새로운 꿈이 있었습니다. 그래서 '소명'에 대해 강하게 얘기하는 사람을 불안하게 생각해요. 특히 직업적 소명 운운하는 사람은 더욱 불안해 보입니다. 예를 들어 처음부터 변호사로 태어났다고 말한다든가, 천직이라고 이야기하는 사람은 어쩐지 불안해요. 약사인 우리 집사람은 저한테 늘 이렇게 말합니다. "당신은 좋겠다. 하고 싶은 일 해서." 집사람은 약사 일 하는 게 싫은 거예요. 공부 잘해서 점수가 좋으니까 약대 갔고, 약사가 좋은 직업이라고 하니까 못 버리는 거죠. 자기 삶을 살고 있다는 생각을 못 하는 것 같아요.

직업을 정해놓고 그 직업을 갖기 위해서 매진하는 사람 중 상당수가 실망하거나 깊은 고민에 빠질 가능성이 있습니다. 제 아들이 중학교 1학년 때 장래희망란에 변호사라고 썼는데 2학년이 되자 미정으로 쓰겠대요. 제가 그렇게 하라고 했어요. 제가 학부모란에 '아이가 여러 방면에 관심이 많아서 아직 결정할 수 없다. 이렇게 물어보는 것은 가혹하다'고 썼습니다. 그런데 꿈이 자주 바뀌면 특목고 갈 때 마이너스라네요.

저에게 꿈은 장난감이자 학습도구였어요. 꿈은 매 순간 저에게 진실하게 다가왔으니까요. 고2 때 페스탈로치가 쓴 〈은자의 황혼〉을 본 다음에 제 인생의 진로를 결정했습니다. '나는 교육행정을 연구하는 사람이 되겠다.' 그때 저는 심각했어요. 〈은자의 황혼〉에 이런 말이 나옵니다. "교육행정가는 아이들이 홍수가 나서 학교에 가지 못하는 상황을 방지하기 위해 개울에 다리를 놓는 사람이다." 이 말이 저를 왜 그렇게 울렸는지 모르겠어요. 그래서 고등학교 때 독일어를 공부했습니다. 페스탈로치를 연구하러 스위스를 가야겠다고 생각했고 책을 많이 읽었어요. 신학교 대학원에서 나오는 논문도 여러 편 읽었죠. 기독교교육학과에서 나오는 논문도 많이 탐독했습니다. 그리고 2년 동안 하루도 빠짐없이 기도했어요. "신이시여, 저를 서울대 교육학과에 보내주십시오." 목표가 명확했어요. 서울대 교육학과에 들어가야 학자가 될 수 있을 것 같았거든요.

당시 제 점수가 서울대 교육학과에 들어가기에는 아슬아슬했습니다. 그때 소설 〈달과 6펜스〉를 읽었습니다. 그 소설에 "돈이란 제 육감과 같아. 그게 없이는 다른 오감을 제대로 사용할 수가 없지"라는 말이 나와요. 돈이 없으면 인간의 오감을 제대로 누리지 못한다? 심각하게 흔들리기 시작했어요. 집안의 반대도 있고 해서 고려대 무역학과에 진학하고 말았죠.

교육학자의 꿈 접고 무역학과 진학

대학교 1학년 때 너무나 불행했습니다. 첫 수업이 회계원리였어요. 첫 수업 때부터 머리가 멍해지더군요. 힘들고 외롭고……. 제 고등학교 동기 중에 함께 고려대에 간 친구가 5명 있었어요. 입학 한 달 만에 고대 앞에 있는 술집에 둘러앉아서 "내 고향 남쪽바다" 하고 노래를 부르면서 울었습니다. 그러고는 집에 내려가서 고민을 많이 했죠. 마음을 다잡으려고 굉장히 노력했어요. "전공에 충실하자." 굳게 다짐했죠. 학점은 잘 나왔어요. 4년 동안 장학금을 받고 다녔으니까요.

대학교 1학년 2학기 때부터 CPA(공인회계사) 공부를 시작했습니다. 제가 대학에 다니던 1980년 당시에는 경영학을 공부하는 거의 모든 사람의 꿈이 CPA였습니다. 공인회계사 되면 집이 일어서니까. 서울 종로 부기학원에 등록해서 밤 11시까지 중급회계를 공부했습니다. 그러다가 대학교 2학년 어느 날 '이게 내 길인가' 하고 다시 심각하게 고민하기 시작했습니다. 제가 당시 일기에 이렇게 썼어요. "나는 왜 이렇게 단순하지 못할까. 이 길이 제대로 가는 길인데 왜 이렇게 복잡하게 생각하며 흔들릴까." 그때는 제가 기도를 못 하겠더군요. 기도하러 가면 신께서 "야, 그거 너의 길 아니다"라고 할 것 같았어요. 이 길이 아닌 것 같은데 돈을 벌려면 이 길을 가야 하고……. 엄청나게 고민했습니다.

대학교 2학년 때 도서관 서가의 교육학 코너가 처음으로 눈에 띄었어요. 가슴이 콩닥콩닥했습니다. 충동적으로 교육학과 관련 책을 5권 빌려서 3일 만에 다 보고 반납했어요. 몇 달 동안 이렇게 교육학 책을 쉬지 않고 빌려보았습니다. 그리고 제 길을 바꿨습니다. "다시 교육학이다." 경영학을 공부하면서 '합법적으로' 교육학을 배우는 유일한 길은 교육행정고시 공부를 하는 것이었어요. 고대 경영대에 '탁마정'이라는 고시반이 있었어요. 거기에 들어가려고 시험을 봤는데 덜컥 된 거예요. 공간도 제공해주고, 모든 편의를 다 봐줬습니다. 그 안에서 교육행정고시 공부를 시작했습니다. 하지만 고시에 떨어졌어요. 고시도 떨어지고 3학년이 되니까 교육학에 대한 갈증이 사라지더군요. 사범대 수업을 듣는데 좀 답답했어요. 교육도 제 길이 아닌 것 같았어요.

교육행정고시에 실패하고 선교의 길 꿈꾸기도

그 후 제 가슴에 불을 지른 게 '선교'였어요. 한 기독교 모임에서 만난 분이 읽어준 어떤 글이 제 마음을 확 사로잡았죠. "이제 선교사가 되겠다." 그때부터 영어 공부를 열심히 했어요. 나중에 동남아시아 선교사가 되려고 말레이시아어(인도네시아어)를 공부하기도 했고요. 대학교 4학년 때 "신이시여 나의 길이 선교사입니까?" 하고 물었더니 아니라는 거예요. 제 마음에 1년간 불을 질러놓고, 저는 모든 걸 다 바쳐서 쫓아다녔는데 아니라는 거예요.

'네가 왜 선교사를 하려고 하느냐'고 저 스스로에게 반문하니까 몇 가지 동기가 있었어요. 첫째는, 한국의 구질구질한 '백그라운드'를 끊어버리고 싶었던 마음이 있었어요. 아버지가 트럭 기사였고, 집이 지지리 가난했어요. 부산의 사상공단 주변 변두리에서 자란 저는 열등감을 가지고 있었어요. 그러니까 선교사가 된다는 것은 신데렐라가 되는 것과 같다는 막연한 느낌을 가졌던 거예요. 신분이 바뀌는 일이지요. 운전기사의 아들이 아닌 선교사. 잘못된 생각이지요. 결국 선교도 제 길이 아니라고 생각했어요.

그러다가 이거다 싶었던 게 '토지정의'예요. 대학교 4학년 때였어요.

오후 3~4시쯤에 전라도에서 올라온 농민들이 학교에서 데모를 했어요. 그걸 보면서 내가 정의에 대해서 너무 모르고, 진실하게 반응한 적이 없다는 생각을 하게 됐습니다. 고민이 시작됐어요. 그러다가 우연히 접한 책이 〈토지와 자유〉〈진보와 빈곤〉이었어요. 그다음부터 제 꿈은 토지개혁이 되었습니다. 아시아의 토지개혁을 이끌겠다고 각오하고 무섭게 공부했죠. 헨리 조지 Henry George의 책을 비롯해 수많은 책을 독파했습니다. '한국에서 이거 이해하는 사람 없을걸' 이러면서 지냈어요.

제가 젊어서 꾼 꿈의 편차가 꽤 크죠? 이 모든 꿈이 저에게는 하나의 장난감이었어요. 아이가 놀이를 통해 규칙도 배우고 숫자 개념, 추상적 개념을 이해하게 되잖아요? 꿈이 아이의 미래를 결정한다고 보기는 어려워요. 하지만 꿈이 학습 에너지를 키워주는 것만은 분명합니다. 그래서 꿈은 계속 달라질 수 있습니다. 그게 제 경험이고 그게 진실이라고 생각합니다. 꿈은 학습의 도구였죠. 그러기에 배신감을 느끼지는 않습니다. 교육학에 투자한 시간과 돈이 아깝지 않아요. 그 모든 것이 지금의 저를 있게 한 밑거름이니까요.

제 어머니 이야기를 좀 할게요. 제가 초등학교 4학년 때 친구하고 낚시를 가기로 약속을 했어요. 그런데 친구가 '배신'을 한 거예요. 부모님이 허락을 안 해준다고. 약속이 깨져 풀이 죽어 있는 저에게 어머니가 말씀하시더군요. "나하고 가자." 그래서 처음으로 엄마 손을 잡고 버스를 타고 구포다리를 건너서 낙동강에 가 낚시를 했습니다. 물고기를 네 마리 잡았어요. 그게 잊히지 않아요.

어머니가 주변 사람을 잘 돌봐주셨어요. '진로 할매'라는 분이 계셨

꿈은 학습의 도구였죠. 그러기에 배신감을 느끼지는 않습니다. 교육학에 투자한 시간과 돈이 아깝지 않아요. 그 모든 것이 지금의 저를 있게 한 밑거름이니까요.

어요. 항상 '진로 소주'를 달고 사는 할매라 그렇게 불렀죠. 심한 알코올 중독자였죠. 술만 드시면 울고, 성격 괴팍하고, 욕 많이 하고. 그런데 우리 엄마 앞에만 오면 이분이 착해지는 거예요. 그 할머니 돌아가셨을 때 어머니가 서글프게 우시는 걸 봤어요. 정말 진로 할매를 사랑하셨던 거지요. 제가 초등학교 때는 떠돌이 아주머니 데려와서 목욕시키고 한 상 정갈하게 차려주고, 재워 보내셨어요. 어머니의 이런 행동이 저한테 큰 영향을 미쳤습니다.

한국의 해비타트 1호 스태프로 사랑의 집짓기 시작

우여곡절 끝에 대학원까지 마치고 산업연구원KIET에서 2년 정도 근무하던 무렵 제 인생의 스승이라고 할 고왕인 박사께서 전화를 하셨습니다. "최영우 씨, 그만둘 때 안 됐소?" 그때 마음에 변화가 생겼죠. '다른 형태의 삶을 살아야 하는 거 아닌가?'

그다음부터 제가 광야에 나서기 시작했어요. 처음에 한 일이 〈통일논단〉이라는 신문을 만든 거였죠. 몇 부 찍지도 않았습니다. 기독교 활동도 했어요. 당시 한국에서 사랑의 집짓기를 하려고 외국인들이 왔다갔다했어요. 릭 해서웨이Rick Hathaway라는 친구가 한국에 와서 지역을 순방하고 싶어 했는데, 제가 통역을 해주다 보니까 릭이 이야기하는 해비타트(사랑의 집짓기 운동)가 재미있게 느껴지는 거예요.

그 즈음에 결혼을 했어요. 신혼여행을 갔다 오자마자 해비타트를 맡아보라는 제안이 들어왔어요. 집짓는 거잖아요. 양에 차지 않더군요. 토지개혁을 꿈꾸고 있는데 집 한두 채 지어서 어떻게 세상을 바꾸겠느냐고 말했죠. 그러나 설득되고 말았어요. 조직이, 어른이 시키는 일이니까 따라가겠다고 마음먹었어요. 나름대로 의미부여를 하고 일을 시작했습니다. 해비타트 1호 스태프인 셈이죠.

해비타트를 건설교통부에 등록하는 일부터 시작했습니다. 사업계획을 만들고, 땅을 확보하고 모금하고……. 제가 해비타트 그만두기 전까지 필리핀에 4백 채 정도 지을 수 있도록 지원했더군요. 그런데 양에 차지 않았어요. 필리핀은 소수 부자가 전체 토지의 60%를 소유하고 있어요. 60개의 패밀리가 땅의 60%를 가지고 있죠. 필리핀이 살기 좋아지려면 완전히 토지개혁을 해서 구획정리를 해야 된다는 생각이 들었어요. 집 한두 채 지어서 언제 나라가 바뀌겠는가 싶었죠.

저는 당시 제 삶이 그냥 결정됐다고 생각했어요. 뒤돌아볼 수도 없고, 그냥 이 길로 쭉 가는 거구나. 제가 걸어간 길은 매번 즐거웠지만 삶은 고단했죠. 아이도 있는데 월급을 50만 원 받았으니……. 다행히 집사람이 약사라 병원에서 받는 월급으로 잘 버텨주었어요. 지금 생각하면 너무 고맙고 미안하죠.

해비타트 일을 하면서 제게 협상력이 있다는 사실을 발견했어요. 협상에서 중요한 부분은 공동의 이익을 추구하는 것이잖아요. 나쁜 협상은 파이를 내가 많이 가져가는지, 네가 많이 가져가는지에 집중하는 것이죠. 이를 분배적 협상이라고 해요. 그런데 저는 더 많은 가치

> 해비타트 일을 하면서 제게 협상력이 있다는 사실을 발견했어요. 더 많은 가치를 창출하려면 어떻게 디자인해야 하는가를 감각적으로 고민하고, 서로에게 더 많은 혜택이 주어질 수 있는 방법을 본능적으로 생각하고 있더군요.

를 창출하려면 어떻게 디자인해야 하는가를 감각적으로 고민하고, 서로에게 더 많은 혜택이 주어질 수 있는 방법을 본능적으로 생각하고 있더군요. 기업과 개인의 전략적 이익을 생각했어요. 그런 형태로 많은 기업으로부터 펀드레이징을 할 수 있었죠.

사채업자와 싸우고 금강산에서 회담도 하고

해비타트 일을 하면서 극단적인 경험을 많이 했습니다. 청와대 방문에서부터 사채업자하고 싸운 일까지 별의별 일을 다 겪었어요. 해비타트 가족 중에서는 사채업자에게 시달리는 사람이 많아요. 가난한 사람들이니까. 집을 지어줬는데 등기가 넘어가면 추심이 들어와요. 현장에 사채업자가 오기도 하죠. 꼭 무서운 조직원들 같았지만 저는 굴하지 않았어요. "우리는 더 무서운 조직이다. 해비타트는 세계적인 조직이고 도지사와도 연결돼 있다. 한번 붙어보겠느냐"라고 맞섰죠. 이런 식으로 가난한 사람들을 보호했어요. 모금을 하기 위해 회사 사장과 담판도 많이 했고요.

재미있는 일도 많았습니다. 제가 한국 최초로 이희호 여사한테 바지를 입힌 사람입니다. 이희호 여사는 치마만 입어요. 건축 현장에 이 여사를 모셨어요. 청와대에서 치마 입고 가도 되느냐고 연락이 와서 안 된다고 했어요. 결국 이 여사가 바지를 입고 와서 작업했습니다. 해비타트 사랑의 집짓기는 신문에 안 나고, 이 여사가 바지 입은 게 기사로 났어요. 이 여사는 해비타트를 진심으로 아꼈던 분입니다.

6·15 공동선언을 할 때 우리가 이 여사에게 부탁을 한 가지 드렸어요. 김정일 국방위원장에게 이야기해서 북한에도 해비타트가 집을 짓게 해달라고요. 당시 김 위원장이 이 여사를 자기 옆자리에 앉으라고 한 적이 있어요. 그때 해비타트 이야기를 하신 모양이에요. 정상회담이 끝나고 난 다음에 난리가 났어요. 청와대는 물론이고 국정원도 야단이에요. 갑자기 제가 북한을 가야 한다는 거예요. 이틀 후에 가야 한다면서 비자·여권 등을 일사천리로 만들어주었어요. 우리 대표단 4명이 금강산에 가서 북한 측과 회담을 했습니다. 금강산 관광객은 유람선에서 잘 때였는데, 우리는 금강산 여관에서 잤습니다. 북한 측에서는 60명이 왔어요. 여관에 냅킨도 접시도 없어서 고려 호텔에서 다 가져오고, 요리사도 데려오고……. 그런 일이 있었어요.

그런가 하면 해외의 빈민가에서 뒹굴기도 하면서 다양한 사람을 만났습니다. 만남의 폭이 굉장히 넓었어요. 비록 월급은 50만 원 받았지만 큰 배움을 얻었지요. 처음 하는 일이다 보니 모든 것을 혼자 해야 했어요. 피디가 오면 콘티를 짜주고, 건교부 가서는 법률 싸움 하고, 지방 조직도 만들고, 기업체와 협상하고, 해외에 가서 회의도 하고 트레이닝도 받고……. 이런 일이 엄청난 자산이 되었어요. MBA 스쿨을 여러 번 졸업해야 축적할 수 있을 정도의 경험을 한 겁니다.

컨설팅 회사 '도움과 나눔' 40억 매출 기업으로 키워

저는 해비타트 활동을 하면서 경험하기 힘든 일과 위기를 겪었어요. 거물도 여럿 만났고요. 일어설 힘조차 없는 많은 사람의 일상도 경험했죠. 조직을 꾸려나가는 것이 얼마나 어려운지도 알았습니다. 부끄러운 경험도 수없이 했고요. 제가 이가 많이 상해서 임플란트를 여러 개 해야 해요. 이가 안 좋았는데 생활이 어려워서 치료를 못했어요. 구질구질하게 살았죠. 그런데도 남이 하지 못하는 경험을 많이 한 거죠.

이렇게 많은 것을 배운 해비타트를 예상보다 1년 정도 일찍 떠났습니다. 재미가 없더라고요. 조직원이 30명 정도 되고, 해비타트를 하고 싶어 하는 사람도 많이 생겼고요. 어려울 때와 다르게 조직이 커지니까 재미가 없는 거예요. 제가 지속 가능한 조직으로 만들어놓고 그만두겠다고 생각했는데, 그 전에 나오게 됐습니다. 해비타트에 있을 때는 제가 집을 가지면 안 된다고 생각했습니다. 고집이죠, 고집. 사실 돈도 없으면서 말입니다. 이런 생각을 했어요. '한국의 모든 사람이 집을 가질 때까지 나는 집을 가지면 안 된다.' 해비타트를 그만둔 해에 집을 계약했습니다. 화정에 33평짜리 아파트를 1억 3천만 원에 그것도 빚 9천만 원을 끼고 샀어요.

5월이면 제가 회사에서 돈벌이를 시작한 지 10년이 됩니다. 이 10년도 어떻게 지났는지 모르겠어요. 사실 제가 설립한 회사가 아니고 만들어져 있는 회사였어요. 벤처 투자 붐이 불어 닷컴에는 무조건 투자할 때였죠. 자본금이 상당한 회사가 저를 대표로 초청했어요. 벤처 캐피탈의 인큐베이터가 되는 곳이었죠. 해비타트 그만두고 한 달 만에 제 삶이 그렇게 바뀌었어요. 제가 평생 받아보지 못한 연봉을 주더군요.

제가 대표가 된 뒤 회사의 비즈니스 모델을 완전히 바꾸는 변화를 주도했는데, 5년 동안 매우 힘들었습니다. 직원 월급을 3개월 동안 못 준 적도 있습니다. 이렇게 살아야 하는가 고민한 적도 많았고요. 한국에서는 아무도 한 적이 없는 사업이고, 직원 대부분을 물갈이해야 하고, 새로운 비즈니스 모델을 만들어야 하고……. 그러는 중에 닷컴 거품이 다 빠진 거예요. 그러자 자기들끼리 싸우고, 저보고 알아서 책임지라고 하고……. 결국 제가 독립을 해야 하는 상황이 되었죠.

그 후 작은 사무실에서 컨설팅을 하며 지냈습니다. 제게는 참 추운 시절이었어요. 이 무렵 가출 청소년에게 쉼터를 제공하는 들꽃청소년세상과 인연이 닿게 되었어요. '들꽃'이라는 단체 이름이 마음에 들었습니다. 제가 해비타트에 있을 때 들꽃 측에서 집을 지어달라고 여러 번 전화했었는데, 당시 제가 일반 가정이 아니면 안 된다고 거절했었거든요. 들꽃에 가서 도움을 좀 주고, 중학생들과 이틀 동안 모금 전략 워크숍을 했습니다. 물론 가출 청소년들이지요. 그들과 워크숍을 하면서 회사를 계속 경영하기로 결정했습니다. 저는 가출 청소년들에게서 많은 것을 배웠어요. 그 아이들에게 고맙다고 말한 기억이 납니다.

우리 회사는 5년째 흑자예요. 돈을 막 쌓아놓고 있는 회사는 아니지만, 비즈니스 모델이 안정돼 있습니다. 유명한 클라이언트를 많이 컨설팅했기 때문에 회사의 평판이 제법 괜찮은 편이에요. 서울대가 도움과 나눔 때문에 모금이 성공했다더라, 도움과 나눔이 세브란스를 잘 도와주고 있다더라, 이런 소문이 났죠. 우연히 얻은 기회가 60~70명이 동원되는 제법 큰 규모의 비즈니스가 되기도 하는 등 좋은 인연이 이어지고 있어요. 2011년에는 매출 40억 원 정도를 예상하고 있습니다. 제조업 같은 IT 솔루션을 내놓을 예정인데 시장 규모가 가늠이 안 될 만큼 커질 수도 있죠. 머지않아 매출 1백억 원도 가능하다고 봅니다. 제가 아시아 선교사가 되고 싶어 했기에 아시아를 비즈니스로 도울 일도 생각하고 있습니다.

유동적인 사회에서 영원히 안정적인 직업은 없어

이제 일반적인 진로 얘기를 해볼까요. '유동적 사회'에서의 경쟁력에 대해 부모님, 선생님, 아이 모두 심각하게 생각해야 합니다. 세상이 유동적 사회로 바뀌었습니다. 산업 경쟁력이 급격하게 달라지고 있어요. LG가 지난해 아이폰 때문에 적자를 봤어요. 삼성은 살아남으려고 기를 썼죠. 아이패드 밀어내려고 갤럭시탭 내놓았는데 버그가 많다고 하잖아요? 안정적인 비즈니스 모델이 옛날과는 많이 다릅니다. 제조업 기반 사회에서는 공장이 있고 거래처가 있고, 기술이 있으면 안정적이었죠. 그러나 이제는 무엇이 경쟁자가 될지 모르는 시대입니다.

대한항공의 최대 경쟁자가 누굴까요. 아시아나인가요? (청중: 조류독감이요). 네, 창의적으로 생각해야 합니다. 페이스북이 최대 경쟁자겠죠. 페이스북을 사용하면 만나지 않아도 되잖아요. 직접 가서 만날 필요 없잖아요. 전화가 대한항공의 최대 경쟁자가 될 수도 있죠. 타자기를 누가 개발했나요? 펜글씨 쓰는 사람이 개발했겠습니까? 피아노 조율사가 개발했어요. 전혀 기대하지 않았던 기술 혁신이 다른 곳에서 생기고, 지식기반·창의기반 사회로 바뀌기 때문에 비즈니스 모델 주유동적 사회에서는 직업의 수명이 짧아지고 기술과 정보의 가치가 자주 변합니다. 그렇다면 무엇이 필요하겠습니까? 끊임없이 학습할 수 있는 능력이 필요합니다.

기가 빨라지고 있습니다.

　5년 뒤에도 의사가 가장 매력적인 직업이겠습니까? 공인회계사는 요즘 고민이 많습니다. 미국 변호사 상당수가 장례식을 돌아다니면서 명함을 나눠줍니다. 결혼식을 쫓아다니며 명함을 뿌려요. "문제 생기면 찾아주세요. 혹시 이혼하면 나를 불러주세요." 한국의 의사·변호사 지위도 많이 바뀔 것입니다.

　유럽 의사와 한국 의사는 사회적인 처우에서 차이가 많이 나죠? 10년 뒤에는 의사도 3D 직업이 될 가능성이 높습니다. 약사가 좋은 직업입니까? 3D 직업 중 하나입니다. 동네에서 개업하면 돈을 긁어모았는데 지금은 그렇지 않아요. 약사인 집사람은 제가 회사 시작하고 난 다음부터 아르바이트만 합니다. 하루에 2시간만 일합니다. 약사 일을 하고 싶어 하지 않아요. 저 역시 집사람이 약국을 운영했으면 하는 마음이 전혀 없습니다. 학창 시절 안정적이고 좋은 직업이라고 여겼던 것이 막상 본인이 취업한 다음에는 말 그대로 별 볼일 없는 경우가 갈수록 많아집니다.

　유동적 사회에서는 직업의 수명이 짧아지고 기술과 정보의 가치가 자주 변합니다. 그렇다면 무엇이 필요하겠습니까? 끊임없이 학습할 수 있는 능력이 필요합니다. 요즘 아이들은 제2의 문맹인이죠. 텍스트를 못 읽습니다. 주체적으로 사고할 능력이 부족합니다. 그리고 엄마 말을 너무 잘 들어요. 그거 문제라고 생각합니다. 수용적이고 순종적인 상태에서 자기 에너지, 즉 자기 학습 욕구 자체가 없어지게 되면 정보의 유입이 끝나는 순간 그 아이의 경쟁력은 끝납니다.

변화에 적응할 수 있는 '나그네의 생존력' 키워줘야

제가 비즈니스를 위해 사용하는 지식 중에서 대학 때 배운 게 몇 퍼센트일까요? 3퍼센트? 그것도 안 될 것 같아요. 제가 지난 몇 년 동안 고전 언어 문법책만 50권 읽었다고 했잖아요. 그럼 다른 책은요? 스스로 계속해서 각성돼 있지 않으면, 겸손한 자세로 지식을 대하지 않으면, 근본적인 정보에 접근할 수 있는 능력 자체를 갖고 있지 않으면 뒤떨어집니다.

지금 우리 교육은 '정보information'를 '강제적으로 주입imposing'하는 겁니다. 음악을 이해하지 못해 최고의 수준에 이르지 못하는 피아니스트 같습니다. 우리나라의 보석 세공업이 대단했는데 지금은 사양화했습니다. 서울 종로5가, 부산 범일동이 굉장했는데 모두 시들해졌어요. 세공사의 실력이 모자라서 망했다면 할 말이 없어요. 하지만 실력은 환상적이에요. 김연아가 좋은 귀걸이를 하고 나온 다음날이면 복사본이 생산될 정도입니다. 진품과 똑같아요. 그만큼 손기술이 좋아요. 문제는 명품을 복제할 줄만 알지 디자인을 못 해요. 앞으로 이런 일이 여러 분야에서 생길 겁니다.

직업으로서의 소명의식은 때로 위험한 발상입니다. 우리는 일생 동

직업으로서의 소명의식은 때로 위험한 발상입니다.
우리는 일생 동안 여러 직업을 가져야 할
가능성이 높은 사회에 살고 있습니다. 아이에게
나그네로서 살아가는 생존력을 심어주지 않으면
환경이 변했을 때 적응하기 어렵죠.

안 여러 직업을 가져야 할 가능성이 높은 사회에 살고 있습니다. 아이에게 나그네로서 살아가는 생존력을 심어주지 않으면 환경이 변했을 때 적응하기 어렵죠. 미국의 한 여성이 엄청난 돈을 어린이 캠프에 써 달라고 지정기부를 했습니다. 캠핑은 생존을 위해서 무엇이 필요한지 본능적으로 알게 해줘요. 제가 1천 명을 일주일 동안 먹이고 재운 적이 있습니다. 1천 명을 먹이고 재우려면 무엇이 제일 중요할까요? 첫째는 잠자리죠. 그다음은 배설 문제고요. 캠핑에서 그밖의 것은 별로 중요하지 않습니다. 물과 음식, 그리고 추위를 피할 이불 정도만 있으면 됩니다. 1천 명을 먹이고 재우는 행사를 준비할 때는 사람이 아주 단순해집니다. 잠자리·밥·배설 문제 이외의 불평은 부수적인 거예요.

왜 아이에게 캠핑을 시키는가. 때때로 삶을 매우 단순하게 보는 감각이 있어야 살아갈 수 있기 때문이에요. 사업을 하거나 어떤 문제를 해결할 때 항상 고차방정식의 해법이 필요한 것은 아닙니다. 의사결정을 할 때는 때때로 굉장히 단순해져야 해요. 그때 정확한 판단을 할 능력을 키워야 합니다.

제가 해비타트를 선택한 이유는 무한히 커질 일이기 때문이었어요. 제가 도움과 나눔을 비즈니스 모델로 생각한 것은 수십 년 동안 확장

될 모델이기 때문이에요. 또한 제 삶의 가치를 표현할 수 있고, 철학적·윤리적으로 문제가 없는 직업이에요. 따라서 제가 먹고사는 게 해석이 돼요. 모든 산업의 현상과 사회적 현상은 사실 언어적 현상입니다. 언어적 현상은 매우 중요합니다. 자기가 앞으로 책임질 언어가 살아있는 언어냐, 더 중요해지는 언어냐, 더 근본적인 언어냐에 따라서 삶의 색이 달라집니다. 흘러간 옛 노래로 살아가는 사람과 미래에 대한 정보를 가진 사람이 대결하면 당연히 정보를 가진 사람이 승리하지요.

창의적이면서 소통 능력 갖춰야 인재

앞으로 20~30년 동안 아시아에서 어떤 일이 벌어질지 생각해봅시다. 여러분의 자녀가 활발하게 활동할 때입니다. 이때에는 인문학의 대부흥기가 올 수밖에 없습니다. 역사적 필연입니다. 부wealth가 아시아로 이동하고 있어요. 피할 수 없는 현상입니다. 중국과 인도가 떠오르고 있죠. 제가 대학을 컨설팅해보니까 자연과학과 공학 부문에서 아시아가 상당히 도약하고 있어요. 전 세계 대학의 분과 학문 순위에서 서울대 수학과 랭킹이 꽤 높습니다. 한국이 기초과학 연구에 투자를 안 하는 것 같지만 실제로는 많이 투자하고 있어요. 공학과 바이오 분야도 많이 발전했습니다. 미국 대학 중에 한국의 대학을 부러워하는 곳이 많아요.

문제는 인문사회과학 부분이 수십 년 뒤져 있다는 사실입니다. 아시아는 자신들이 가진 부를 해석하고 지속적으로 창출할 수 있는 근본적인 사고, 생각의 원천이 단절돼 있어요. 중국이 지금 무엇을 부활

시키려고 합니까. 유교입니다. '공자 평화상' 만들었잖아요. 〈아바타〉가 뜨니까 〈공자〉를 띄웠죠. 하지만 무참하게 깨졌죠. 영화 〈공자〉 보셨습니까? 재미없죠. 아시아의 고등 종교가 아시아의 이데올로기를 재정립하지 못한 상태에서 지금 아시아는 물질문명의 강력한 에너지를 경험하고 있습니다.

그러면 앞으로 어떻게 될까요? 저는 3~4년 전부터 인문학의 대부 홍이 오리라고 얘기해왔습니다. 〈정의란 무엇인가〉 같은 책이 베스트셀러가 될 줄 알았습니다. 몇 만 부 팔렸다고요? 50만 부? 1백만 부? 서울대학교에 근본으로 돌아가자고 하는 인문학 최고위 과정 '아드폰테스'가 만들어졌습니다. 싱가포르 국립대, 홍콩 과기대 등 주요 대학이 철학자와 인문학자를 입도선매하고 있습니다. 패러다임의 변화죠.

아이가 근본적 사고 능력이 결여되면 하청업자가 되고 말아요. 사회가 점점 통합되면서 자기의 창발적 지식을 표현할 수 있어야 사람의 가치가 올라갑니다. 랩Lab형 인간, 즉 실험실형 인간은 큰 조직 말고는 쓸모가 없어요.

직원이 1천 명 정도 되는 기업의 사장을 만났어요. 명문대 출신을 써보니 어떠냐고 물었습니다. 그분이 이렇게 말씀하시더군요. "망했어요." 삼성 부회장을 만났어요. 카이스트·포항공대 출신 쓸 만하냐고 물었더니 삼성은 그들을 컨트롤할 수 있다고 말해요. 시스템이 잘 갖추어져 있기 때문에 어떻게 굴려야 하는지 알고 있죠. 하지만 직원이 3백~4백 명 되는 중견기업에 취직한 수재는 동료와 커뮤니케이션을 잘 못하는 거예요. 비즈니스 모델도 잘 만들지 못하고, 협상력도 떨어져요. 직원이 3백~4백 명 되는 회사의 구성원은 모두 자기 주도적으로 살아야 해요. 직원 수가 수만 명인 회사에는 도구적 인간이 있어도 괜찮지만 말입니다.

교육의 가장 큰 콘텐츠는 가정에서의 일상적인 대화

사회는 갈수록 창의적인 인간, 커뮤니케이션을 잘하는 인간을 요구해요. 이런 상황에서 시야가 좁거나 학습 능력이 부족하거나 생각하는 힘이 없는 아이는 경쟁력을 잃습니다. 그래서 아이에게 중요한 것이 지식을 대하는 태도입니다. 교육계에서는 트리비움Trivium이라는 말을 씁니다. 삼학법이라고 문법·논리학·수사학을 일컫는 거예요. 부모가 트리비움과 관련된 책을 봐야 합니다.

모든 학문에는 문법 구조가 있는데 이를 암기하고 이해해야 합니다. 음악도 문법이죠. 문법을 제대로 배우지 않고 피아노 테크닉만 익히면 실력이 늘지 않아요. 언어에도 문법이 있죠. 수학은 문법 아닙니까? 영어는 이해한다고 습득되는 게 아니잖아요. 암기해야 하잖아요. 수학도 공식을 암기해야 합니다. 학문의 기본 구조를 습득하는 분야를 문법이라고 얘기합니다. 문법을 이해하지 못한 채 정보를 쌓아봐야 축적이 안 돼요. 저력이 없어요. 논리학은 뭡니까. 사물의 본질을 다양한 문법적 구조를 가지고 통합적으로 사고할 수 있는 능력이죠. 수사학은 자기가 아는 것을 표현하는 능력이죠. 커뮤니케이션 능력입니다.

아이가 학문의 체계를 이해하고 받아들이는 문법과 논리적인 사고방식 그리고 표현 능력을 지녀야 합니다. 이를 갖추지 못하면 하청업자가 됩니다. 일본과 한국은 산업화 과정에서 아버지의 자리가 배제

사회는 갈수록 창의적인 인간, 커뮤니케이션을 잘하는 인간을 요구해요. 이런 상황에서 시야가 좁거나 학습할 능력이 부족하거나 생각하는 힘이 없는 아이는 경쟁력을 잃습니다. 그래서 아이에게 중요한 것이 지식을 대하는 태도입니다.

된 상태로 발전해왔습니다. 교육 현장에서 아버지가 배제돼 있습니다. 우리나라는 어머니가 모든 교육 문제를 온몸으로 막아내잖아요. 기러기 부모의 경우는 더 심각하지요. 엄마 아빠라는 커다란 교육 콘텐츠를 잃어버리고 있습니다. 매일 아이와 무엇인가를 놓고 이야기하거나, 논의하는 자리가 있어야 합니다.

제가 대안학교를 컨설팅해봤는데 대안학교도 대안이 아니라고 생각합니다. 저는 공고육도 대안이 아니라고 봅니다. 사교육도 아닙니다. 가정이 빠진 공교육은 교육 황폐화고, 가정이 빠진 대안학교는 아동방임이며, 가정이 빠진 홈스쿨링은 아동학대입니다.

아이를 기숙학교에 보내고 미안해하는 부모가 많아요. '나 편하자고 보낸 거 아닌가' 하고 고민하는 것이지요. 예전에 민족사관고등학교 이돈희 교장은 중학생을 기숙학교에 보내는 것은 너무 가혹한 행위라고 말했어요. 대안학교 중에 기숙학교가 있습니다. 그곳 학생은 적응하긴 해요. 문제는 좋아서 적응하는 게 아니라 어쩔 수 없어서 적응한다는 사실이지요. 이런 적응에는 허점이 있기 마련입니다. 뭔가 구멍이 생겨요.

대한민국 교육개혁 운동의 핵심 방향이 무엇일까요? 저는 먼저 교육 주체가 누구냐를 논의해야 한다고 생각합니다. 콘텐츠는 정말 많아요. 누가 가르칠 것이냐 하는 문제를 심각하게 제기해야 합니다. 공교육 선생님에게 다 맡길 수는 없어요. 사교육 선생님에게 모두 맡길 수도 없어요. 부모와 대화하고 부모와 논의하는 과정에서 사교육·공교육을 해야 한다고 생각합니다. 결국 교육의 가장 큰 화두는 가정에서 시작되는 일상적 교육입니다.

한 가지 '패'로 인생을 사는 건 위험

한 가지 '패'로 인생을 사는 건 너무 위험합니다. 너무 성급하게 아이의 꿈을 정할 필요는 없다고 생각합니다. 아이에게는 지식을 대하는 태도, 세상에 대한 책임감, 애정이 가장 큰 경쟁력입니다.

제가 고전 언어를 공부하는 게 우리 회사의 경쟁력입니다. 철학 공부하는 게 회사 경쟁력이에요. 사실 CEO가 1년에 한두 가지 결정만 제대로 내리면 회사는 충분히 먹고살아요. 제일 나쁜 CEO는 머리 나쁘면서 부지런한 사람입니다. CEO가 머리 나쁘면서 게으르면 직원이 알아서 합니다. CEO는 기술적 판단이 아니라 근본적 판단을 해야 합니다. 우리 대기업 오너가 가장 많이 고민하는 것은 아시아 문명의 미래가 어디로 갈 것이냐입니다. 사회의 근본 판도가 바뀌면 회사가 한순간에 사라질 수 있어요. 존립 자체가 불가능할 수 있죠.

깨어 있지 않으면, 세상과 역사에 대한 애정이 없으면 지식을 쌓을 수 없어요. 우리의 아이를 깨어 있고 애정이 있는 사람으로 길렀으면 좋겠습니다. 고맙습니다.

≫ '도움과 나눔'은 지식과 지혜를 파는 회사죠

청중1 (주)도움과 나눔은 무엇으로 먹고사나요? 회사를 소개해주십시오.

최영우 미국 고용의 20% 이상을 비영리단체가 차지하고 있습니다. 우리 회사는 어떤 단체가 지닌 사회적 가치가 제대로 발현되고 구체화될 수 있도록 도와주는 일을 합니다. 여러 컨설팅을 통해서 가치를 명확하게 하거나, 조직을 강화하거나, 커뮤니케이션 능력을 강화시켜서 그 조직의 가치를 만들어나가는 것입니다. 그리고 그 가치는 그 조직에서 현금화됩니다.

결국 도움과 나눔은 지식과 지혜를 파는 회사입니다. 우리는 맥킨지 같은 비즈니스 모델을 갖고 있어요. 두산에게 모기업인 OB맥주를 팔라고 한 곳이 맥킨지입니다. OB맥주 팔고 중공업에 진출하라는 맥킨지의 충고를 받아들여 두산이 크게 성장했습니다. 그래서 두산 그룹에서 맥킨지는 거의 신입니다.

컨설팅 비즈니스 중에는 심부름을 대신해주는 분야도 있어요. 엑센추어라고 하는 컨설팅 모델입니다. 예를 들어 기업컨설팅을 하면서 회계장부 기장을 대신 해줬어요. 그러다 보니 회사 파악이 잘되어서 어느 분야는 정리하고 어느 분야는 개선하라고 얘기해주다 보니까 그런 일이 업이 된 거예요. 맥킨지와 엑센추어는 비즈니스 모델이 다릅니다. 우리 회사는 지식을 팔고 심부름을 하는 비율이 50:50 정도 돼요.

지금 30:70으로 바꿔가는 중입니다.

  컨설팅 회사의 고민은, 이 일이 '노가다'라는 사실입니다. 제자신이 원가입니다. 우리 직원들은 대표인 제가 노는 걸 싫어하죠. 제가 나가서 강의하면 그게 돈이니까요. 때때로 연예인 매니지먼트 회사처럼 일하기도 합니다. 재작년부터 '노가다'처럼 하는 거 말고, 제조업 같은 비즈니스 모델은 없을까 고민했습니다. 고민한 결과 비영리단체의 모금을 매니지먼트하는 IT솔루션을 만들면 좋겠다고 판단했습니다. 이 일이 잘 진행되어서 판매를 시작했습니다. 어떻게 판매하느냐 결정하는 데도 인문학적 판단이 필요합니다. 얼마 투자했느냐, 얼마 더 투자해야 하느냐 등등 비즈니스 의사를 결정할 때 떳떳해야 하잖아요. 소프트웨어를 임대 형태로 배포합니다. 돈은 잘 법니다.

  청중2 앞으로 기술과 기능이 중요하다고 들었는데, 대표님은 철학과 인문학이 중요하다고 말씀하셨습니다. 전혀 다른 의견인데, 기술과 기능이 있으면 살아남을 수 있다는 주장을 어떻게 생각하는지요?

  최영우 기술과 기능은 중요합니다. 기술과 기능 자체를 거부하는 게 아니라, 기술과 기능이 갇혀 있으면 안 된다는 거죠. 항상 새로워질 수 있는 기술과 기능이어야 하는데, 그러려면 어떤 배경에서 사용되는지, 또 어떤 상황에서 변해야 하는지를 이해할 수 있어야 합니다. 가령 저는 펀드레이징 기술을 가지고 있어요. 펀드레이징 기술과 기능을 마스터하고 있습니다. 하지만 펀드레이징 기술과 기능이 표현되는 부분에 대한 다양한 이해를 가지고 있어야 창의적으로 일할 수 있어요.

  모든 것을 이해하고 모든 것을 수용할 능력을 갖고 있으면서도 한 분야에 깊이 파고들어갈 수 있는 사람이 앞으로 요구되는 인재라고 생각합니다. 너무 좁게 들어가고, 깊게만 들어가서 기능만 갖고 있으면 사회적·근본적 상황이 바뀌었을 때 대처가 불가능해요. 물론 철학·인문학만 가지고 있어도 안 됩니다. 제대로 된 사회에서는 목공이 철학을 하고, 농민 모두가 노래 한 자락은 부를 수 있었어요. 인문학적 소양이 없는 의사는 오래 못 가더군요. 가치에 대한 이해가 있으면 의사 수명도 오래가고, 창의적이 되고, 계속 올라갈 수 있습니다.

≫ **인문학적 소양이 기술과 기능에 갇히지 않게 해주죠**

청중3 저는 중학교 교사입니다. 대표님이 말씀하신 주장이 교육 현장에서는 현실화되지 않고 있습니다. 오히려 반대로 치닫고 있어요. 인문학 강좌 개설을 얘기하셨는데, 저 같은 교사가 다룰 수 있게 어떤 변화를 주셨는지 궁금하고요. 민사고 외에 일반 고등학교를 컨설팅하신 적이 있는지 알고 싶습니다. 또 교육청과 연계해서 컨설팅한 적이 있는지요? 교육부에서 강의를 꼭 하셨으면 좋겠습니다. 학생들 볼 때마다 너무 안타까운데 답이 없어요.

최영우 제가 고등학교 2학년 때 〈은자의 황혼〉을 보고 굉장히 감동을 받았고, 대학교 때 교육학 공부하려고 했었고, 교육 현장에서 제 배움을 실천하고 싶었는데 길이 막혔다고 말씀드렸잖아요. 사실은 지금 실천하는 거예요. 대학 총장이나 컨설팅하는 사람 등을 수없이 만나서 그런 이야기를 하고 있어요. 앞으로는 대학 자체의 경쟁력 문제 때문에 교육 커리큘럼이 달라질 것입니다. 이과계열에서 학생의 글쓰기 능력 문제 등을 많이 고민합니다. 대학 입시정책이 바뀌지 않는 한 중고등학교의 교과 변화는 불가능하다고 생각합니다.

제가 아는 선생님의 대부분이 학교를 그만두고 싶어 합니다. 현장이 너무 열악하고 어려워서……. 제가 좀 더 견디자고 얘기했습니다. 현장에서 좀 더 낙관적으로 생각하고 돌파해줘야 합니다. 한 사람이 변화를 만들 수는 없어요. 변화는 다수의 점이 만나면 이뤄집니다. 저 같은 사람도 있고, 현장을 지키는 분도 있고, 세상으로 뛰쳐나와서 운동을 하는 분도 있어야 합니다. 얼마나 답답하면 홈스쿨링을 하는 분이 늘어나겠습니까.

제가 만난 한 기업의 대표는 트리비움에 미쳐 있어요. 미국과 유럽의 대표적인 교육 과정을 모두 경험하신 분이죠. 그는 학교를 만들고 싶어 합니다. 이런 변화와 또 다른 균열이 곳곳에서 생겨나고 있어요. 이런 것이 비등점을 지나면 만나게 됩니다. 선생님이 정책적인 부분을 더 많이 고민해야 현장에서 견딜 힘이 생기리라고 봅니다. 교육청과는 아직 일해본 적이 없습니다.

송인수 사교육걱정없는세상 공동대표

우리 인생에 직선은 없다

나는 퇴직교사가 아니라 민간 장학사

저는 13년간 교사로 생활하다가 2003년 좋은교사운동을 이끌기 위해 교사직을 그만두었습니다. 교직을 그만둔 지 여러 해가 지났지만 저는 아직도 제자신을 선생이라고 생각하고 있습니다. 그래서 퇴직 후 좋은교사운동 대표 시절 5년 동안에도 저는 회원들에게 우스갯소리로 '나를 퇴직교사가 아니라, 민간 장학사 혹은 교장으로 알라'고 말하곤 했죠. 그 후 좋은교사운동 대표직을 그만둔 후 '사교육걱정없는세상' 활동을 시작한 지 3년이 지났지만, 아직도 그 마음은 변함없습니다.

저도 다른 강사님들과 마찬가지로, 제 지난 시간을 중심으로 진로 문제 이야기를 풀어볼까 합니다.

사람마다 자신의 길을 선택하게 된 계기가 있기 마련입니다. 어린 시절, 제 인생의 미래를 처음 설계할 때 저를 이끈 힘은 특정 분야에 대한 호기심, 혹은 세상의 변화를 위해 내가 꼭 저 자리에 있어야겠다

> 어린 시절 저를 붙든 힘은 '가난'의 문제였습니다.
> 집안이 워낙 가난해서 어떻게든 공부해서
> 이 지긋지긋한 가난에서 벗어나야겠다는
> 그런 절박감이 저를 부지런히 달려오게 만들었습니다.

는 어떤 사명감 같은 것이 아니었습니다. 그런 것은 나이가 어느 정도 든 뒤의 일이었고, 어린 시절 저를 붙든 힘은 '가난'의 문제였습니다. 집안이 워낙 가난해서 어떻게든 공부해서 이 지긋지긋한 가난에서 벗어나야겠다는 그런 절박감이 저를 부지런히 달려오게 만들었습니다.

닭 20만 마리 잡으며 학교 다녀

어린 시절 무척 가난하게 살았습니다. 아버지가 경제 능력이 없었기 때문에 어머니가 아버지 역할을 대신했고, 따라서 어머니 역할은 장남인 제 몫이었습니다. 초등학교 4, 5학년 시절, 어머니가 장사를 나가시면 제가 집에서 밥하고 청소하면서 두 동생을 챙겼습니다. 그러다가 중학교 1학년 때 어머니가 닭 장사를 하시면서, 혼자 힘으로는 도무지 안 되겠다고 생각하셨는지, 제게 동업을 제안하셨습니다. 자연히 제 몫은 동생들에게 넘어갔죠.

어느 날 어머니가 제게 살아 있는 닭 한 마리를 건네시면서, "인수야, 이 닭을 잡아봐라"라고 하셨습니다. 제가 그걸 어떻게 잡겠습니까. 여러분, 닭을 죽이는 것 쉽지 않습니다. 목을 비틀어 죽이면 붉은 자국이 생겨서 안 됩니다. 몽둥이로 패도 온몸에 피멍이 들어 상품가치가 떨어집니다. 목을 잘라도 안 됩니다. 목이 온전한 상태로 붙어 있어야 건강한 닭입니다. 입이 찢어진 닭은 절대 사면 안 됩니다. 급사하거나 병들어 죽은 닭은 시장에 내다 팔기 위해서 피를 빼야 하고, 그래서 현장에서 종종 입을 찢습니다. 핏기가 빠져야 그나마 판매할 수 있는 상태가 되는 거죠. 결국 어머니가 알려주시는 급소를 찾아 때려 죽였습니다. 그때 닭을 죽이면서 많이 울었습니다. 미물微物이지만 제 손으로 생명을 끊어내자니 마음이 너무 아프더라고요.

친구들은 바로 중학교에 갔는데, 저는 집안이 가난해서 중학교를 다니지 못하고 중학교 과정이지만 중학교로 인정받지 못하는 '고등공민학교'라는 학교를 다녔습니다. 그리고 다음 해에 다시 중학교에 진학해서 1학년부터 생활했는데 그때부터 고2까지 닭 장사를 했죠. 제가 일일이 세어본 것은 아니지만, 그 기간에 제 손으로 죽인 닭의 숫자가 20만 마리 정도 될 겁니다. 그렇게 무수히 반복해서 닭을 잡다 보니 갈수록 닭 잡는 실력이 늘었습니다. 이른바 전문성이 길러진 거죠. 털 뽑는 것도 기술입니다. 닭을 적정 온도의 물에 적절한 시간 동안 담가야 합니다. 너무 빨리 꺼내면 털이 뽑히지 않고, 너무 늦게 꺼내면 껍질이 훌러덩 벗겨집니다. 적정 온도를 찾아내야 하죠. 온도계를 들었다 놓았다 해서는 안 되고, 물이 끓으면서 '솨' 하는 소리를 듣고, 적정 온도를 찾아내는 것, 그것이 기술입니다. 수만 가닥의 털을 뽑고 내장을 갈라 요리하기 직전 상태로 만드는 것, 아마 초보자들은 1시간이 넘게 걸릴 것입니다. 그렇게 오랫동안 그 일을 하다 보니, 멀쩡히 살아 있는 닭을 요리 직전 상태로 만드는 데 4~5분 정도 걸리더라고요.

저는 전문성은 머리를 쓰면서 한 가지 일을 오랫동안 반복하는 데서 길러지는 결과라고 생각합니다. 오래 반복하다 보면 자연히 지루함을 이겨내기 위해 과정을 단축하고자 하는 끊임없는 시도가 있기 마련이고, 그 과정 속에서 요령을 찾으면 자신만의 기술로 시간을 단축하는 지혜가 생기는 것이죠.

그 당시 장사가 잘되었습니다. 어머니가 장사 수완이 있어서 단골 관리를 잘하시고, 또 폭리를 취하지 않고 성심성의껏 대하니 손님이 끊이질 않았습니다. 그런데 제가 걱정이었습니다. 일이 너무 고됐던 것입니다. 매일 새벽 4시경에 일어나서 닭장을 실은 자전거를 끌고 20~30리길을 달려 양계장에 가서 닭을 싣고 와서는 가게에 부려놓고 학교를 가야 하니, 지각도 숱하게 했습니다. 닭을 실은 자전거를 끌고 내리막길을 달리다가 브레이크가 고장 나서 하마터면 다리 아래로 떨어질 뻔한 경우도 있었습니다. 제 무릎 관절이 20대 후반부터 좋지 않았는데, 지금 돌아보면 그 당시 한창 성장기 때 너무 무거운 짐을 무리하게 날랐던 후유증이구나 싶습니다. 학교에서 돌아오면 어머니를 도와 새벽 2, 3시까지 닭을 잡아야 했습니다. 이렇게 살고 싶지는 않았습니다. 이 가난과 노동에서 탈출하는 길은 공부밖에 없다 싶었죠.

해외로 입양될 뻔하다

제가 공부를 할 수밖에 없는 절박한 이유가 또 있었는데, 성적이 신통치 않을 때면 어머니는 제게 이렇게 말씀하시곤 했습니다. "성적이 그렇게 안 좋으면 나중에 너희들 고아원에 보내야 할 것 같다."

여러분은 이런 말을 들으면 어떤 느낌이 들 것 같나요? 어머니가 나를 정말 고아원에 보낼지도 모르니, 열심히 공부해야겠다, 그런 생각이 들까요? 아니죠. 제 아들이 지금 중학교 2학년인데 그 녀석에게 만일 "성적 안 좋으면 아빠가 너를 고아원에 보낼 거야"라고 말하면 웃겠죠. 그런데 저는 어머니의 그 말씀에 웃을 수가 없었습니다. 어머니가 저를 정말 고아원에 보내실지도 모른다고 믿었거든요. 실제로 저희 어머니는 초등학교 1~2학년 때 가정 형편이 너무 어려워서, 저와 제 남동생을 해외에 입양 보내려고 했습니다.

당시 선명회(지금의 World Vision)를 통해서 저는 미국의 한 분과 결연을 맺고 서신 왕래를 했었는데, 마을에서 어느 날 미국으로 자녀를 입양 보내기를 희망하는 가정은 신청하라고 했죠. 혼자서 세 아이를 키워내기 어렵다고 판단한 어머니는 저와 남동생을 해외로 입양 보내기로 결심한 후에, 어느 날 제게 편지를 쓰라고 하는 것이었습니다. 물론 어머니가 불러주시면 제가 받아쓰는 방식의 편지 쓰기였습니다. 어머니는 이렇게 불러주셨습니다. "해외에 계신 양부모님, 저는 한국에서 살고 있는 송인수입니다. 저를 양아들로 받아주신다니 참 감사합니다. 제가 미국에 가면 양부모님의 은혜에 보답하기 위해서 열심히 공부하겠습니다." 이런 내용이었습니다. 생떼 같은 자식 둘을 그렇게 입양 보내는 것도 서러운데, 입양 받아달라는 편지 내용을 부모의 입으로 직접 불러줘야 한다는 것이 얼마나 가슴 아픈 일이겠습니까. 결국 구술하시는 중간에 어머니의 목소리가 떨리더니 그만 눈물을 흘리셨습니다. 그렇게 해서 편지 쓰기를 마무리 짓고 미국으로 입양 신

 생떼 같은 자식 둘을 그렇게 입양 보내는 것도 서러운데, 입양 받아달라는 편지 내용을 부모의 입으로 직접 불러줘야 한다는 것이 얼마나 가슴 아픈 일이겠습니까.

청을 했지만, 그 후에 어쩐 일인지 입양 과정이 순조롭게 진행되지 않아서, 저와 남동생은 결국 한국에 남게 됐죠.

상황이 이렇다 보니, 제 성적이 신통치 않을 때 고아원 보내겠다는 어머니 말이 거짓말같이 들리지 않았습니다. 해외에까지 보내려 하신 분인데 국내 고아원이 문제겠느냐 싶었던 것이죠. 정말 열심히 공부했습니다. 닭 장사하면서 공부했죠. 새벽 3시까지 털 뜯고, 4시 반, 5시 반에 닭 사러 가고. 고등학교 때 지각을 수십 차례 했습니다. 모의고사 볼 때도 닭 나르다가 자전거가 펑크 나는 바람에 2교시가 되어서 등교한 적도 있습니다. 그런 상황에서도 미친 듯이 공부했습니다. 절대 시간이 부족해도 초인적인 능력을 발휘했죠. 초등학교를 졸업하고 중학교에 올라갈 때 성적이 학급에서 26등이었는데, 그렇게 공부해서 고등학교 3학년 때는 마침내 전교 1등까지 올라갔습니다.

번번이 막힌 진학의 길

사실 대학을 가지 않고도 집에서 탈출할 기회가 있기는 했습니다. 중학교 3학년 때 주상완 사장님이 가셨다는 금오공고에 저도 입학하려 했습니다. 거기 들어가면 학비 면제해주고 기숙사 생활하니까 돈이 전혀 안 들었고 취업도 보장하니 더할 나위 없이 좋았던 것이죠. 그런데 아무나 지원할 수 있는 학교가 아니었습니다. 성적이 상위 4% 안에 드는 1명만 지원할 수 있었죠. 저는 다행히 그 범위에 들었어요. 그런데 아뿔싸, 이게 웬일입니까? 지원을 하려고 응시자격을 보니까, 생년월일이 1966년 3월까지인가로 제한되어 있는 겁니다. 당시 제 친구들이 다 1963, 1964년생이었고 저도 실제 나이가 1964년 1월생이니 문제가 될 것이 없었죠. 그런데 호적상으로 제 나이가 1966년 8월 15일로 되어 있어요. 6개월 차이로 응시 자격이 막힌 것입니다. 억장이 무너지더라고요.

 어머니와 의논한 끝에 대책을 세웠습니다. 박정희 대통령에게 편지를 쓰기로 한 겁니다. 역시 어머니가 구술을 하시고 제가 받아 적었죠(웃음). "박정희 대통령 각하, 국사에 바쁘시지만 제 이야기를 들어주세요. 제가 대통령의 고향의 고등학교인 금오공고에 들어가려고 했는데, 성적은 되는데 나이 때문에 들어갈 수 없습니다. 찢어지게 가난해서 그 길 외에 다른 길이 없어서…… 선처 부탁합니다." 이런 식의 편지였습니다. 아주 간곡한 편지였습니다. 한 달 후에 연락이 왔습니다. 수업을 받고 있는데 사환이 "송인수 학생, 교감선생님이 오래요" 그래요. 무슨 일인가 해서 가봤더니, 교감선생님이 어이없다면서 제 편지의 사본을 들이대면서 "네가 보낸 편지냐?"고 해서서 그렇다고 했습니다. 그분이 "국사에 바쁜 분에게 네가 사사로운 편지를 써?" 하시면서 호통을 치시는 거예요. 청와대 비서실에서 이 아이를 혼내라는 지시를 강원도 교육청, 원주시 교육청을 통해 저희 학교로 내려보낸 겁니다. 아마 한 달 동안 반성문을 썼을 겁니다. '국사에 바쁘신 어른께 더 이상 이런 편지를 쓰지 않겠다'고 서약까지 했던 기억이 있습니다.

저는 그때 그게 왜 그리 큰 잘못인지 이해를 못했습니다. 지금도 물론이고요.

결국 저는 금오공고에 응시할 수 없었습니다. 그 대신 한 친구가 응시를 해서 당당히 합격했죠. 그 친구가 졸업식 날 녹색 제복을 입고 저희 반에 들어와 거수경례를 하는데 '저 자리는 내가 있어야 할 자리인데'라는 생각에 제 가슴이 찢어지더라고요.

할 수 없이 일반 고등학교에 갔습니다. 2학년 정도 되었을까요? 늘 가난이 문제가 되니까, 이번에는 대학을 공짜로 갈 수 있는 길을 찾다가, 육군사관학교가 가능하다는 것을 알게 되었습니다. 당시 원주가 군사도시라서 저는 제복에 대한 환상도 좀 있었고요. 6·25 전쟁기념일에 원주시 전교 학생들이 모두 참여하는 시가행진을 할 때, 군인들이 잘 차려입은 제복에 칼을 차고 행군하는 모습, 학교 운동장에서 학도호국단 연대장·대대장이 위풍당당하게 걸어 다니는 모습을 보면 정말 멋있어 보였습니다. 가야겠다 싶더라고요. 그런데 이를 어쩝니까? 이번에도 나이 때문에 안 되는 거예요.

어머니와 다시 의논을 해서 이번엔 재판을 받아 호적을 정정하기로 했습니다. 시간도 어느 정도는 있었으니까요. 병원에 가서 치아 감별을 하면 몇 년 생이라는 게 다 나온다고 하더라고요. 그래서 치아 확인서를 떼고, 이것저것 서류를 30장 이상이나 만들어서 여름방학 때 제 고향인 충청남도 홍성 법원에 서류를 넣었습니다. 그리고 시간이 좀 지나서 드디어 법원으로부터 판결문이 나왔습니다. 그런데 너무 실망스러웠습니다. 패소였습니다. 가만히 생각해보니, 아마도 어머니 아버지가 혼인신고를 3년 늦은 1966년에 하다 보니, 제 생년월일도 당연히 그 후로 미뤄진 것인데 이를 알 길이 없는 판사가 패소판결을 한 것이 아닐까 싶었습니다.

　여하튼 참 심란하더라고요. 하지만 이렇게 주저앉아 있어서는 안 되겠다고 생각하고, 급히 재판장에게 편지를 썼습니다. 저의 상황을 말씀드리는 긴 편지를 보내고 난 어느 날 그 판사 분으로부터 답신이 왔습니다. 편지를 열어보니, "사정은 딱하나 내가 어찌할 수 없으니 항소하길 바랍니다"라는 겁니다. 지금도 '사정은 딱하나'라는 그 표현이 머릿속에 남아 있습니다. 진로와 관련, 제가 원하는 길은 또다시 막혀버렸습니다.

보수 기독교인을 사회운동으로 이끈 한 학생의 죽음

　금오공고, 육사 지원이 실패로 끝난 뒤, 가난에서 탈출하기 위한 저의 최종 선택은 국립 사범대에 들어가는 것이었습니다. 성적과 적당한 대학 간판, 게다가 학비까지 저렴한 곳을 찾다 보니 그 길밖에 없었습니다. 물론 교사가 될 생각은 없었습니다. 사대에 가더라도 다른 길이 있을 것이라고 생각했어요. 그러고 나서 4년 동안 경영학 공부나 외무고시 공부 등으로 진로를 찾아 방황했습니다.

　그러다가 대학 4학년 1학기에 초등학교로 교생 실습을 나갔죠. 실습 끝나고 친구들과 뒤풀이 겸해서 근처 식당에서 식사를 하는데, 평상시에 농담을 자주 하고 깊이가 별로 없어 보이던 친구가 "너희는 대학 졸업하고 뭘 할 건데?" 하고 묻는 거예요. 당시만 해도 사대를 나와도 교직보다는 건설업이나 일반 기업체로 진출하거나 고시공부를 하곤 했죠. 모두가 교직은 생각이 없다고 대답했습니다. 제 차례가 되었습니다. 그때 저도 선생이 되겠다는 소리를 차마 못하겠더라고요. 그랬더니 이 친구가 "잘난 놈들이 다들 교사하지 않으면 어떤 놈들이 하냐!" 하면서 화를 버럭 내더라고요. 다들 부끄러워했죠. 그 당시만 해도 교사의 사회·경제적 지위가 26위였습니다. 이발사 바로 다음이었어요. 그러니까 '내가 이렇게 힘들게 공부해서 그 흔한 교사가 되어야 하나' 하는 마음이 들었던 것이죠. 하여간 그 친구의 칼 같은 비난에 찔리기는 했지만, 저는 교직 대신 대학원 진학을 선택했습니다. 교사로 살아야겠다고 결심한 것은, 그 후 대학원을 마치고 교직생활을 시작한 지 3년째가 되었을 때입니다.

대학 때 또 하나의 고민이 있었습니다. 1980년대에 시국이 엄혹했 잖아요. 제 고민은, '나는 왜 시대의 문제에 대답하지 못하고 이렇게 엉거주춤하게 살아가는가'였어요. 저는 시위를 한 적도, 언더 써클에서 사회과학 서적을 읽으며 공부한 적도 없었습니다. 수많은 대학생이 시대 문제에 아파하면서 자기를 던져가며 공장이나 농촌으로 달려가 노동자, 농민, 가난한 사람들과 연대하면서 체제에 저항하는 치열한 삶을 살았는데 저는 그럴 수가 없었어요.

제가 보수적인 기독교인이고 보수 기독교 진영에서는 사회 문제에 실천적으로 응답할 대안을 마련하지 못한 상태이다 보니, 이도 저도 아닌 엉거주춤한 삶을 살 수밖에 없었죠. 그러다가 1986년 5월, 대학원에 진학한 뒤 몇 개월 후에 문익환 목사님이 학교에 강연하러 오셨을 때 제 인생에서 잊지 못할 사건이 터지게 됩니다. 이분이 연설을 하기로 한 날, 이동수라는 학생이 대학 광장 옆 학생회관 옥상에서 자신의 몸에 불을 지른 후 투신자살을 한 것입니다. 저는 그때 보수적인 기독 학생들과 함께 현장에서 조금 떨어진 야외에서 예배를 드리고 있었습니다. 그러다가 그 사건을 접하고는 큰 충격에 빠지게 되었습니다.

제가 다니던 교회는 대학 근처에 있었기에, 그 주 일요일 대학부 모임에서는 자연 이 사건이 가장 심각한 주제였습니다. 다들 할 말을 잃고 있었습니다. 세상을 바꾸기 위해 자살을 선택한 것이 옳은가의 문제를 생각하기에 앞서서, 그가 죽음으로 대답하려 했던 시대의 문제에 우리가 아무런 대답도 내놓을 수 없었다는 사실이 너무도 참담했습니다. 오랜 침묵이 흘렀죠. 그때 제 1년 선배 중 최은상이라는 분이 일어나더니 "나는 이동수처럼 시국의 문제에 항거하기 위해 내 몸에 불 질러 죽을 용기는 없다. 하지만 나는 죽을 때까지 가난한 이웃을 위해 가진 것을 모두 나누어주다가 죽을 때는 더 이상 나누어줄 것이 없는 바싹 마른 상태로 죽겠다"라고 말하는 거였습니다. '바싹 말라 죽겠다'는 그 의외의 발언, 그런데 그분은 당시에 굉장히 뚱뚱했거든요. 뚱뚱한 사람이 가난한 이웃을 위해서 자기 몸을 다 나눠주다가 나중에는 바싹 말라서 죽겠다니까, 그 심각한 분위기에 킥킥거리는 소리가 들리더니 급기야 모두가 배꼽을 잡고 웃었던 기억이 생생합니다.

하지만 저는 그 선배의 그 말을 아직도 마음속에 품고 있습니다. 우리가 시대의 문제에 맞서 고통 받는 이웃을 위해 한 순간 장렬한 불꽃으로 자신을 던지는 것은 귀한 일입니다. 하지만 그렇게 할 수 있는 사람은 많지 않습니다. 그리고 그 길만이 이웃을 위한 길은 아닐 것입니

> 그 선배의 고백은 바로 그런 삶, 십자가를 미분해 사는 삶의 아름다움을 이야기한 것이죠. 저는 교사운동에서든 시민운동에서든 그분이 이야기했던 그 마음을 지켜야겠다는 생각으로 살아왔습니다.

다. 가난한 이웃에게 매일 조금씩 자신이 가진 것을 나눠주다가 더 이상 나눠줄 것이 없는 상태로 자기 인생을 종결하는 것, 그것은 우리같이 평범한 사람들도 다 할 수 있는 일입니다. 그것을 수학적으로 표현하면, 죽음과 십자가를 '미분微分'하는 삶이라고 말할 수 있습니다. 조금씩 썰어서 나중에는 제로 상태로 만들어가는 것, 그렇게 해서 '적분積分'하면 나중에 한 번의 죽음과 십자가로 정리되는 삶. 이렇게 사는 것도 대단히 의미 있는 일이라고 저는 생각합니다.

　우리가 세상을 변화시키기 위해, 나의 연약함과 부족함을 자책하지 않고, 또한 주어진 길과 전망이 없다고 도중에 낙담하지 않고, 끝까지 그 일들을 붙들고 바흐가 말한 것처럼 '천천히 그러나 멈추지 않고' 전진하는 것 또한 소중한 일이라고 저는 생각합니다. 그 선배의 고백은 바로 그런 삶, 십자가를 미분해 사는 삶의 아름다움을 이야기한 것이죠. 저는 교사운동에서든 시민운동에서든 그분이 이야기했던 그 마음을 지켜야겠다는 생각으로 살아왔습니다.

선거감시운동으로 사회운동에 뛰어들어

　이동수 학생의 죽음을 계기로 보수 기독학생운동 진영에서는 한 가지 운동이 시작되었습니다. 1987년 대통령선거를 앞두고 선거감시운동이 시작되었을 때 보수적인 기독교 학생 2천 명이 이 선거감시운동에 참가하게 됩니다. 저도 그때 그 조직을 이끌던 임원 5인방 중 한 사람으로 열심히 선거감시운동을 했습니다.

제가 선거감시운동에 뛰어든 이유는 간단했습니다. 세상을 바꾸는 방법으로 합법적이면서 제 양심에 맞는 최초의 운동이었기 때문입니다. 이 선거감시운동이 성공을 거두면, 독재 권력이 합법적으로 물러가고 민주와 정의가 승리할 가능성이 높다고 생각했죠. 밤마다 선거감시운동과 관련된 회의를 하며, 집에도 들어가지 않고, 대학원 공부도 사실상 전폐하고, 몇 달간을 여관에서 보냈습니다. 그런데 결과는 실패였습니다. 지금도 생생하게 기억나는 것이, 선거 전날 KAL기 폭파 주범 김현희가 입에 재갈이 물린 채 대한항공편으로 입국하는 어이없는 장면이 TV에 방영되었습니다. 선거 결과는 불을 보듯 뻔하게 되었습니다. 결국 국민이 노태우 대통령에게 몰표를 줬고 저의 기대는 어긋났습니다.

실의에 빠져 다시 사무실로 돌아와 앞으로 할 일을 의논하면서 일을 마무리 짓던 어느 날이었습니다. 경찰서에서 전화가 한 통 걸려왔습니다. "너희들 체포하러 갈 테니까 빨리 사라지라"는 내용이었습니다. 굉장히 두려웠죠. 그때까지 저는 한 번도 경찰서에 끌려간 적도 없고, 학생인데도 노티가 나서인지, 검문검색 한번 제대로 당한 적도 없었습니다. 그런데 경찰이 찾아오겠다니 너무 두려웠죠.

당시 회계업무를 보던 한 분이 임원들 몇 사람에게 도피 자금을 주면서 빨리 흩어지라고 하는 것이었습니다 (그때 도피 자금을 나눠주던 김

선미라는 분이 지금 광주대학교 교수인데, 얼마 전 20년 만에 만났습니다. 지금은 사교육걱정없는세상 회원이 되었죠.) 그 이야기를 듣고 다들 도피하기 위해 준비를 하고 있는데, 임원 중 이승재라는 친구는 유유히 빗자루를 들고 청소를 하는 거였습니다. 우리는 무척 의아했습니다. "야, 너는 왜 도망가지 않냐?" 물었죠. 이 친구가 하는 말이, "그건 말야. 경찰이 우리를 잡을 마음이 있으면 급습하지 왜 전화를 하겠니? 경찰은 안 와. 하던 일이나 마무리하자." 이렇게 대답하는 것이었어요. 저희는 고민했죠. 경찰을 믿을 것이냐, 우리 친구 이승재를 믿을 것이냐. 고민하다가 결국 우리는 경찰을 믿기로 하고 다 도망갔습니다. 결과는 어땠을까요? 네. 경찰은 오지 않았습니다. 그 친구 말이 맞았습니다. 그 친구는 고대에서 열심히 학생운동을 해왔기 때문에 경찰을 여러 번 겪었고, 그래서 상황을 정확히 판단하고 있었던 것입니다.

그 친구를 포함해 임원 4인방은 다들 그렇게 기라성 같은 운동가들이었습니다. 제가 운동 경험이 가장 일천했죠. 세월이 지나서 지금은 다들 뿔뿔이 흩어져 운동을 하는 친구가 아무도 없어요. 그 당시 도망가지 않고 유유히 청소를 하던 그 간 큰 친구는 지금 영화 제작자가 되었습니다. 가장 운동 경험이 없던 저만 운동 영역에 남았죠. 최근에 오랜만에 얼굴 볼 기회가 있었는데, 그 친구들이 제게 이렇게 말하더군요. "못생긴 나무가 산을 지킨다더니, 형이 딱 그렇군요."

그 이야기를 듣고, 저도 생각을 해봤습니다. 왜 다른 사람이 아닌 내가 끝까지 운동의 영역에 남게 된 걸까? 곰곰이 생각해보니, 저는 운동을 통해서 제 인생에서 풀어야 할 문제가 있었던 것입니다. 그것이 무엇일까요? 내 동료가 자기 몸에 불을 지르며 이 시대의 모순에 맞서

내 동료가 자기 몸에 불을 지르며 이 시대의 모순에
맞서려 했는데, 너는 어떻게 대답할 것인가,
그런 질문이었습니다. 그 부분에 대해서 답을 찾을 때까지
움직일 수가 없다고 생각한 것이죠.

려 했는데, 너는 어떻게 대답할 것인가, 그런 질문이었습니다. 그 부분에 대해서 답을 찾을 때까지 움직일 수가 없다고 생각한 것이죠.

끝내 가고 싶지 않던 교직에 발을 들이다

대선 공명선거운동을 끝낸 후에 저는 곧바로 경실련(경제정의실천연합)에 뛰어들었습니다. 그리고 교직생활도 시작했습니다. 그런데 교직과 경실련 활동을 병행할 수가 없어서 경실련 활동을 내려놓고, 그 대신 교직에서 할 수 있는 운동 방식을 선택해 여기까지 온 것입니다. 닭장사하듯이 제게 주어진 문제를 풀기 위해서 애를 쓰는 끈기, 그런 것이 오늘날 저를 만들었다고 생각합니다. 그것이 또한 '전문성'을 제게 주기도 했습니다.

여러분, 전문성이 무엇입니까? 간단히 말해서 남이 아는 걸 내가 알고, 내가 아는 걸 남이 모르면 그것이 전문성 아니겠어요? 제가 교직생활을 하면서 교육계에서 경험하는 문제를 그냥 간과하지 않고 내 문제로 끌어안고 풀어내기 위해 애쓰면서 13~18년을 달려오다 보니, 이른바 '전문성'이 제게도 생겼습니다. 물론 대학에서 아이들을 가르치면서 연구하거나 연구소에 머물며 얻어낸 전문성은 아닙니다. 그러

나 그런 전문성과 비교할 때, 전혀 부족함이 없다 싶었습니다. 아니 오히려 삶의 자리에서 주어진 문제를 풀어내는 과정에서 축적된 전문성이기에 지식에 힘도 붙어 있고 세상을 변화시킬 역동성이 내재되어 있는 것이라 더 낫다는 생각까지 했습니다.

대학원을 마치고 교직에 들어가야 할 즈음, 제 마음은 두 가지 욕구로 힘겨운 싸움을 경험했습니다. 물론 제게는 세상을 이롭게 하고 싶다는 욕구가 있었습니다. 그러나 다른 한편으로는 교사라는 자리가 싫고 초라해 보였습니다. 그 자리가 아닌 위치에서 세상을 바꾸고 싶었습니다. 사회적 지위가 초라한 자리에서 세상을 바꾸는 운동을 하고 싶지 않고, 적절한 위치, 영향력을 끼치는 자리에서 세상을 변화시키는 일도 하고 싶었던 것이죠.

여러분은 어떠세요? 그 두 가지 마음이 양립할 수 있습니까? 네, 좀 불편하긴 하지만, 실제로는 양립합니다. 적지 않은 사람이 그렇게 살아갑니다. 사람의 마음엔 세상의 불의를 바로잡으려는 뜻이 있어요. 그러나 마음속 다른 편에는 적어도 개인의 삶의 영역에서는, 안전한 길, 유익한 길, 나에게 이로운 길을 걷고 싶은 마음도 있는 것이죠. 그런데 그 마음들이 싸울 수 있겠죠. 저는 그 마음들이 공존하는 상태를 발견한 겁니다. 그건 사실 부끄러워서 내세우고 자랑할 일은 아니죠.

그럼에도 불구하고 교직생활을 시작한 것은, 더 이상 대학원에서 공부할 수 있는 가능성이 사라졌기 때문입니다. 지도교수와 저는, 논문 방향과 관심사가 너무 달랐어요. 그분은 고대 그리스의 철학자 플라톤을 좋아했는데, 저는 현대 사회철학의 관점에서 교육의 문제를 바라보고 싶었고, 그에 대한 고민을 풀고 싶었습니다. 그분보다는 다른 교수들의 강좌가 더 끌렸습니다. 지도교수와의 관계가 갈수록 나빠졌습니다. 논문 쓸 때는 지도교수와 제대로 상의도 못했습니다. 그러니 저를 얼마나 미워하셨겠어요. 그 후 그분과의 관계는 갈 때까지 갔습니다. 제 고집으로 정리해간 논문을 검토하면서 그분은 적개심을 갖고 제 논문에 빨간색 플러스 펜으로 '이것은 비문(非文)', '과연 그럴까?' 등 비아냥거리는 방식으로 제 글을 완전히 해체해버렸습니다. 결국 어찌어찌하여 논문을 완성하고 지도교수를 포함한 심사교수들의 조건부 통과를 받기는 했습니다. 1998년 7월인가요, 논문을 최종적으로 수정하여 그분 연구실을 찾아갔습니다. 수정본을 드리고 나서 인사를 하고 돌아 나오는 데, 그분이 한마디 하셨지요. "되지도 않는 논문 가지고 졸업하려는 놈!" 저는 그 말이 참으로 오랜 동안 제 가슴 속에 깊은 못처럼 상처로 남게 되었습니다. 저는 대학에 남아서 계속 공부하고 싶었는데, 지도교수와의 관계가 이토록 형편없이 망가졌으니, 이 길도 저에게는 막힌 것입니다. 진로의 관점에서 저의 미래는 번번이 막혀버렸던 것입니다.

결국 대학원에서 계속 공부하여 교수로 인생을 살 길은 완전히 막혔습니다. 사실 돌아보니, 그 길이 제게 맞는 길이었는지는 모르겠습니다. 그런데도 제가 그 길에 집착했던 것은, 교사의 삶을 선택하고 싶지 않았기 때문입니다. 그런데 막다른 벽에 부딪힌 것이죠. 결국 원치 않는 교사 생활을 시작했습니다. 당시 국립 사범대 재학생들은 학비를 감면받기 때문에 졸업 후 3년 동안은 의무적으로 교직생활을 해야 했습니다. 그렇게 하지 않으면 학비 감면분을 내놓아야 하는 상황이었죠. 할 수 없이 교사가 된 거죠. 그때 마음이 너무 안 좋았습니다. 내가 있어야 할 자리가 아니라고 생각하며 끌려가듯이 갔어요.

교직생활에서 경험한 기쁨과 좌절

그런데 교직생활을 하면서 뜻하지 않은 기쁨을 많이 발견했어요. 제 담당 과목은 영어였는데 고맙게도 아이들이 제 수업에 집중해주었습니다. 제 평생 그런 경험이 없었어요. 50~60명 되는 아이들이 제가 하는 말을 '기록'합니다. 특히 여학생 반에서의 집중도는 놀랍습니다. 시험 기간이 되면 제가 불러준 말을 또 외워요. 세상에 그런 지위가 어디에 있겠습니까. 정말 행복했죠. 수업 시작 한 시간 전부터 마음이 들떴다가, 수업 종이 울리면 총알같이 올라가죠. 수업시간에 아이들이 제가 올라오는 걸 보고 '꺅' 하고 즐거운 비명을 지르며 교실로 들어가는 것을 보는 것이 그 당시 저의 행복이었습니다. 아침에 학교에 가면 늘 제 책상에 꽃이 있고, 오렌지주스 같은 게 있었습니다. 그리고 편지. 그 3종 세트를 받으면 그렇게 행복했습니다. 20년이 넘은 지금, 저희 집에는 아직도 그때 받았던 편지가 남아 있습니다.

그런데 한 가지 고민이 있었습니다. 아이들과의 만남이 너무나 행복한데도 그것만으로는 채워지지 않는 갈증이 제게 있었다는 것입니다. 교사가 되어 다른 일로 가끔 제가 떠나온 대학 캠퍼스에 가면 기분이 정말 안 좋았습니다. 그 불편함을 어떻게 설명할 길이 없어요. 내 삶이 행복하다면 모교에 간다 한들, 심리적으로 불편할 일이 뭐 있겠습니까? 지금 아이들과 함께 보내는 시간이 정말 행복하니 예전의 고통스런 기억은 잊자며 쿨하게 넘어갈 수도 있었겠지요. 그런데 그 불편함

40~50세가 되었을 때 수업을 통해 아이들을 만나는 과정에서 팽팽한 긴장감과 관계의 충일감을 유지할 수 없게 되면, 나는 무슨 에너지로 살아야 할까, 그런 생각을 하니 답답하고 답이 안 나오는 거예요.

은 이루 말할 수 없었어요. 존재의 깊은 곳에서 모교 건물이 저를 흔드는 것입니다. 그 감정이 뭔지 여러 날 고민했어요.

그러다가 알아냈습니다. 그것은 '상승 욕구의 좌절'이었습니다. 대학 캠퍼스를 방문할 때마다 제 마음 깊은 곳에는 '여기가 내가 있어야 할 자리인데, 내가 여기 있지 않고 학교 선생으로 살아가고 있다'는 의식. 직업을 통해 상승하려는 욕구가 좌절된 상태에서 교직으로 갔고 그 속에서 즐거움을 느꼈지만 그 즐거움으로도 그 좌절감은 결코 채울 수 없다는 혼란스러움이 제게 있다는 걸 알았습니다. 나중에 인생을 더 살고 보니, 그렇게 상승해서 사는 삶이나, 그렇지 않고 평범하게 살아가는 삶이나, 삶의 질은 대동소이하다는 것도 알게 되었지만, 그 시절은 그게 커보였습니다.

당시 저의 고민은 또 이렇게 펼쳐졌습니다. 아이들과 함께하는 삶에 내가 더 이상 흥미를 느끼지 못하고, 40~50세가 되었을 때 수업을 통해 아이들을 만나는 과정에서 팽팽한 긴장감과 관계의 충일감을 유지할 수 없게 되면, 나는 무슨 에너지로 살아야 할까, 그런 생각을 하니 답답하고 답이 안 나오는 거예요. 아이들에 대한 마음이 40세가 되고 50세가 되어도 변함없을까 생각을 하니 자신이 없더라고요. 이것은 저만이 아니라, 어떤 직업을 선택해서 그 직업에 만족하느냐로 고

유형	내적 요인	외적 요인	개인적 대처
A 타입	○	×	힘겹지만 잔류
B 타입	×	×	퇴직
C 타입	×	○	힘겹지만 잔류
D 타입	○	○	기쁘게 감당함

민하는 대부분의 사람들에게도 제법 심각한 고민거리일 것입니다. 돈은 많이 버는데 일은 재미없거나, 반대로 보수는 적지만 일은 재미있는 상태. 이 두 요소 중 한 가지가 충족되지 않을 때, 어떻게 진로를 재설정해야 할 것인가의 문제는 고민이 아닐 수 없습니다.

직업을 선택해서 살다 보면, 위기도 만나고 좋은 일도 만납니다만, 그런 가운데 그 직장생활을 지속하게 하는 힘은 두 가지가 있습니다. 하나는 내적인 기쁨입니다. 즉 누가 뭐래도 가르치는 일이 즐겁고 흥미로워서 보수가 적고 사람들이 몰라주어도 자기 흥에 겨워 계속 선생으로 살아가는 것, 그런 내적인 요인이 있을 수 있습니다. 교사뿐 아니라 모든 직장인의 내부에 그런 게 있죠. 이와는 달리, 돈 많이 주는 것, 자꾸만 승진해서 올라가는 것, 그것은 그 직장생활을 유지하게 하는 외부적인 힘입니다. 위 도표를 한번 보시죠.

도표를 보시면 교사건 직장인이건 모든 직업인들은 대개는 네 가지 중 한 영역에 포함됨을 알 수 있습니다. 우선, A·B 타입은 외적 인센티브가 없는 사람이고, C·D는 있는 사람입니다. A·B 타입은 저처럼 교직에 사회적인 인센티브가 없던 시대의 사람이고, C와 D는 외적인 인센티브가 있는 시대의 사람이죠. 각 유형의 사람들이 자신의 직업과 관련하여 어떤 선택을 하는지 예상해봅시다.

A 타입은 아무리 교직생활이 각박하더라도 자기 교직생활을 포기하지 않고 살아가죠. B 타입은 어떻습니까? 두 가지가 다 없는 상태죠. 아이들을 가르치는 것이 싫고, 또 사회적으로도 교직이 볼품없는 상황입니다. 이런 유형의 사람들은 퇴직을 하거나, 승진을 해야겠죠. 학교에서 승진이 되어 교장이 되는 것이 이분들에게는 무엇을 의미합니까? 아이들을 보지 않고 교직에서 버틸 수 있는 자리를 의미합니다. 교장 자리를 비난하자는 것이 아닙니다. 교장의 자리는 너무도 중요합니다. 그런데 이런 동기로 승진하여 교장이 되면 그 개인도 학교 공동체도 모두 불행해지죠. 아이들을 가르치기 힘들어 교장 되는 사람이 어떻게 아이들 곁에서 힘겹게 씨름하는 교사들을 격려할 수 있겠습니까? C 타입의 교사는 외적으로는 인센티브가 있어요. 사회적으로 교직은 잘 나가는 직종입니다. 그러나 내적으로는 아이들을 만나는 게 즐겁지 않죠. 그럼 어떻게 합니까? 이런 분들은 교직을 그만두어야 하는데, 교직의 사회적 지위가 상당해서, 퇴직이 어려운 것입니다. 그 대신 안에서 살길을 찾아야 해요. 승진을 해야죠. 마지막으로 D 타입의 교사. 내적으로 아이들을 가르치는 의욕과 즐거움이 크고, 또 사회적으로 교직은 우대받는 직장입니다. 참 이상적인 자리죠. 우린 모두 D 타입을 원합니다. 그럼 이것도 저것도 아닌 사람, 가르치는 일도 재미없어하고, 교장 되기 위해 승진 준비에 열을 내지도 않고, 그렇다고 해서 퇴직하지도 않고 그냥 살아가는 교사들, 이들을 뭐라고 불러야 할까요? 학교에서는 이들을 '교포'라고 하죠. 교장을 포기한 사람, 이런 교사가 가끔 있습니다. 공립학교에서 이 타입의 교사는 교감 교장도 함부로 못 건드려요. 제가 근무하던 그 시절에는 이런 분들이 '나 교

장 안 할 거니까 건드리지 마' 그러면서 학교에서 귀찮은 일을 맡지 않고 엉망으로 살아가는 사람이 있었습니다. 자신은 편할지 모르나, 개인적으로 참 불행한 사람인 셈이죠.

긴 이야기는 드릴 수 없지만 이런 유형의 사람들이 어디 교사뿐이겠습니까? 변호사, 의사, 대기업, 자영업 등 직업의 모든 영역에서 이런 분들이 적지 않습니다. 직업을 통한 보람과 성취감 등 내적 요인이 튼튼한 사람들은 보수 등 외적 요인이 나빠도 버틸 수 있습니다. 그 부분이 정리가 안 됐을 때 직업인으로서 또는 인간으로서 불행한 삶을 살아갈 수밖에 없다고 저는 생각합니다.

종교를 통해 얻은 소명의식으로 교직생활에 전념

제게 갈증을 푸는 계기가 있었습니다. 1992년에 '내가 누구인가'라는 고민을 하다가 신앙을 통해 답을 얻었죠. 종교 이야기를 자세히 하는 시간이 아니니 간단히 말씀을 드리겠습니다만, 하나님과의 관계에서 제 인생의 문제에 대한 답을 찾는 어떤 구체적인 계기가 있었습니다. 그리고 그 답을 얻고 나서 저는 제가 그동안 그토록 붙들고 집착했던 것이 저로부터 빠져나가는 것을 경험하게 되었습니다. 그리고 그해 여름방학 때, 선교사를 파송하는 대규모 집회장에서 저는 성경 말씀과 설교에 큰 감동을 받고 마음속으로 몇 가지 결심을 하게 됩니다.

그중 하나는 더 이상 뿌리 없이 언제든 떠날 마음으로 교직생활에 임할 것이 아니라, 소명감calling을 가져야 한다는 결심이었습니다. 두 번째로, 저를 그동안 정서적으로 사로잡았던 고전 음악 테이프들을

하늘에서 내게 기대하는 바가 무엇인지를 살피고
그 관점에서 나와 직업을 보는 자세라고 할까,
아니면 사회공익적 필요라는 관점에서 직업을 보는
자세라고 할까, 아무튼 그 어떤 것보다
큰 힘으로 저를 사로잡는 경험을 하게 된 것입니다.

버려야겠다고 마음먹었어요. 제 감정을 사로잡았던 익숙한 것들과의 이별…… 대학시절부터 저는 클래식 음악을 좋아했고, 특히 슈베르트의 음악에 심취했습니다. 삼성에서 나온 보급형 카세트 '마이마이'로 〈아르페지오 소나타〉나 〈죽음과 소녀〉〈보리수〉〈로자문데 현악 사중주〉 같은 우수에 찬 그의 음악을 들으면서 캠퍼스를 산책할 때가 참 좋았습니다. 그러나 그것들과 이별할 때가 되었다고 생각한 후, 저는 그 당시까지 모아놓았던 클래식 테이프 1백여 개를 작곡과 후배에게 주었습니다. 세 번째로, 교사모임에 가서 활동하기로 결심하고, 네 번째로, 세상의 필요가 있어서 내게 부르심이 있을 때, 언제든지 내게 익숙한 교직생활을 털고 사명을 따라 새 길을 가겠다는 결심을 하게 되었습니다.

  그 몇 가지 결심이 사실 오늘의 저를 이루었다고 해도 과언이 아닙니다. 진로의 관점에서 보면, 뭐랄까요, 직업을 대하는 자세에 근본적인 변화가 왔다고 할까요. 나의 유익과 안정, 행복이라는 관점에서 직업을 생각하던 습관을 내려놓고, 하늘에서 내게 기대하는 바가 무엇인지를 살피고 그 관점에서 나와 직업을 보는 자세라고 할까, 아니면 사회공익적 필요라는 관점에서 직업을 보는 자세라고 할까, 아무튼 그 어떤 것보다 큰 힘으로 저를 사로잡는 경험을 하게 된 것입니다.

그러고 나서 제 삶에는 겉으로는 보이지 않지만 아주 본질적인 변화가 시작되었습니다. 더 이상 다른 길을 보지 않고, 아이들 곁에서 교직생활을 마치겠다는 다짐. 오랜 방황에 마침표를 찍는 듯한 어떤 편안함이 제게 찾아왔습니다. 그리고 그 후 10여 년 동안 정말 열심히 아이들을 가르쳤습니다. 그해 1992년은 교직 경력 가운데 제가 첫 번째 담임을 맡은 해였습니다만, 연말에 저희 반 한 남학생 녀석이 어느 날 저를 찾아와서는 수줍게 쪽지를 주고 황급히 교무실을 빠져나갔습니다. 뭘까 하고 열어보고 저는 깜짝 놀랐습니다. 그것은 그 아이가 직접 쓴 '자작시'였습니다. 한번 여기서 읽어볼게요.

사랑공감

차지영

한 해가 지나가는 하늘 아래
그 사랑의 의미는 다 알지 못했지만
사랑이 있었음을 알았다.
퍼져 나오는 백묵가루와 튀어나오는 말씀 속
침 방울 방울에서도 사랑은 있었다.
단합 대회 후 목구멍을 시원하게 넘겨주던
게토레이 속에서도 사랑은 있었다.
지각생에게 새하얀 복사용지에 배급되던
시 마디마디에도 사랑은 있었다.

중간고사 기말고사 떨어지는 반 성적에
끝내 매를 드시던 몽둥이에도 사랑은 있었다.
충혈돼 빨간색 금이 그어진
선생님 눈 속에 사랑이 흐르고
1번부터 53번까지의 명렬표에
나의 삶과 50명의 삶과 선생님의 삶이 있었다.
그 사랑의 의미는 다 알지 못했지만
사랑이 있었음을 알았다.'

그 시를 읽어 내려가다가 저는 '충혈돼 빨간색 금이 그어진 선생님의 눈 속에 사랑이 흐르고'라는 대목에서 눈물을 흘렸습니다. 선생으로서 살아가는 고단한 삶, 내 속에서 나의 미래를 어떻게 끌고 갈 것이고 이 녀석들과 어떻게 내 삶을 조율하며 살 것인가로 괴로워하던 시절, 그러면서도 최선을 다해 이 아이들의 선생으로 살아가기 위해 애쓴 수고의 시간들…… 그 시간의 수고와 고통을 저 자신만 안다고 생각했는데, 이 아이가 저를 아는구나 생각하니 위로가 되어 눈물이 났던 것 같습니다. '충혈돼 빨간색 금이 그어진' 이런 구절을 읽으며, 남학생의 마음속에선 도저히 일어날 수 없는 감수성인데 싶어 더욱 놀랐습니다.

그리고 밀려오는 행복감. 이제 그 행복감은 다른 직업과 교직을 비교하며, 아니 제가 가지 못해 아쉬움으로 남던 교수직과 더 이상 비교하며 교직을 미덥지 않게 생각하던 그 마음은 사라지고, 오직 그 일 자체로 감사와 기쁨을 누리는 그 마음이 제게 찾아왔습니다. 그리고 그 무렵에 저는 직업과 관련해서, 잠정적으로 이런 정리를 하게 됩니다. "어떤 직업을 선택하든, 어떤 지위를 갖든, 모든 사람이 하늘로부터 받아 이 땅에서 누릴 행복의 총량은 같다." 이런 한 가지 생각이 저에게 찾아오면서, 저는 행복했고 안심이 되었습니다.

사실 많은 경우 사람들은 직업의 월급과 사회적 지위가 행복의 양을 결정한다고 생각합니다. 제 경험으로는 그렇지 않습니다. 박원순 변호사님도 말씀하셨는지만 검사가 되고, 변호사가 되면 행복할까요? 물론 행복할 수 있죠. 제가 그분들은 불행하다고 말하면 그건 잘못된 것이라고 봅니다. 상대적으로 검사·변호사는 행복할 수 있습니다. 사회의 일반 직종과 비교해 우위에 있으니까요. 그러니까 만족을 느끼는 거예요. 그런데 그것이 진짜 행복, 절대 만족을 보장하느냐는 별개 문제거든요. 절대 만족이란 자기가 그 일을 하면서 느끼는 성취감과 보람 같은 거죠. 남들과 비교해서 느끼는 상대적 만족은 일시적이고 언제든 뒤집힐 수 있어요. 그래서 우리가 직업을 통해 누리려는 행복을 '남들과 비교해서 얻는 상대적 만족감'에서 찾으려 한다면 답이 나오지 않습니다.

교사운동에 정진하게 해준 아내의 편지

우리가 직업을 통해 참된 만족과 행복을 경험하려면, 남들과의 비교를 통해서가 아니라 매일 우리가 직면하는 직업의 일상 영역에서 답을 얻어야 합니다. 월급과 사회적 지위로 인한 상대적인 만족감이나 우월감 같은 것은 우리 삶에 그리 많은 부분을 차지하지 못합니다.

대신 우리 생활의 90% 이상은 남들과의 비교가 불가능한 것들이고, 그런 일상의 영역에서 직업에 대한 보람과 만족을 얼마나 경험하느냐가 중요합니다. 거기에서 답을 얻어야 한다는 것이죠. 그 답은 자신에게 재능을 부여해준 하늘의 뜻에 따라 자기 길을 선택해서 사느냐에 달려 있다고 저는 믿습니다. 그리고 그런 길을 선택해 살아가는 사람에게 직업의 만족은 필수 부산물이죠. 예를 들어, 기계를 한참 돌리면 열이 나죠. 그 열이 저는 행복이라고 생각합니다. 즉 우리를 기계로 비유하자면, 우리를 필요로 하는 곳에서 그 요구에 맞춰 '나'라는 기계를 열심히 돌리면 내 속에 '보람, 만족, 성취감' 같은 열이 나고 그 열이 나를 행복하게 하는 것입니다. '열로서 나타나는 행복'이 많아질수록 그 사람의 삶은 성공적이라고 생각합니다.

여하튼, 나름대로 제가 하는 일에 대한 의미를 찾고 나서 저는 더 이상 다른 곳을 기웃거리지 않고 제가 지금 서 있는 일터에서, 대학 시절부터 붙들고 씨름했던 과제, 즉 세상의 변화를 위해 실천하는 삶에 집중하게 되었습니다. 학교 내부에서 비교육적이고 비윤리적인 문제를 해결하는 일에 관심을 기울이되, 특히 저는 교사를 바꾸는 일에 관심이 많았습니다. 뜻이 같은 교사들과의 모임을 통해서 교직 사회를 바꾸는 일에 집중하다가, 관심의 대상이 확장되어서 한국의 40만 교사들이 어떻게 하면 직업적으로 만족을 느끼고 국민들로부터 신뢰받을 수 있도록 개혁하느냐를 두고 깊이 고민하게 됐습니다.

2000년 8월 15일에 시작된 좋은교사운동은 그런 취지의 일환이었습니다만, 그 과정을 통해 1천5백~2천 명이 순식간에 모였습니다. 2년에 한 번씩 4일을 먹고 자는 대회를 치러야 하고, 가정방문, 일대일

결연, 수업평가받기 캠페인 등을 전개하고 잡지와 신문을 만드는 일을 하다 보니, 일이 계속 커지게 되었습니다. 자연히 부담이 많아졌죠. 처음에는 육아휴직과 병간호 휴직을 번갈아 내며 이 일을 감당했습니다. 지금이야 교원노조 외에도 단체 일에 집중하기 위해 학교를 쉬는 것이 가능합니다만, 그 당시에는 불가능했습니다.

결국 우리 모임 안에서 '누군가는 퇴직하여 이 운동에 집중해야 하지 않는가'라는 문제가 제기되었습니다. 물론 그 '누군가'가 저라는 사실은 모두가 전제하고 있었죠. 사실 교사운동이 확장되면서 제게 찾아온 가장 깊은 고민은, 갈수록 확장되고 질주하는 운동의 속도에 나를 맞출 것인지, 아니면 나의 한계에 운동을 가둘 것인지였습니다. 운동에 나를 맞추면 제 미래가 어떻게 될지 알 수 없기 때문에 제가 괴롭고, 그렇다고 나의 한계에 운동을 가둬버리자니 운동이 약화되는 것이 문제였습니다. 힘이 들었지만 그래도 저는 결국 전자를 선택했습니다. 운동에 나를 맞추자. 운동이 막 뻗어갈 때, 그 탄력에 자신을 맡겨버리자, 그렇게 결심했어요. 그래도 힘든 상황이었어요. 나를 다 줘도 안 되는 게 있거든요. 사교육걱정없는세상의 요즘처럼 말이죠. 상근자 12명이 다 달라붙어도 벅찬 일이 얼마든지 많습니다. 그러나 어찌 되었든 고심 끝에 퇴직을 하기로 결심했습니다.

참 방황을 많이 했던 시기였습니다. 이와 관련해서는 아내의 지지가 큰 힘이 되었죠. 퇴직 문제를 고민하던 2003년 1월 제 생일 무렵, 아내가 제게 뜻밖의 이메일을 보냈습니다. 그 메일을 보는 순간 너무도 큰 위로가 되고, "아, 내가 퇴직을 하는 것이 하늘의 뜻이구나" 그런 확신이 들었습니다. 그래서 저는 이 편지를 지금도 소중하게 간직

하고 있다가, 강의 때 자주 인용합니다. 그런 이야기를 간접적으로 전해 듣고, 아내는 항의를 합니다. '제발 강의하러 다니면서 부부간의 사적인 일은 얘기하지 말아달라'고 말이죠. 그래도 제게는 너무나 소중한 편지이기 때문에 오늘도 한번 읽어보겠습니다.

가슴 속에 뜨거운 불덩이 하나 있어, 시간의 장벽도 공간의 장벽도 훌쩍 뛰어넘는 걸 봤습니다. 때로 저와 같지 않아서 어색하고 화도 내보고 했지만, 나와 같지 않아서 존경할 수 있는 당신. 힘들고 어려운 시간을 보내는 걸 지켜볼 수밖에 없으니 안타깝습니다. 하지만 어떤 결정을 해도 당신의 결정은 현명하고 올바른 결정일 것임을 믿고 있고 나도 그 결정과 함께할 것입니다. 시간이 갈수록 당신의 소중한 꿈이 어떤 모양으로든 어떤 색깔로든 더욱 아름답게 표현되길 기도하고 싶습니다.

제게는 그 편지가 훈장과 같았습니다. 운동을 하는 사람 중에서 배우자가 공감하지 않아 더 이상 운동에 정진하지 못하는 경우가 적지 않은데, 저는 참 다행스러운 것이죠.

학생을 위해서는 교사의 이해관계 넘어서야

제가 교사운동을 하면서 마음속에 담아둔 가장 중요한 원칙이 하나 있습니다. 그것은 "아이들과 교육을 위해 우리의 이해관계를 내려놓는 선택을 해야 한다"는 것입니다. 그것은 단체든 개인이든 마찬가지입니다. 물론 그렇게 공익을 위해 자신의 이익을 내려놓는 선택은

> 제가 교사운동을 하면서 마음속에 담아둔 가장 중요한 원칙이 하나 있습니다. 그것은 "아이들과 교육을 위해 우리의 이해관계를 내려놓는 선택을 해야 한다"는 것입니다.

손해만 주는 것이 아니라 이익도 줍니다. 좋은교사운동의 책임을 지면서 저는 교사들에게 지금과 같은 승진을 위한 잘못된 평가(근무평정제도)가 아니라 교사들의 전문성을 높이는 목적의 제대로 된 교원평가제도가 도입되어야 한다고 토론회를 통해 발표했습니다. 아마 사회적으로 그런 발표를 한 것은 저희가 처음이었을 것입니다. 그로 인해 교원평가 논의가 급물살을 타게 되었고, 좋은교사운동이 이 논의의 중심에 서게 되었습니다.

그러자 난리가 났습니다. 교사들이 직접 항의도 많이 하고 제 휴대전화로 비난의 문자를 보내기도 했습니다. 회원들의 탈퇴도 줄을 이었습니다. 저와 비교적 친한 분들이 등을 돌리기도 했고요. 제 개인 후원회를 만들어서까지 성원해주시던 분들까지 등을 돌릴 때마다 마음이 아팠습니다. 그때, 야 이러다가 우리 운동이 죽겠구나, 그렇게 되면 나도 갈 곳이 없겠구나, 그런 생각을 했습니다. 하지만 그럼에도 불구하고 그 선택을 고수한 것은 딱 한 가지 이유였습니다. 그것은 '우리 아이들을 위해서 필요하다면 교사의 직업적 이해관계를 내려놓자'라는 그 한 가지 원칙 때문이었습니다.

죽는 선택과 결정을 했는데, 놀랍게도 그 결과로 우리는 죽지 않았습니다. 죽기는커녕 오히려 우리 운동은 더욱 발전했죠. 수많은 국민이 우리를 지지하고, 또 많은 회원이 새로 가입하기 시작했습니다. 2005년

경 우리의 정책 노선에 이의를 품고 탈퇴한 회원이 약 20~30명이었다면, 우리를 지지하고 격려하며 새로 가입한 회원이 약 7백 명 정도 됐어요. 회원이 사상 최대로 불어난 것이 그때입니다. 당연히 저도 죽지 않았습니다. 저를 돕는 후원회는 더욱 든든히 자리를 잡았고요. 반면에, 그 당시 교원 평가에 관한 우리의 주장을 무조건 배격하지 않았으면서도 조직 내에서 지도력을 지키기 위해서 반대투쟁을 해야만 한다고 말하던 모 교원단체의 대표는 오히려 실각했죠. 죽기로 하면 살고 살기로 하면 죽는다는 평범한 진리를 확인하는 순간이었습니다.

저는 주변 분들에게 좋은교사운동에 뛰어든 지난 10년의 삶을 그 이전 30년의 시간과 바꾸지 않겠다는 얘기를 늘 해오고 있습니다. 그렇게 바람 부는 곳에서 운동을 하면서 제가 경험한 삶의 윤택함과 성장을 생각하면 너무도 감사했습니다. 더욱이 좋은교사운동이 계기가 되어 사교육걱정없는세상이 시작되기도 했고요. 가지 말라고 말려온 길이었지만 갈 수밖에 없었고, 그래서 그 길을 갔더니 처음에는 기대하지 않았던 변화들이 줄줄이 우리를 기다리고 있었습니다. 등대지기학교, 진로학교 등을 통해서 수많은 사람이 우리 운동에 가담했고, 2009년에는 외고 입시 사교육 문제를 풀어내는 데 결정적 기여를 했죠. 행복한 성적표 보내기 운동 또한 많은 학교로 확산되고 주변 분들에게 정책적 영감을 주어 이제는 학교 내신을 선진국 수준으로 변화시켜야 한다는 각성이 정부와 교육청에 꽤 확산되었습니다. 어디 그뿐입니까. 〈아깝다 학원비!〉가 100만 명에게 보급되는 등, 운동이 생각했던 것 이상으로 확대되고 있습니다.

행복해지는 길이 아니라 마땅히 가야 할 길을 찾아야

　진로 선택을 할 때, 저는 때로 개인적 행복에 대한 관심도 넘어서야 할 때가 있다고 생각합니다. 제가 지나온 삶의 여정을 돌아보니, 저는 행복해져야겠는데 어떻게 사는 것이 행복한가, 그런 마음으로 진로 선택을 하지 않았습니다. 1992년 8월, 삶의 중심을 잡고 나서 제가 크고 작은 진로 선택의 갈림길에 섰을 때 저를 붙들었던 선택의 기준은, '안전한가, 불안한가' '장래가 보장되는가, 그렇지 않은가', '인생을 행복하게 살아야 할 텐데 내게 가장 행복한 길은 어디인가?'가 아니었습니다. 저의 선택 기준은 늘 하나, 내가 하늘의 부르심에 맞게 있어야 할 자리에 잘 있는가, 나에게는 좀 손해가 되더라도 아이들과 교육을 위해 필요한 자리가 어디인가 하는 점이었습니다. 그랬더니 행복은 찾아오더라는 것입니다.

　직업 선택에서 참된 행복을 추구하는 것은 중요한 일입니다만, 사실 엄격하게 말해 행복을 추구하는 것이 인생에서 가장 중요한 것은 아닙니다. 행복하지 않아도 힘겨워도 가야 할 길이 있고, 해결을 하지 못해도 서 있는 것 그 자체가 답이 되는 삶의 자리가 있는 것입니다. 진로학교 강의 때문에 반크의 박기태 단장님이 강의하러 오셨다가 저에게 "선생님, 이 일 하시는 것이 행복합니까?"라고 물었을 때, 저는 갑자기 머뭇거렸습니다. 좋은교사운동 시절에 그 질문을 받았다면 "네, 행복하고말고요." 이렇게 말씀드렸을 텐데, 매일 힘겨운 씨름을 하면서 내적으로 소진되고 힘겨웠던 세월들이 생각나서, 도무지 "네, 행복해요"라고 대답할 수 없었습니다. 그렇다고 해서, 내가 걸어온 길이 잘

못되었던가 생각해보니, 그렇지도 않았습니다. 그래서 마음속으로 고통과 괴로움이 있어도 가야 할 길이 있는 것이로구나, 그런 생각이 들었죠.

인생에 직선은 없다

돌아보니, 제 희망 진로는 '닭 장수-기술자-장교-교수-교사-교사운동가-시민운동가'로 변화해왔습니다. 닭 장사를 조금 했고, 장교와 기술자는 되지 못했고, 교수도 안 됐고 결국 교사, 교사운동가, 시민운동가가 되었습니다. 미래 사회에서는 7, 8번 정도 직업을 바꿔야 한다고 합니다. 저는 현재를 살면서도 많이 바꿔왔고, 또 앞으로도 바꿀 것입니다. 삶의 굽이굽이가 너무 고단했고, 인생은 정말 '이번 한 번만으로' 족한 그런 것이라 생각합니다. 그러나 그렇게 살아온 삶의 지난 세월을 돌아보니, 그것으로 제 삶은 아름답고 풍요로웠고 만족했습니다.

제 인격이 훌륭하고, 흠과 연약함이 없다고 말할 수 없습니다. 부끄러운 선택도 하고, 제 연약함과 실수 앞에서 자책도 많이 했습니다. 그러나 그 모든 과정이 오늘의 저를 만들어왔기에, 저는 인생에 직선은 없다는 말을 참 좋아합니다.

우리 부모들은 아이에게 직선을 주려고 합니다. 자신처럼 곡선으로 살지 않고 낙오 없이, 도중에 이탈 없이, 샛길로 새지 않고, 직선으로만 달려가도록 경로를 설정해주고 싶어 합니다. 그러나 거듭 말씀드리지만 우리 생에 직선은 없습니다. 어떤 식으로든 곡선입니다. 그러나 곡선은 아름답습니다. 그 곡선에 깊은 물이 흐르면 유장하고 유려하기까지 합니다. 그렇다면 곡선의 강이 흘러가기 위해 필요한 것은 무엇입니까? 물이 깊어야 합니다. 동시에 장애를 만나야 하고, 그 장애를 넘어서는 힘이 있어야 합니다.

뜻하지 않은 곳에서 어려움을 만나더라도, 아이들이 삶을 살아가는 힘이 있고, 삶을 이해하는 깊이와 통찰이 있으면, 우리 아이들의 인생의 강은 유장하게 흐를 것입니다. 또한 아이들의 첫 진로가 마지막 진로가 되지는 않을 것입니다. 첫 흐름이 장애를 만나 우회하여 다음 진로로 이어지고, 그 진로의 계곡이 새로운 진로의 강으로 이어지는 것이기에, 내 앞에 오늘 주어진 일들과 난관에 성심성의껏 반응하고, 그 속에서 내게 주어진 숙제를 풀다 보면 또 미래로 가는 길이 열리는 것이라고 저는 생각합니다.

아이의 기준으로 아이의 장점 찾아야

우리 자신만 생각하다가 사회에 기여하는 삶으로 전환하는 것은 '좋은 일자리'로 가는 굉장히 중요한 토대 같습니다. 부모는 교육적 배려를 하면서도 자율을 허용해야 합니다. 부모가 방치하지 않고 울타리가 되어주는 것은 중요합니다. 그런데 그 속에서 아이가 마음껏 시행착오를 할 수 있도록 관용해주는 것도 필요합니다. 아이가 잘못하면 부모는 어떻게 합니까? 울타리도 안 쳐주고 아이의 삶의 공간으로 들어가서 아이와 싸웁니다. 성적은 몇 점 맞아야 하고, 너의 진로는 무엇이 되어야 한다느니 하면서 시시콜콜하게 간섭하죠. 나중에 보면 아이가 해야 할 것까지 부모가 대신 고민하고 있습니다. 이렇게 하면

다 불행해집니다.

아이들 스스로 문제의식을 붙들고 고민하게 해야 합니다. 그러다가 우연히 기회를 포착해 자신에게 맞는 길을 찾는 겁니다. 물론 우연은 정말 우연히가 아니라 최선을 다할 때 나타납니다. 세상을 이롭게 하겠다고 생각할 때 전혀 새로운 일이 벌어집니다. 이런 사람들은 한 곳에 머물지 않고 문제의식의 끈을 따라 자신의 직업 형태를 바꿉니다. 한 가지가 아니고 굉장히 많아집니다.

우리 사회는 안정을 중요하게 여기잖아요. 그런데 누가 모험을 할까요? 남보다 용기가 많은 사람일까요? 그렇지 않습니다. 저만 해도 용기가 별로 없는 사람입니다. 소심하죠. 팔자 고치려고 자기 돈 쏟어 넣는 것은 도무지 불안해서 못하겠습니다. 그런데 남을 돕는 모험, 사회를 이롭게 하기 위해 시도하는 모험은 어렵지 않게 합니다. 심리적으로 불안감도 느끼지 않아요. 일확천금을 벌겠다고 생각하고 어떤 선택을 하면 불안하다가, 남을 돕겠다는 마음으로 어떤 일을 하면 실패해도 좋다는 마음의 여유가 생기고, 그렇게 뛰어들면 편안한 모험을 하게 됩니다. 우리 아이들에게 필요한 모험은 이런 모험입니다.

이런 모험심을 끌어내려면 아이마다 가지고 있는 특성을 고치려 들지 말고 인정하는 것이 중요합니다. '기질'은 놔두고 '가치'와 관계된 것만 고쳐야 합니다. 거꾸로 되면 큰 문제예요. 아이가 가진 장점을 보려면 부모가 자신의 기준을 내려놔야 합니다. 특히 나와 기질적으로 다른 아이의 경우에는 장점을 찾기가 힘듭니다. 그럴 땐 자기의 기준을 내려놓고 아이를 잘 관찰할 필요가 있습니다.

세계적 기업 제너럴 일렉트로닉스GE 사장이었던 잭 웰치는 자서전에서 자신은 어린 시절 말더듬이로 친구들에게 놀림을 받았다고 했습니다. 학교에서 얼마나 왕따를 많이 당했겠습니까. 선생님도 문제라고 생각했지만 유일하게 잭 웰치의 어머니는 그렇게 생각하지 않았습니다. 어느 날 말더듬이 습관으로 풀이 죽은 어린 잭 웰치를 붙들고 말했습니다. "웰치야, 네가 말 더듬는 것은 장애가 아니야. 생각이 워낙 빠르고 비상해서 그 속도를 말이 따라갈 수가 없어서 말을 더듬게 되는 거야." 잭 웰치가 자신의 부족함을 다른 관점으로 이해하게 된 순간입니다. 어린 시절 엄마의 말씀을 지금까지 기억하는 것을 보면, 그만큼 그 아이의 생각에 반전을 가져다준 사건이라는 것이죠.

아이에게 칭찬을 할 때는 그 아이에게 있는 것으로 칭찬을 해야겠죠. 잭 웰치에게 "네가 말 더듬는 이유는 네가 얼굴이 잘생겨서야"라고 말하면 설득이 되겠어요? 있는 장점을 가지고 현재의 약점을 설명해내는 지혜, 그것이 중요한 것이죠. 관찰하고 찾아야 하죠.

자산이 될 만한 경험을 쌓아줄 필요도 있어요. 어린 시절에는 부모가, 중학교 이후에는 스스로 찾아갈 수 있도록 해야 합니다. 자기 자신에 긍정적이 되느냐 아니냐는 주로 어린 시절에 결정됩니다. 그 이후에 세상과 사람에 대한 관심과 돌봄을 훈련할 필요가 있습니다. 체험을 시키고 부족하면 독서를 하게 하고 말이죠.

7인7색의 강의를 돌아보다

그동안 7인의 진로 강사가 하신 말씀을 제가 최종 분석해보았습니다. 주상완 사장님이 가진 장점은 무엇입니까? 가난으로부터 탈출하겠다는 끈기, 끝없는 호기심입니다. 이런 삶을 거쳐서 나중에 일본에 가서 교수로서 능력을 인정받게 된 것이죠.

반크의 박기태 단장님은 언어에 대한 관심이 지대한 분이에요. 언어에 승부를 걸었어요. 자기의 잠재능력을 안 거죠. 학교에서 배운 무역 영어로 홈페이지 작업을 하고, 한국에 대한 정보를 전달하려고 1천 통의 편지를 외국 대학교수들에게 보내고, 1백여 통의 답장을 받고, 그런 과정이 반크를 만드는 기반이 됩니다. 그분은 잘 나가는 직업에 흥미가 없었어요. KBS에서 일할 때도 반크 홈페이지만 들여다보고 그래서 회사를 그만두고 반크 펜팔지기로 활동했다잖습니까? 오늘날의 반크가 되기까지는 결정적인 계기가 필요했죠. 그건 외국 친구와 교류하던 한국 청소년들이 상처를 입는다는 겁니다. 우리나라의 역사가 왜곡돼 외국 교과서에 실리는 것을 해결하겠다는 의지가 박기태 단장에게 있었던 겁니다. 모든 펜팔지기가 반크처럼 된 건 아니잖아요. 우리나라에 펜팔 회사가 하나만 있나요? 굉장히 많습니다. 유일하게 반크만 펜팔에서 시작해서 지금처럼 된 겁니다. 박기태라는 사람의 감수성과 문제의식이 다른 펜팔 운영자와는 달랐던 겁니다.

임경수 선생님은 (주)이장 대표죠. 어린 시절에는 식물에 관심이 많았고, 중학교 때는 분해되는 비닐에 관심을 가졌죠. 결국 대학은 환경 관련 학과를 택합니다. 공군 장교 때 농촌에 근무하면서 '논이 참 좋다'고 탄성을 질렀던 분이죠. 아무리 기술 연구를 많이 해도 농민에 의해서 쓰이지 않으면 소용이 없다는 사실을 깨달으면서 또 다른 국면으로 접어듭니다. 소극적 의미의 환경에만 관심을 갖지 않고, 환경과 사람에게 도움이 될 적극적인 길을 찾습니다. 호주에서 '퍼머컬처'

를 배우고 지금은 (주)이장의 대표를 맡고 계십니다. 어린 시절 자신의 적성과 재능을 고스란히 지금까지 이어온 셈입니다. 여기에 연구와 현실의 괴리, 농민을 위해 자신의 연구가 쓰여야 한다는 문제의식이 덧붙여지면서 전혀 새로운 인생의 진로를 선택한 것이죠. 즉 내가 하는 일이 사회에 직접 기여를 해야 하는데 그렇게 안 되는 방식의 연구로 돈을 버는 것은 의미가 없다고 생각했다는 것, 그 마음이 새로운 길을 연 것입니다. 그래서 퍼머컬처와 지금의 이장까지 연결된 것이죠.

박원순 변호사님은 일에 몰두하는 특별한 힘을 가지고 계세요. 며칠 밤을 새워도 괜찮다고 본인이 말씀하시잖아요. 게다가 상상력과 창의력, 그리고 호기심이 큰 분이었습니다. 그 힘으로 고시 공부해 사회적으로 잘 나간다는 변호사가 됐죠. 인권변호사로 활동했어요. 인권에 대한 관심이 많았기 때문에 사회적으로 기여하는 삶을 살았습니다. 그리고 생활도 유지가 됐고요. 돈 많이 벌었다고 하시지 않습니까? 그러나 자기는 너무나도 힘들고 진이 빠져 적성이 아닌 삶을 살았다고 하셨습니다. 검사라는 직업을 선택하면 모두 진이 빠질까요? 그렇지 않죠. 그런데 이분만 왜 진이 빠졌을까요? 이분에게 에너지의 방향은 검사라는 직업이 요구하는 방향과 달랐던 것이지요. 호기심이 많고, 가치를 생산적으로 추구하는 어떤 비즈니스적 기질이 큰 것입니다. 결국 적성이 변호사가 아니란 걸 알고 참여연대를 만들고 아름다운재단과 희망제작소를 만들었죠. 이분이 하신 일은 전부 창의적인 것입니다. 남들이 하지 않은 새로운 시도와 완전한 몰두. 생활도 소박하죠. 지금 전세 사십니다. 자가용도 없고 전철 타고 다니세요. 그렇지만 누가 이분을 보고 변변치 않다고 손가락질하겠습니까?

임영신 선생님은 독서와 일기 쓰기가 적성이었습니다. 강요받은 게 아니라 스스로 거기에 빠져 사는 삶을 사신 겁니다. 언어 소양이 쌓이고 여행과 연결이 됩니다. 그것이 오늘까지 임영신 선생님을 끌고 온 힘이었습니다. 임영신 선생님은, 박원순 변호사님과 임경수 선생님처럼 사회적으로 기여할 수 있는 일을 해야겠다는 생각을 바로 한 게 아니에요. 다만 우연한 기회에 기윤실에서 간사 생활을 하면서 그런 생각을 찾은 것이죠. 중요한 징검다리가 있었죠. 열일곱 살 때 신앙생활을 하면서 '나는 존귀한 존재다. 나는 사랑받기에 충분히 귀한 존재다'라는 생각을 갖게 해준 사람들을 만나게 됩니다. 결국 임영신 선생님도 그분들처럼 자기가 아니라 남의 가치에 주목하는 관점을 갖게 된 것입니다. 이런 계기가 없었다면 아마 이라크로 여행하는 일은 없었을 것이고 평화로 가는 여정은 없었을 것입니다. 아이들에게 그런 징검다리가 중요합니다. 자기 자신을 돌아보고 긍정적 자아감을 회복하는 과정을 거쳐야 합니다. 부모가 아니면 선생님이나 다른 제삼자와의 인격적인 만남을 통해서 말이죠. 우리 아이들이 자신감 있게 자기가 좋아하는 일을 찾아가게 만들기 위해서 '너는 귀한 존재'라는 것을 알려줘야 합니다. 나중에 기윤실에서 간사로 활동하면서 임 선생님은 위안부 할머니를 도우면서 아시아 문제에 관심을 갖게 되고 이라크로 가면서 여행 자체가 직업인 삶을 살게 된 것이죠. 이분도 곡선이죠. 사실은 이 중간 과정에서 불필요한 게 하나 없어요.

최영우 대표는 묘합니다. 책과 지식에 대한 관심이 임영신 선생님과는 또 다릅니다. 하나의 영역에 꽂히면 바로 달라붙어요. 하지만 관심사가 다양해서 지속적이지 않아요. 지루한 일상이 반복되는 것을 못

참는 성격이죠. 그래서 잘 나가는 연구소에 2년 다니다가 그만두고, 해비타트에서 활동하다가 그것도 접고 지금과 같은 도움과 나눔의 일을 하십니다. 앞으로 무엇을 할지 언제나 열어놓는 분입니다.

제 기본기는 끈기였던 것 같아요. 해결할 때까지 버티면서 살았다고 할까요. 호기심은 없어요. 최영우 대표에게 있는 것 같은 그런 호기심은 많지 않습니다. 물론 저도 필요하면 책을 읽었습니다. 그러나 호기심을 갖고 독서하지 않고, 나에게 돌파구가 절실할 때 해결책을 찾으려고 책을 열어봅니다. 그러나 책 자체에 끌려서 밤새우는 일은 없습니다. 다르죠.

호기심이 없는 아이에게 호기심을 심어주려는 건 나쁘지 않습니다. 끈기 없는 아이에게 끈기를 심어주려는 건 나쁘지 않습니다. 그렇더라도 기본적으로 없는 걸 있게 만들려고 무리해서도 안 된다고 생각합니다. 아이는 자신에게 있는 것으로 세상을 살아가는 것이니, 장점을 헤아리면서 다른 것을 보완해주는 것이 좋다고 생각합니다.

7인의 진로 선택 여정에 공통점이 있다면, 이분들은 모두 자신의 재능을 통해 사회를 이롭게 한다는 이른바 '사회적 가치의 구현'을 매우 중요한 요소로 붙들었다는 사실입니다. 이점은 우리 아이들에게도 마찬가지로 적용되어야 할 것입니다. 자기 이익을 위해 직업을 선택하면 오히려 행복하지 않았다는 역설. 또 이분들의 진로 선택의 절차를 보면 진로 결정에는 우선 자신의 적성과 태생적 기질을 활용해야 하는구나 하는 것을 알게 됩니다. 자신에게 없는 것을 가지고 사회에 기여할 수는 없는 것이죠. 두 번째는, 자기 내면의 문제를 해결해야 합니다. 자기 스스로 어느 시기 어느 단계에는 해결을 해야 해요. 자기 내면의

7인의 진로 선택 여정에 공통점이 있다면,
이분들은 모두 자신의 재능을 통해 사회를 이롭게
한다는 이른바 '사회적 가치의 구현'을
매우 중요한 요소로 붙들었다는 사실입니다.

문제를 해결하여 사회적 기여를 위한 토대를 마련하려면 말이죠.

우리 사회에서 좋은 일자리란 무엇일까

우리 사회에서 좋은 일자리는 무엇일까요. 삼성경제연구소, 경영자총협회, 한국개발연구원KDI에서 좋은 일자리를 선정했습니다. 괜찮은 일자리decent job라고 하죠. 다른 데 보다 돈 많이 주는 곳. 지금까지 진로학교의 강의를 들어보면 이런 기준이 얼마나 피상적이고 천박합니까?

처음엔 폭력적이라고 생각했습니다. 그러나 가만히 생각해보니, 이건 폭력적인 게 아니라 천박한 겁니다. 그런 기준이 타당한 건가요? 이런 기준에 부합하는 일자리를 가진 2만 명만이 성공한 사람이라고 말하는 것은 얼토당토않습니다. 한 해 대졸자 54만 명 중에서 2만 명만 '위너winner'이고 나머지 52만 명은 '루저loser'라는 주장을 저는 인정할 수 없습니다. 정말 돈과 안정성으로 정의한 좋은 일자리의 기준에 여러분은 동의하십니까? 저는 이런 기준을 도무지 인정할 수 없습니다. 그런 기준으로 보면, 저는 루저입니다. 그러나 제가 루저라고요? 천만의 말씀입니다. 저는 제가 루저라고 생각하기는커녕, 지금 제가 하

삼성경제연구소	명목 임금 기준 전체 평균 임금 수준을 상회하는 산업 부문에서 창출되는 일자리
경영자총협회	정규직이면서 임금이 평균치보다 약 20퍼센트 정도 더 높은 일자리
한국개발연구원(KDI)	30대 대기업 집단, 공기업, 금융업

출처: 김승덕, 허재준, 조준모, 전용일 편저, 『교육과 성장』, 박영사

는 이 일이 너무도 자랑스럽습니다.

 일자리의 통념적 기준은, 실제 소득의 격차가 빚은 현실을 반영한 것입니다. 그러나 이 통념적 기준은 전폭적으로 수정되어야 합니다. 사교육걱정없는세상에서는 좋은 일자리 기준을 7인의 강사들의 경험을 토대로 3가지로 정리해봤습니다. 그것은 첫째, 자기 재능과 적성을 활용해서 직업을 선택한다. 둘째, 사회에 기여하고 봉사함으로써 절대적 만족감을 느낀다. 셋째, 가정을 떠나 경제적으로 '독립'(여유와는 다른 개념)된 생활을 한다는 것입니다. 적성과 재능을 활용해서 직업을 선택하고 사회에 봉사하면 그는 분명 행복한 삶을 살 것입니다. 남과 비교하지 않고도 행복한 삶을 사는 것이고요. 그리고 그렇게 살다 보면 틀림없이 경제적으로도 독립된 삶을 살게 됩니다. 물론 독립의 기준은 사람마다 다르고 상대적입니다. 그러나 남들을 돌보고 섬기는 일에 익숙한 사람은 그렇지 않은 사람보다 독립의 기준이 대단히 낮습니다. 하루 1만 원으로 식사하지 않고 5천 원으로 살아도 만족하는 것이죠.

 다음 장(259쪽)의 표를 보시면, 자기 재능을 살리면서 사회에 기여하고 절대적인 만족을 누리며 경제적으로도 독립된 삶을 사는 것, 그

세 가지 요소를 두고 그런 요건을 얼마나 만족시키느냐에 따라 네 가지 유형의 직업 선택 결과가 주어집니다. 하나는 자신의 재능을 살리고 만족도 경험하고 돈도 많이 버는 것, 이런 선택지를 우리는 주저 없이 좋은 일자리라 말합니다. 두 번째는, 자기 재능을 활용하지 못하고 그래서 직업의 만족도 없지만 돈은 엄청 많아서 경제적으로 여유 있는 삶을 사는 선택지입니다. 이것은 일을 하지 않고 놀면서도 돈은 많다는 것인데, 여러분의 자녀에게 이런 가능성이 있으려면 여러분이 1백억 원 이상의 유산을 물려주어야 합니다. 그러나 우리에겐 그런 돈이 없습니다. 그리고 아이는 행복하지도 않습니다. 세 번째 선택지는 적성과 재능을 살려 직업을 선택해서 돈도 벌지만 사회에 기여하지 못해 절대적 만족은 없는 삶입니다. 이런 일자리를 선택한 사람은 자기의 직업을 부끄럽게 생각하여 돈을 빨리 벌고 직업을 버리려 합니다. 대표적인 것이 조폭입니다. 부동산 투기도 해당되겠네요. 네 번째 일자리는 자기 적성과 재능을 활용해서 일자리를 선택하여 사회에 기여도 하고 만족도 느끼는데 경제적으로는 독립이 잘 안 되는 경우입니다. 저는 이런 일자리를 '힘겹지만 귀한 일자리'라고 부릅니다.

여러분의 자녀는 사회에 진출할 때 어느 선택지를 고르게 될까요? 우선 두 번째와 세 번째는 선택할 수 없을 것입니다. 여러분이 가진 재산도 많지 않고, 또 자녀가 조폭이 되는 것을 원치도 않기 때문입니다. 남는 것은 첫 번째 아니면 네 번째인데, 첫 번째는 아무나 갈 수 있는 길이 아닙니다. 결국 대부분의 우리 아이들은 네 번째 경로를 선택하게 될 것입니다. 그러나 그렇게 살아가는 것이 처음에는 경제적으로 빈곤할지라도, 그 사람은 틀림없이 경제적으로 독립된 삶을 살고야 말

것입니다.

　그렇다고 말할 수 있는 근거가 무엇입니까? 그가 자신의 재능으로 직업을 선택하면 무엇보다 자신이 하는 일을 즐깁니다. 그리고 자신의 이익을 위해서만이 아니라 이웃을 섬기고 봉사하는 마음으로 일할 경우에, 그의 직장생활 태도가 매우 훌륭할 것이기 때문에 직장에서 그를 귀히 여길 것이고 그가 직장을 그만둘 것을 두려워합니다. 혹 그가 자영업을 할 경우에는 정말 뛰어난 기술을 가진 사람이 손님의 입장에서 장사를 한다고 많은 사람들이 그의 단골이 될 것입니다. 일이 즐겁고 이웃들에게도 즐거움을 주기에 그는 자기 일을 오래 하기 마련이고, 그렇게 되면 전문성까지 키워져서 그는 나중에 경제적으로도 독립이 가능한 삶을 살 것입니다. 이것은 진리입니다.

　성경을 보니「마태복음」6장에 예수님이 이런 이야기를 하십니다. "너희는 무엇을 먹을까 마실까 걱정하지 말라, 먼저 그 나라와 의를 구하라, 그리하면 이 모든 것을 너희에게 더하시겠다." 이렇게 말입니다. 이 말이 무엇을 의미합니까? 먹고사는 것을 걱정하지 말라. 먼저 그 나라와 의를 구하면, 즉 하늘의 뜻을 따라 이웃을 돕고 봉사하고 약한 자를 돕는 삶을 살게 되면, 먹고사는 문제도 해결해주겠다, 그런 말 아니겠습니까? 저는 이 말이 어느 시대에도 통하는 진리라고 믿습니다. 즉 오늘날 한국 사회처럼 경쟁이 치열하고 약자가 차별받기 쉬운 사회에서도 여전히 통한다는 것입니다.

　이 기준을 가지고 보면, 우리 아이들 중 2만 명만이 30대 대기업에 들어가서 성공하는 삶을 사는 것이 아니라, 더 많은 아이들이 성공하는 자가 될 가능성이 높습니다. 아니 위의 기준으로 보면, 소위 잘 나

구분	재능, 적성	사회 기여, 절대 만족	경제적 독립	판정
제1선택	○	○	○	좋은
제2선택	×	×	●	좋지 않은
제3선택	○	×	○	부끄러운
제4선택	○	○	×	힘겹지만 귀한

가는 기업과 일자리를 선택한 것이 때로 자신에게 불행이 될 수도 있을 것입니다. 진로를 선택한다는 것은 '가치'를 선택하는 것입니다. 케케묵은 낡은 가치를 따라 머리 굴려서 잘 나가는 곳, 전망 밝은 곳을 남몰래 찾아내서 미리 그 자리를 선점하는 그런 삶으로 안내하는 것은 참된 진로 교육이 아닙니다.

  저는 우리 아이가 전통적인 의미에서 좋은 일자리에 들어갈 것인가에 관심이 없습니다. 저는 다만 이 아이가 제가 지금 제시한 새로운 기준에 따른 진정으로 좋은 일자리를 선택할 수 있을 것인지가 궁금합니다. 그리고 그런 좋은 직업을 선택하며 사는 데 걸림돌이 되는 것에 무척 예민합니다. 무엇이 걸림돌입니까? 돈만 생각하는 것, 이웃을 살피지 않는 것, 봉사에 대한 감각이 무뎌지는 것, 자신에 대한 사랑과 자긍심이 없는 것, 의존적인 삶을 사는 것, 그런 것 아니겠습니까? 부모는 자녀의 참된 행복에 걸림돌이 되는 그런 본질적인 장애를 극복하도록 해주는 일에 관심을 기울여야 합니다.

세상을 바꾸고 아이들의 미래를 밝히는 운동

우리는 빨리 좋은 일자리에 대한 사회적 통념을 고치는 일에 나서야 합니다. 일자리에 따른 차별이 심한 한국적 노동 환경을 탓만 하지 맙시다. 먼저 생각부터 바꿔야 합니다. 우리 자신과 자녀부터 벗어나야 합니다. 한 가지 예를 들어보겠습니다. 우리 동네 아파트에 얼마 전 보니 아무개가 사법고시에 합격한 걸 환영한다는 플래카드가 걸려 있더군요. 그게 왜 걸려 있을까요? 그분이 열심히 고생해서 마침내 좋은 일자리를 얻게 되었으니 그렇겠죠. 그런데 그 일자리만 좋은 일자리인가요? 아까 제가 말씀드린 그 기준으로 보면 좋은 일자리는 널려 있습니다. 그럼에도 불구하고 유독 그 일자리에 진입한 것만 현수막으로 환영한 것은 무엇을 의미합니까? 그런 플래카드를 보시면 기분이 어떠십니까? 아무 감흥이나 느낌이 없나요? 그 플래카드를 건 분이 누군가 보았더니, 주민 일동이라고 쓰여 있었습니다. 그런데 정작 주민인 저는 그것을 걸자고 결정한 적이 없습니다. 또 합격자 자신이 현수막 거는 데 반대하지 않았다는 사실이 놀랍습니다. 누군가 제안하고 합격자가 동의해 걸리게 됐는데 그것에 대해 아무도 아우성치지 않으니까 현재까지 유지가 되는 것이겠죠.

학교에 어떤 현수막이 걸리는지 잘 아시잖아요. 제가 과천 정부종합청사에서 본 학원 광고 현수막에는 "얘들아, 꿈이 무엇이든 공부가 우선이다"라고 쓰여 있었어요. 정말인가요? 그렇지 않죠. 여기서 이야기하는 공부가 뭡니까? 수능과 내신에서 좋은 점수를 따는 것이잖아요. 임영신 선생님은 자신의 꿈을 위해 국·영·수 잘 봐야 했던가요? 그렇지 않죠. 그래도 임영신 선생님은 자신의 꿈을 달성했어요. 자신이 꿈꾸던 곳에 정확히 서는 데 공부가 우선은 아니었습니다. 물론 공부를 하지 말라는 이야기가 아니에요. 꿈에 적합한 공부를 해야겠죠. 우리는 평생 공부하며 살아야 하니까 공부를 부정하면 안 되겠지만, 사회가 요구하는 공부라는 개념의 축을 따라가며 꿈을 좇는 건 허상이라는 것입니다.

이런 학교 급훈 잘 아시죠? '대학 가서 미팅할래, 공장 가서 미싱할래?' 이건 제가 학교 다닐 때도 봤던 내용입니다. 사람의 생존본능, 편하게 살고자 하는 원시적인 욕구를 자극하는 구호가 아닐 수 없습니다. 그것이 교육기관에 버젓이 걸린다는 것 자체가 한심한 것이죠. 종교기관에서는 대학입시 100일 기도를 하죠. 고득점 합격을 위해서 말입니다. 사찰만 그런가요? 교회도 똑같죠. 이런 현수막이 존재할 수 있게 하는 사람들의 의식을 바꾸는 운동을 해야겠다, 이 플래카드 내리는 운동을 하기 전에, 플래카드를 올리는 사람의 마음을 바꾸는 운동이 더 시급하다는 생각을 했어요. 단순히 내리기 운동이라면 내리도록 싸우면 되겠죠. 그러나 사람들의 의식을 바꾸는 데는 또 다른 접근이 필요할 것 같습니다. 사람들의 의식을 바꾸는 것을 목표로 하되 플래카드와 관련된 운동을 통해 의식 바꾸기 전략을 한번 생각해보자고요. 가령 카페에 플래카드 사진 올리기 운동을 하는 것입니다. 급훈, 일자리, 대학 입시 성적 등 각 영역별로 '이런 희한한 게 다 있다', '이러면 안 되지' 라고 소개하면서 최악의 사진도 뽑아 공유하면서, 사람들의 잘못된 의식을 수정하는 것입니다.

사람들의 의식을 바꾸는 것만이 아니라 실제 그것을 부추기는 제도와 환경을 고치는 것도 중요합니다. 이력서 가운데 부모의 재산과 직업을 입력하지 않으면 다음 단계로 넘어가지 않게 설정한 채용서식이 굉장히 많답니다. 리크루트나 인크루트를 보면 고용자가 뽑으려는 사람의 성별과 용모를 밝히면 위법이라고 돼 있어요. 그런데 학벌에는 제한이 없어요. 법적으로 저촉이 안 된답니다. 학력란을 두는 것을 법률로 금지하도록 하면 너무 황당할까요? 연구소 같은 곳에서 대졸·대학원 졸업자를 따지는 것은 이해되지만 다른 곳에서는 어느 대학 출신이라는 것이 왜 중요한지 모르겠어요. 그런 것들을 고쳐봐야죠.

인터넷에 결혼 정보회사가 가진 직업 등급 기준이 나와 있더군요. 신랑감 1등급은 서울법대 출신의 판사입니다. 경판이라고 한다더군요. 3등급은 서울대 의대 출신 의사, 5등급은 대학병원 의사, 9등급은 명문대 졸업 대기업 입사자고요. 11등급이 고등학교 선생, 12등급이 중학교 선생, 13등급은 초등학교 선생입니다. 14등급이 일반기업 입사자와 소방직 공무원, 15등급이 중소기업 정규직 입사자입니다.

이렇게 해서 만나면 행복할까요? 이렇게 층을 나누어 같은 계단에 있는 사람들끼리 만나면 속이 후련할까요? 여기서 여자는 기준이 좀 다르네요. 부모님이 장차관급 고위 공무원, 국회의원, 자치단체장, 재산 1천억 원 이상 기업가라야 1등급 신부입니다. 2등급은 부모님이 1급 공무원, 부모님 재산 5백억 원 이상 기업가예요. 4등급은 스타급 연예인, 메이저급 방송사 아나운서, 미스코리아 선 이상 입상자고요. 5등급은 비스타급 연예인, 8등급은 국내외 유명 메이저급 회사 입사자, 10등급이 초·중·고 교사, 13등급이 7급 공무원 합격자예요. 14등급이 중소기업 입사자, 15등급이 무직. 남자에겐 없는 무직이 있습니

한 결혼정보회사의 직업별 등급 분류표

등급	남자	여자
1	서울대 법대 출신 판사(속칭 경판)	부모님이 장차관급 공무원·국회의원·자치단체장 | 부모님 재산 1천억 원 이상 기업가 | 부모님이 강남 대형 병원장 | 부모님이 장차관급 판검사
2	서울대 법대 출신 검사(경검) | 서울대 출신 행정고시 재경직 합격자 | 5대 로펌 변호사	부모님이 1급 공무원 | 부모님 재산 500억 원 이상 기업가(비기업가는 해당사항 없음)
3	서울대 의대 출신 의사 | 비서울대 출신 판사·검사 | 비서울대 출신 행시 재경직 합격자 | 대형 로펌 변호사	부모님이 2급 이상 고위 공무원·지방기관장 | 부모님이 국내 3대 메이저 대학 정교수 | 부모님 재산 100억~500억 원 비사업가
4	행시 일반행정 합격자 | 외무고시 합격자 | 입법고시 합격자 | 사법연수원 500등 이하 로펌 변호사 | 의사 A급 | 외국계 투자은행 입사자	스타급 연예인 | 메이저 언론사 아나운서 | 미스코리아대회 선 이상 입상자
5	대학병원 의사(메이저 의대 출신) | 외국계 기업 입사자 | 금융권 공기업	비스타급 연예인 | 비메이저 언론사 아나운서 | 미스코리아대회 미입상자
6	의사 B급 | 변호사 B급 | 약사 A급	전문직 A - 메이저 로펌 변호사, 의사, 약사, 판사
7	검찰·국가정보원·국세청 7급 합격자 | 공인회계사 상위권 | 경찰대 출신 경찰 간부	전문직 B - 디자이너, 교수, 전문경영인, 벤처사업
8	메이저 공기업 입사자 | 7급 합격자(지방직) | 공인회계사 중위권 | 약사 B급 | 세무사 | 보험계리사	국외 유명 메이저 기업 입사자 | 행정고시 합격자
9	명문대 졸업+20대 대기업 입사자 | 메이저 시중은행 입사자	국내 유명 메이저 기업 입사자 | 국책은행 입사자
10	법원·검찰·국세청·서울시 9급 합격자 | 비메이저 시중은행 입사자	초중고교 교사 | 7급 공무원 합격자(지방직) | 메이저 은행·증권사 입사자
11	고등학교 교사 | 50대 기업 입사자 | 증권사 영업직 | 보험 영업관리직 | 디자이너	전문직 C - 약사 B, 의사 B
12	중학교 교사 | 100대 기업 입사자 | 제약 영업직 | 공인중개사 | 소규모 사업 운영자	9급 공무원 합격자 | 기업 입사자
13	초등학교 교사 | 대기업 입사자 | 9급 합격자 | 마이너 공사 입사자	7급 공무원 합격자(중앙직, 검찰, 세무, 국정원)
14	일반기업 입사자 | 교정직 공무원 | 소방직 공무원 | 유치원 교사	중소기업 입사자 및 기타 비정규직
15	일반 중소기업 정규직 입사자	무직

다. 왜 그렇습니까? 부모의 배경이 괜찮으면 여자는 직업이 없어도 된다는 거죠. 15등급 이하는 죽으라는 거죠. 이런 걸 우리가 놔둬야겠습니까? 사람을 이런 식으로 등급화하는 우리 사회의 통념을 방치해서는 안 됩니다.

앞으로 사교육걱정없는세상은, 일자리 및 진로의 실상, 좋은 일자리의 기준에 대한 통념을 깨는 운동을 전개할 것입니다. 이것은 우리 몇 사람의 힘으로는 안 되고, 뜻을 같이하는 분들이 함께 나설 때 가능합니다. 여러분, 함께 세상을 바꾸고 우리 아이들의 진로를 제대로 열어주는 일에 동참했으면 합니다. 아니, 그 이전에 좋은 일자리에 대한 사회적인 통념에 단호히 맞서야 합니다. 그런 통념을 거슬러 사회를 유익하게 하며 자신의 삶도 행복하고 풍성하게 살아간 사람들이 우리 사회에는 많습니다. 그런 사람들의 대열에서 우리가 만나야 할 것입니다. 또 그렇게 우리가 자신의 직업에 대해서 전혀 새로운 관점으로 바라보고 그 가치를 붙들고 살아갈 때, 우리 아이들의 진로도 달리 보이게 될 것입니다. 그런 의미에서 진로 교육은 부모의 변화로부터 시작되는 것 같습니다. 감사합니다.

≫ 인문학적 소양이 강박관념이 되면 곤란하죠

청중1 그동안 강의한 7인의 공통점을 보면 가난했지만 다들 책을 좋아하고 인문학적인 소양을 갖추신 것 같아요. 진로 지도의 일선에서 말씀드리면 아이들이 학교에 올 때 아예 가방을 들고 오지 않아요. 혼내면 들고 오는데 열어보면 실내화 주머니밖에 없고…… 그런 걸 볼 땐 막막함을 느낍니다. 진로는 계속 바뀐다고 했는데 소양이 형편없이 모자란 아이들에게 어떻게 진로 지도를 할 수 있을 것인지 한숨이 나옵니다. 본인이 어떻게 하느냐에 따라서 평범한 직업도 빛나게 하는 분들이 계시잖아요. 제가 아는 분 중에는 택시를 운전하시지만 '나도 택시를 몰아보고 싶다'라는 생각이 들 만큼 매력적인 분들도 계십니다. 그런 영역의 분들도 모실 기회를 가져보면 좋겠다는 생각을 합니다.

송인수 인문학적 소양의 결핍은 남의 문제가 아니라 저희 아이의 문제이기도 합니다. 초등학교 때 책을 좋아하던 아이가 중학교에 가더니 책과는 담을 쌓더라고요. 저는 아이의 독서욕을 완전히 감퇴시키는 그 중학교의 전략이 놀랍습니다(웃음). 어쨌든 고민이 되죠. 그런데 저는 반드시 인문학적 소양이 있어야 좋은 일자리를 갖거나 행복한 삶을 살 수 있으리라고 생각하지는 않아요. 작년에 집에 가는 길에 전철에서 키가 작은 청년 한 명이 저에게 인사를 하는 거예요. 제가 가르쳤던 학급의 반장이었어요. 공부를 못하는 아이들이 모인 반이어서 사실 아무나 뽑아서 반장을 하는 반이었죠. "너 지금 어디 가니?" 하니까 자기가 미술 공부를 했는데 지금은 옷 디자인을 해서 동대문 시장에 납품하려고 뛰어다니고 있다는 거예요. 가방도 조여서 메고 얼마나 다부지게 서 있던지요. 그 모습이 아름답더라고요. 저렇게 자기가 하는 일을 사랑하고 즐거워하면서 소신 있게 사는 친구들이 많아져야겠다고 생각했어요.

그런데 그 아이는 책을 많이 읽는 아이가 아니었거든요. 미술에 대한 관심이 좀 있는 그런 아이였어요. 인문학적 소양은 깊어져야 하겠지만 강박관념을 가지면 부모에게는 짐이 될 수 있겠다고 생각해요. 도서관에 달려가야 한다는 불안감을 내려놓고 자기 수준의 재능으로 사회에 기여하며 사는 것도 괜찮지 않을까 생각합니다.

저는 제 첫째아이와 기본 소통마저 힘들어 이번에 휴대전화도 다 놓고 함께 바깥세상을 경험하기 위해 여행을 하려고 합니다. 아이와 저만의 감정소통을 시도하려는 거죠. 물론 잘 안 될 가능성도 있습니다. 그러나 최선을 다해보려 합니다. 저희 아이는 학교에 가는데 슬리퍼 끌고 와이셔츠 바깥으로 내놓고 다닙니다. 평상시 헤어스타일에 얼마나 신경을 쓰는지 어느 날 저와 캠핑을 가는데 제가 차창을 열자 머리가 휘날리니까 "에이, 씨이~" 하는 거예요. 너무 충격이 커서 갑자기 차를 세워놓고 아이와 심각하게 다퉜죠. 저도 그런 우여곡절을 거치며 사춘기 제 아들과 만나기 위해 여행도 가고 캠핑도 가면서 문제와 직면합니다. 그러면서 결코 아이에 대한 끈을 놓지 않으려 합니다. 여러분도 아이들과의 소통을 포기하지 않아야 합니다. 그것들이 모든 논의의 기본이라고 생각합니다.

청중2 송인수 선생님은 불같은 실행력을 갖고 계신데 그 원천이 어디에 있는지 궁금하고요. 선생님의 진로에 영향을 줬던 분 얘기도 좀 해주세요.

≫ '장애는 반드시 제거되고, 길은 반드시 있다'

송인수 끈기는 아까 말씀드렸고 약간 기질적인 측면이 있는 것 같아요. 부모님이 주신 것 아닐까 싶네요. 어머님이 끈기가 대단하시거든요. 제가 새벽 2시까지 닭털을 뽑을 때 어머니는 새벽 4시까지 하셨어요. 제가 새벽 4시까지 할 때 어머니는 날을 새시고. 그러고는 큰 고무 광주리에 닭을 30마리 정도 담아 머리에 올려놓고 20리 길을 걸어가십니다. 가서 닭을 팔고 돌아오시고 말이죠. 그 초인적 힘에 제가 압도됐습니다. 그분 옆에 따라다니다 보니 그렇게 됐던 게 아닐까 싶네요. 결정적으로 영향을 주신 분이 저희 어머니였던 것이죠. 저희 아버지는 제게 영향을 주지 않았습니다. '아버지는 배우지 말아야겠다'가 아버지가 제게 주신 교훈이었어요. 아버지는 귀가 팔랑팔랑하고 심지가 굳지 않으셔서 여러 번 집안을 휘청거리게 했습니다. 그래서 제가 흔들릴 때마다 아버지처럼 되진 않겠다고 다짐했습니다. 그러다 보니 그 정도가 심해 너무 고집스러워지지 않았나라는 생각은 있어요.

제가 어떤 문제에 직면할 때 뚫고 가는 비결에는 두 가지가 있습니다. 어려울 때마다 저는 아침 기도 시간을 가졌습니다. 10년 넘도록 새벽 혹은 아침 기도를 했는데, 기도하고 집에 돌아오는 과정에서 그 문제를 풀 수 있는 지혜가 주어지는 경험을 참 많이 했습니다. 또 하나는 제가 가지고 있는 신념입니다. '선한 일을 할 때 직면하는 장애는 반드시 제거될 것이고 길은 반드시 있다'는 믿음입니다. 어떤 회사 사장님이 직원들에게 주었던 직업과 관련된 10가지 지침이 있는데요, 거기에 보니까 '반드시 길은 있다'는 믿음을 가지라고 하더라고요. 저도 지금까지 철저히 붙들고 있습니다. 사람들이 길이 없다고 할 때도 남다르게 생각하면 분명 길이 있기 마련이라는 믿음을 놓아본 적이 없습니다. 그런 신념 속에서 사물을 보면 안 보이던 것들이 갑자기 보이게 된다고 생각해요. 우회하는 길을 생각하지 않고 그저 남들이 갔던 방식만 답습하다가 좌절하기 쉬운데, 다른 길이 있다고 믿으니까 그런 길이 보이는 것이 아닌가 생각합니다.

사회자 인문학적 상상력에 대해서 제가 사족을 달자면 인문학적 정신이란 게 꼭 책과 글에만 있는 것은 아니라고 생각합니다. 가령 평생 시골에서 농사만 지은 농부에게 남을 돕고 생명을 귀하게 여기는 마음이 있다면 그분을 충분히 인문학적이라고 할 수 있지 않겠어요. 아이가 좋아하는 영상이나 노래, 운동선수 등의 다양한 경로를 통해 깊이 있는 소양을 배울 수 있지 않을까 생각합니다. 그런 점에서 모든 아이들에게 똑같이 책을 강요할 필요는 없지 않을까 싶네요.